교육학교과교육론

개정판

교육학 교과교육론

배 장 오 저

서현사

머리말

고등학교의 선택교육과정 생활 · 교양 영역에 포함되어 있는 '생활과 교육' 교과목을 위해 교육학교과교육론 강의를 해 왔다. 일반적으로, 교육의 목적 달성을 위해서 학생들을 지도할 지식이나 기능을 논리정연하게 묶어 놓은 일군(一群)을 교과라고 규정할 때에 교육학을 여타 학문처럼 일군으로 본 것이 '생활과 교육' 과목이며, 이를 어떻게 지도할 것인지를 안내하는 것이 《교육학교과교육론》이다.

교육이 인간의 삶의 질을 제고하는 확실한 방법임에도 불구하고 전도된 가치관이 오히려 시대정신으로 추앙받는 시류에 편승하여 기본을 바로 세우는 것이 진부한 것인 양 경시되는 시점에, 교육학은 우리의 생각과 의식에 새로운 패러다임을 제시할 충분한 가치가 있는 학문이다.

외현적이고 객관적인 기준으로 우리의 삶이 행복하고 풍요해지는 것이 아니라는 것은 재론할 필요가 없다. 한 개인에게 내면적인 만족을 가져오면서 주관적인 행복을 가져다주는 필요조건의 영순위는 단연 교육인 것이다.

교육학이 개인 행복의 선행 요소이기는 하지만 나름대로는 양면성을 가지고 있다. 교육이라는 현상에 대한 이론적 이해의 추구와 교육의 실제를 바람직한 방향으로 이끌기 위한 방법을 추구하는 일이 그것이다. 바로 이러한 양면성이 교육학을 전공하는 학도들에게 상당한 혼란을 가져오는 원인이 되기도 한다. 광범위한 교육학의 분야에서 자연스럽게 전자가 강조되지만, 어쩔 수 없이 후자의 방법 추구가 강조되는 경우도 흔하게 만날 수 있다. 이러한 양면성이 더욱 발전하면 교육학의 정체성에 대한 논란을 가져오기도 한다. 이에, 교육학을 연구하는 학생들은 어느 쪽에 더 중점적으로 접근해야 할지를 선택할 수밖에 없는 처지에 놓이게 된다.

고등학생들로 하여금 교육학에 대한 이해와 교육이라는 맥락 속에서 스스로의 삶을 객관화 시켜 보게 한다는 측면과 현재 교육학교과교육론 과목을 수강하는 학생들의 입장에서 보면, 교육학을 바람직한 방향으로 잘 가르칠 능력을 배양해야 하는 당위성 사이에서 고민을 거듭하는 가운데 이 책은 엮어졌다.

교육학과 후배들을 지도하면서 학교현장실습과 훗날 자신이 가르칠 교과교육 지침서가 마땅치 않다는 아쉬움 때문에 몇 년 전에 《교과교육론》을 출판하여 교재로 활용한 바 있다. 그 후에 학과의 교육과정을 개편하면서 교육학교과에 국한한 교육론을 개설하기에 이르러 이전의 자료를 일정 부분 전제하면서 새로운 모습으로 《교육학교과교육론》을 출판하여 강의해 왔다. 최근 들어 교양으로서의 교육학교과 내용체계에 변화가 있어서 개정판을 내놓게 되었다.

《교육학교과교육론》 집필에 직접적으로 활용할 수 있는 자료는 빈약하였다. 교육학 전반에 대한 개론서는 많은 서서가 있지만, 교육학을 어떻게 지도해야 하는지를 안내한 자료는 발견할 수가 없었다. 고등학교의 검인정 교육학 교과서와 교사용 지도서가 고작이었다. 본 저서에 대한 직접적인 참고자료가 없는 가운데에서 제1부는 교과교육과 교육학교과, 제2부는 교육의 과정과 교과교육 그리고 제3부는 제7차 교육과정과 교육학교과로 구성하는 가운데 전체 12개의 장(章)으로 나누어 집필하였다.

이제 교직생활 45년의 정년을 바로 눈앞에 두고, 교육학과 후배들을 좀 더 알뜰하게 가르쳐 보겠다는 의욕으로 개정판 발간의 용기를 내었지만, 막상 원고작성의 끝자락에서 많은 아쉬움이 남았다. 그럼에도 불구하고 이 분야에 뜻있는 분들의 관심을 수렴하여 계속적인 수정과 보완을 위해 노력을 경주할 생각이다.

이 책이 나오기까지 도움을 준 서현사 조재성 사장님을 비롯한 편집부 여러분께 감사를 드린다. 아울러 자료수집과 원고교정에 도움을 준 교육학과 여러 후배에게도 감사의 마음을 전한다.

2015년 6월
시내산 기슭의 연구실에서
배 장 오

차 례

第2部	교육의 과정과 교과교육

제3부 개정 교육과정과 교육학교과

제1부
교과교육의 이해

제1장 교과와 교과교육학

교과(subject)는 학습지도 영역의 기본단위이다. 교육활동이 이루어지는 최초의 단계에서 설정하게 되는 교육목적을 달성하기 위하여 존재하는 것을 교과라고 한다면, 교과야말로 교육목적의 달성을 위해서 학생에게 적용·지도할 지식이나 기능을 논리정연하게 묶어 놓은 일군(一群)이라고 할 수 있다. 교과와 교과교육학에 대한 이해를 돕고자 하는 제1장에서는 교과의 성격, 교과교육학의 본질, 교과교육학의 탐구 그리고 교육학교과의 범위에 관하여 논의한다.

1. 교과의 성격

1) 교과의 의미

교육활동을 가르치는 행위라고 한다면, 교과는 일반적으로 가르칠 내용을 일정한 방식에 따라 선정하고, 선정한 내용을 다시 구조화하여 조직해 놓은 것이라고 하겠다. 김종건(1998)은 교과라는 용어가 우리에게 낯설지 않은 개념이라고 규정한 후, 교과란 학교에서 가르치는 교과목(subject matter)이라는 의미로 사용하는 것이 일반적이라고 지적하였다. 즉, 교과란 좁게는 학교에서 가르치고 있는 각 교과서에 담겨 있는 내용을 의미하며, 넓게는 각 교과에 대응되는 학문 영역에서 다루는 내용을 가르칠 수 있고 배울 수 있는 형태로 조직해 놓은 것이라고 할 수 있다. 이러한 의미에서의 교과는 한 마디로 교사의 입장에서는 학교에서 가르치는 내용을 의미하며, 학생의 입장에서 보면 배울거리를 일컫는 것이다.

교과를 가르치는 내용과 배울거리로 보는 시각은 사전적 의미에서도 잘 나타나 있다. 교육학 용어사전(1981)에서는 교과란, 교육내용을 학교교육의 목적에 맞게 조직해 놓은 묶음을 말하는 것으로서 국어, 수학, 과학 등이 그 예(例)라고 설명하고 있다. 결국 학교에서 가르칠 내용을 하나의 단위로 묶어 놓은 묶음이 교과임을 뒷받침하는 것이다.

교과를 학문 영역에서 가르치고 배울 내용을 선정한 후에, 가르치고 배울 수 있는 형태로 조직한 것이라고 의미를 부여하게 되면, 중요한 것은 내용 선정의 문제이다. 가르치고 배울 내용이란 결국 인류가 쌓아 온 문화유산 중에서 취사선택하기 마련이다. 이에 대하여 곽병선 외 4인(1997)은 인간의 가치를 드높이는 데에 직결되어 사회적으로 지지를 받고 있으며, 일정한 준거를 가지고 그 생성을 되풀이하고 있는 문화요소 중에 학교에서 가르칠 수 있는 대상으로 선정된 학문이나 경험의 분야를 지칭한다고 하였다. 또, 교과의 내용이 인류의 문화유산임을 더욱 간명하게 제시한 경우는 전수할 가치가 있는 의미(Dewey, 1916; 이홍우 역, 1987; 김경배 · 김재건 · 이홍숙, 2001. 재인용)로 제한한 것이다.

한편, 교과를 가르치고 배울거리로만 규정하는 것은 지나치게 표면적 · 외현적임을 지적할 수 있다. 교과의 의미를 표면적이고 단순한 논리로 접근하기보다는 교과에 대한 내용과 형식의 양면적 접근이 이루어져야 이해의 폭을 넓힐 수 있는 것이다.

교과의 내용과 형식에 관한 논의는 교과에 관한 기술이나 설명뿐만 아니라, 교과의 정당화나 처방에 관한 관심과도 복잡하게 연결되어 있다. 교과의 내용과 형식이 각각 무엇을 의미하며, 양자의 관계에 관한 논의가 교육에서 중요한 의미를 가지는 이유에 대해서는 다음과 같은 설명이 가능하다.

> 교과의 내용과 형식을 말할 때, 우리가 사용하는 '내용'과 '형식'이라는 말은 우선 상호 대비되는 의미로 사용될 뿐만 아니라, 양자의

> 대비 관계는 관점에 따라 전혀 다른 방식으로 파악될 가능성이 있다. 우선 한 관점에서 보면, '내용'은 알맹이 즉 속에 들어있는 것을 의미한다면, '형식'은 그 거죽에 있는 것 즉 껍데기를 의미한다. 보통의 경우에 형식과 내용은 분리되지 않는다. 형식은 내용과의 대비에 의하여 성립하는 만큼, 껍데기가 있으면 그것은 무엇인가의 껍데기이며 그것이 껍데기인 것은 그 속에 무엇인가 알맹이가 있기 때문이다. 이와 같이 형식과 내용은 분리될 수 없지만, 그럼에도 불구하고 우리는 때로 '머리 속으로' 형식과 내용을 분리하여 생각한다. 예컨대 우리는 어떤 사람을 가리켜 '형식만 차린다'든지 '형식에 치우친다'고 말하거니와, 이때 우리는 그 사람의 행동 중에서 '형식'에 해당하는 것과 '내용'에 해당하는 것을 머리 속으로 분리하면서, 그 사람은 알맹이 없는 겉치레만 한다는 것을 말하고자 한다(이홍우 · 유한구 · 장성모, 1995 : 174).

교과의 내용과 형식 중에서 어떤 것을 알맹이로 보고 어떤 것을 껍데기로 보든지 간에, 교과의 내용과 형식의 관계를 파악하는 상이한 두 관점은 결코 모순이 아니며, 바로 그 점에서 양자는 양립할 수 있다. 이러한 사실은 각각의 관점이 자신의 논의를 통해 부각시키려는 내용이 무엇인가를 세밀히 분석해 보면, 보다 분명하게 드러난다. 이 경우에 양자의 논의가 양립 가능한 것은 각각의 논의는 교과의 내용과 형식의 관계를 동일한 차원에서 설명하고 있는 것이 아니라, 서로 상이한 차원에서 설명하고 있기 때문이다. 이 두 차원을 각각 '저방'의 차원과 '이해' 또는 '정당화'의 차원이라고 부를 수 있을 것이다.

교과의 내용을 알맹이로 파악하고 형식을 껍데기로 파악하는 전자의 관점은, 우리가 교육을 통해서 당장 가르쳐야 할 내용이 이미 주어진 교과의 구체적인 내용 또는 세부사항들이며, 이것을 가르치지 않고서는 교육을 올바르게 하고 있다고 말할 수 없음을 강조하는 데에 있다. 반면에, 후자의 관점은 각 교과의 세부사항들이 교과로서의 의미를 지니는 것은 그것이 교과가 지향하는 궁극적인 실재로서의 형식을 반영하기 때문이며, 또한 각각의 교과가 형식을 기준으로 받아들이고 그것을 지향할 때에 교과로서의 가치를 지닌다는 것을 설명하는 데에 있다.

2) 교과의 특성

학교에서 가르치는 교과의 내용을 선정하는 일은 간단하지 않다. 이는 현행에 이르기까지의 교육과정 변천사만 보더라도 쉽게 알 수 있다. 교과의 내용을 직접 담거나 또는 가르친 후에 길러내어야 할 행동을 기준으로만 제시할지라도 이러한 일련의 작업은 최소한 두 가지의 기준을 충족해야 한다. 하나는 인류가 축적해 온 문화유산을 가장 잘 응축해 놓은 요소일 것과, 다른 하나는 수요자의 요구 수준에 부응할 수 있어야 한다는 것이다. 이러한 기준에 의해 선택한 내용들은 학문적인 내용요소에 더하여 일정한 논리적인 틀을 견지하게 되는데, 이를 교과의 특성이라고 할 수 있다.

교과가 갖는 이러한 특성을 보다 자세히 논의한 곽병선 외 4인(1997)은 교과를 문화요소, 사회적 지지, 선택된 것 그리고 일정한 준거를 갖는 것으로 규정하고 있다.

첫째, 교과는 문화에서 선정된 문화요소라는 점이다. 문화란 인류학적·사회학적 의미에서 우리 사회에서 인간이 만든 모든 것을 가리킨다. 예컨대 낚시·즉석식품·빙고와 같은 생활에 직결된 것에서부터 수학·과학과 같은 지식은 물론, 종교·예술·문학·가치 및 신념에 이르기까지 실로 다양하다. 그러나 이 모든 것을 학생들에게 가르칠 수도 없고, 우리 문화의 전체를 다음 세대에게 모두 전달할 수도 없다. 따라서 무엇을 우선해서 가르쳐야 할 것인가에 관하여 결단을 내리지 않으면 안 된다. 문화요소라는 말은 바로 이러한 의미에서 여러 가지 문화 가운데 인간의 조건을 우리 사회가 누리는 수준만큼 발전시킨 데에 확실하게 기여해 왔다고 생각되는 지식, 사고의 양식, 경험과 같은 것을 일컫는다. 즉 교과의 모체는 문화인 것이다.

둘째, 교과는 막연히 성립되는 것이 아니라, 논리적으로 구분이 가능한 개념체계와 각각의 독특한 준거나 근거를 가지고 성립된다는 점이다. 각각의 교과는 결코 다른 교과와 동일시되거나 유사하게 되는 쪽으로 성립의 근거를 마련하지 않는다. 되도록 다른 점을 살려서 분리 · 독립해 나가는 쪽으로 움직인다. 따라서 교과별로 각각의 독특한 영역과 논리를 그 설정의 준거로 가지고 있으므로, 교과는 관심 영역을 각각 달리한다. 관심 분야가 다른 교과들은 고등학교, 대학교 수준으로 올라갈수록 더 세분화된다. 그리고 각 분야별로 체계화해 놓은 지식과 경험의 내용도 다르며, 그것을 산출하는 탐구과정 또는 사고의 양식도 다르다. 즉 방법론이 다르다. 또한 각 분야는 사물을 설명하는 독특한 개념체계를 가지고 있으며, 그것은 사물을 보는 방식 또는 경험의 양식에 의해서 나타난 결과로써 이해될 수 있다.

셋째, 교과는 그 가치를 인정해 온 사회적 지지와 그 교과의 지위향상을 위해 노력하는 학문공동체 또는 권익집단에 의해서 유지 · 존속된다. 특정 영역의 지식이나 경험이 교과로 선정되어 학교교육의 내용으로 편입되는 데에는 그것의 교육적 가치를 옹호하는 사회적 세력의 인정이 있어야 한다. 교과에 대한 지지를 표명하는 사회의 배경세력은 사회 일반을 포괄할 수도 있고, 어느 특정 분야에 강렬한 동기와 소속감을 가지고 있는 특정 집단일 수도 있다. 어떠한 것을 배경으로 하든지 간에, 지식과 경험의 내용은 기존 사회체제의 가치신념과 갈등을 일으키지 않고 그 사회의 발전에 이바지할 수 있는 것이어야 한다. 즉, 교과는 그것이 어떤 것이든지 간에 그것에 대한 사회전반의 지지가 전제되어야 가능하다.

각 교과에는 그것들을 둘러싸고 존립하는 교과공동체가 있다. 이들 공동체는 내부적으로 각기 자기 분야에서의 새로운 성취를 지향하여 경쟁과 비판이 벌어지지만, 대외적으로는 자기 분야의 이익과 지위상승을 위하여 배타적인 노력을 기울인다. 즉, 독립된 문화요소를 발판으로 성립하는 공동체는 그 공동체에 입문하는 사람들의 자격을 정하고, 그 분야에 배타적으로 전속하게 하여 그 분야에 충성하도록 하며, 후배들을 배출하여 그 분야를 유지시켜 나가도록 함으로써 기득권을 신장시키려고 한다.

넷째, 교과는 다양한 문화요소 중에서 선택된다는 점과 이 선택의 과정에는 권한을 행사할 수 있는 사회적 권위가 개입된다는 점에서 하나의 중요한 의사결정의 산물로 성립된다. 무엇을 교과로 정할 것인가는 문화요소에 대한 관찰이나 분석으로 자연히 도출되는 것이 아니라, 의사결정자의 의지와 뜻하는 바에 따라 어느 분야를 교과로 선택할 수도 있고 그렇지 않을 수도 있다는 점이다. 사회적으로 결정을 내릴 수 있는 권위의 역할이 교과를 결정하는 데에 중요한 부분을 차지한다.

2. 교과교육학의 본질

1) 교과교육학의 의미

교과교육학은 '교과', '교육' 그리고 '학문'의 세 가지 의미가 결합된 혼합어이다. 다소 분석적인 접근일 수 있지만, 세 가지 용어의 의미를 파악하는 것이 교과교육학의 의미 구명(究明)에 도움이 될 수 있다.

우선, 교과는 전술한 바와 같이 교사가 가르치고 학생이 배울거리를 일컫는데, 설정한 교육목표를 뒷받침하는 내용선정은 물론, 선정한 내용을 가르칠 수 있고 배울 수 있는 형태로 조직한 것이다. 진영은 · 조인진(2001)은 교과에 대한 이런 의미를 뒷받침할 수 있는 예를 다음과 같이 들고 있다. 이를테면 고등학교의 '정치 · 경제', '사회 · 문화'라는 명칭은 '민주시민의 양성'이라는 교육목표를 분담하고 있는 편제상의 사회교과 영역을 가리키는 것이다.

다음으로 교육은 다양한 개념정의가 있을 수 있지만, 그 중에서도 조작적 · 기술적인 측면에서 보면 인간행동의 계획적인 변화(정범모, 1986)라는 의미로 받아들이고 있다. 특정 내용을 가르치고 배우는 활동을 교육이라고 하지만, 그 속에는 의도적이면서도 계획적인 목표와 내용은 물론 방법까지도 포함하고 있는 것이다.

마지막으로 학문(disciplines)은 학자들의 연구활동 결과를 축적해 놓은 지식체계라는 일반적인 의미규정이 가능하지만, 좀 더 넓은 의미의 학문은 지식체계로서의 학문과 활동으로서의 학문이라는 두 가지 차원(서울대학교 사범대학 교육연구소, 1981)에서 논의가 가능하다. 따라서 학문은 지금까지 해당 분야의 학자들이 발견하고 축적해 놓은 개념과 탐구방법이 있으며, 현재 학문을 하는 사람들은 그 개념과 탐구방법을 써서 각각 관련된 현상을 이해하는 활동을 하게 되는데, 교과교육학의 경우도 예외일 수 없다. 따라서 교과교육학이란 교과교육과 관련한 개념과 탐구방법을 써서 교과교육의 현상을 이해하는 활동이라고 하겠다.

교과교육학의 의미와 관련하여 또 한 가지 간과할 수 없는 점은 현대의 모든 학문 분야에서는 다학문적 · 학제적 · 종합적인 접근의 필요성이 강조되고 있다는 것이다. 이렇게 볼 때에 교과교육학은 교육적 요구로서의 인간형성과 학문적 요구로서의 고유 영역에 대한 가치가 교차하는 지점에 존재하는 중간 영역의 학문으로서, 교육과학과 기초과학이 교차되는 지점에 존재하게 된다(김병성, 1994). 이런 까닭에 교과교육학은 그것이 형성되는 과정이나 내용적인 차원에서 보면, 해당 교과나 학문과 교육학이 학문적인 교배를 거쳐 많은 시련과 진통을 겪으면서 탄생한 학문(진영은 · 조인진, 2001)이라는 측면에서 논의될 수 있다. 그래서 교과교육학의 발전은 보다 많은 연구자의 협력을 필요로 하는 것이다.

교과교육학이 학문적으로 그 체계가 확고하게 정립되고 지속적인 발전을 하려면 기반 학문과의 경계선을 확실히 하고, 교육적 의미 안에서 교과를 재해석하며, 그 방법적 측면들을 지속적으로 연구함으로써 교과교육학이라는 하나의 영역을 확실하게 구축해 나가려는 노력이 필요하다. 그러나 문제는 교과교육학을 그 자체로서 독립된 과학으로 볼 것인가, 아니면 응용과학으로 볼 것인가에 따라 연구자의 태도, 방법, 평가 등에 있어서 많은 혼란이 야기되고 있다는 점이다. 일반적으로 많은 교육자들은 교과교육학을 실천지향적인 각과지도법 정도로 인식하고 있으며, 나아가 단순한 교육학의 응용으로 인식하고 있는 것 또한 사실이다.

교과교육학으로서의 사회과 교육학은 교육학에 속하는지, 사회과학에 속하는지, 아니면 제3의 학문으로서의 독립된 사회과 교육인지를 살펴보자. 교과교육학을 교육학의 한 영역으로 보는 입장도 있고, 기초학문의 한 분야로 생각하는 경우도 있다. 이러한 두 입장과 함께 제3의 입장으로 교과교육학을 독립된 학문 영역으로 생각하는 입장이 있는데, 교과교육학을 전문적으로 발전시키려면 제3의 입장이 바람직할 것이다.

2) 교과교육학의 성격

교과교육학의 성격과 관련하여 관심이 집중되어 온 문제는 교과교육학이 '교육의 내용을 이해하는 일인가', 아니면 '교육의 방법적 원리를 터득하는 것인가' 이다. 이에 대하여 진영은 · 조인진(2001)은 교과교육학을 교육방법 중심적인 것으로 성격을 규정하고 있는데, 교과교육학의 성격을 좀 더 자세히 고찰하면 다음과 같다.

첫째, 교과교육학은 복합적 성격을 가진다. 교과교육학은 해당 교과 또는 학문과 교육과학과의 접점에서 이루어지는 학문이기 때문에 형식 그 자체로 본다면 복합적 또는 이중적 성격을 지니고 있다. 이와 같은 교과교육학의 복합적 · 이중적인 성격은 교과에 관한 전문적 지식과 이론을 요구한다고 볼 수 있다. 또한 교과교육학 연구 자체가 부진하고 그 연구를 기피하고 있는 현실 요인이 되며, 학문적인 성격 자체도 규명하기 어렵고 인정을 받는 데에도 어려움이 있을 수 있다.

둘째, 교과교육학은 독창적 성격을 가진다. 교과교육학이 형성되는 형식적인 차원에서 보면 복합적인 성격을 띠지만, 해당 교과나 학문과 교육과학이 학문적인 교류를 거쳐 많은 진통을 겪으면서 형성되기 때문에 교과교육학 그 자체는 독창성을 가진 학문이라고 할 수 있다. 예를 들어, 과학교육학은 과학을 아버지로 하고 일반교육과학을 어머니로 하여 출산된 새로운 독창적인 학문이다. 따라서 일반적으로 생각하기 쉬운 물리적인 방법으로서 과학과 교육과학이 적절하게 배합되어 만들어진 과학지도법이 아니다.

교과교육학은 끊임없이 발전하는 교과나 학문과 아울러 동시에 발전하고 있는 일반교육학과 상호작용을 거쳐 새롭게 탄생되어 발전하는 새로운 분야의 학문이라고 볼 수 있다. 따라서 교과교육학은 일반교육학이나 일반교수학 또는 교육방법학에 예속되어 단지 응용과학으로서 변질되어서는 안 된다. 물론 여기에서도 교과교육학이 응용을 전제로 한 학문이라는 사실은 부정할 수 없다.

셋째, 교과교육학은 실용적이며 실천적인 성격을 지닌다. 교육현상은 고도의 조건통제 상황에서 이루어지는 것이 아니며, 더욱이 이렇게 되어야 한다고 하는 규범 속에서 이루어지는 것도 아니다. 교과교육의 이론과 원리를 제공해 주는 교과교육학은 실천을 전제로 하여 이루어지기 때문에, 현실적인 차원에서 본다면 교육의 실천 속에서 응용되고 활용되는 실천적이며 응용적인 성격을 지니고 있는 것이다.

이를 종합해 볼 때에, 교과교육학은 한 교과의 교육에 관계되는 제 분야를 다루는 종합 응용과학이다. 해당 교과의 학문적인 내용과 그 교육에 관련된 교육적인 영역이 만나는 곳에 교과교육학이 자리한다고 볼 수는 있으나, 교과지식 영역과 교육학 영역의 산술적인 합은 아니다. 교과교육학은 한 교과를 가르침에 있어서 그 교과의 지식이 교과 내적으로 그리고 다른 교과지식과의 관계에서 어떻게 작용하며, 일반적인 의미의 교육학 지식과 어떠한 관계에 있는지를 파악하는 것이 주된 관심의 대상이 된다. 다시 말하면, 교과교육학이란 교과지식 영역과 그 인접 보조과학 분야와 교육학 영역의 지식을 각 교과의 교육을 중심으로 재구성한 것이다.

3. 교과교육학의 탐구

1) 교과교육학 연구의 범위

교과교육학을 학문으로 규정하지만, 단 하나의 학문을 가리키는 것이 아니라 유사한 학문들, 즉 어떤 학문적 형식을 공유하는 개별 학문을 통칭하는 이름(이돈희 외 7, 1995)이라고 보는 시각이 일반적이다. 그러므로 교과교육학은 한 교과에 담겨질 내용을 어떤 기준에 의해 선정하고, 선정된 내용을 어떻게 조직하며, 그것을 학습하게 하기 위하여 어떤 방법적 원리를 기용할 것인가에 관한 연구가 중요한 과제이다. 즉 교과교육학은 교과의 교육과정에 관한 과제인 것이다.

종래의 교과교육은 이를 중심으로 전개되어 왔다. 그 이유는 이 과제가 교과교육의 최종적·완성적 단계에 관한 것이며, 그것의 실질적 성과를 마무리하는 것이므로 실천적 효율성을 일차적으로 중시하는 사람들이 그 중요성을 강조해 왔기 때문이다. 어떤 의미에서 교과교육의 다른 과제들은 사실상 이 과제를 효과적으로 하기 위한 기초 혹은 준비로서의 의미를 지니는 것이다.

교과교육학의 주요 연구대상이 교과에 담겨질 내용선정의 기준, 선정된 내용의 조직 그리고 선정된 내용을 학습할 수 있게 하는 방법적 원리를 포함한다는 전제하에 교과교육학은 적어도 다음의 세 가지 타당성에 대한 연구가 이루어져야 한다(이돈희 외 7, 1995).

첫째는 교육대상의 타당성이다. 내용의 선정과 조직이 교육의 대상집단이 지닌 특성에 비추어 타당성을 고찰하려면, 대상의 심리적·정신적 발달 수준과 특성 그리고 그 집단의 사회·문화적 배경에 대한 이해를 필요로 한다. 대상집단이 심리학적으로나 사회학적 혹은 인류학적으로 설명될 수 있는 특징에 비추어 볼 때에, 선정된 내용의 조직형태를 효율적으로 수용할 수 있는 조건을 가지고 있지 못하다면 그 내용이 아무리 교육적인 가치를 지니고 있다고 해도 실질적으로는 구체적 교육활동에서 생산적인 교육적 결과를 가져올 수 없다.

둘째는 교육계획의 타당성이다. 이는 교과의 선정된 내용과 그 조직이 달성하고자 설정한 목표, 교육활동의 시기와 기간, 주어진 환경과 여건 그리고 교육활동에 대한 사회적 동기와 필요의 반영형태 등에 비추어 유의미하고 기술적으로 가능하며 효율적인 것이어야 한다는 뜻이다. 어떤 내용은 교육목표의 명확한 진술을 하는 데 용이하게 하지만, 어떤 내용은 목표의 구체적 분석을 어렵게 만들기도 한다. 그리고 어떤 내용은 장시간의 집중적인 단위활동을 필요로 하지만, 어떤 내용은 비교적 단시간의 반복적인 형태로도 효과적 성과를 가져오게 한다. 또 어떤 내용은 고도로 체계적인 시설과 환경을 필요로 하지만, 어떤 내용은 단순한 대화의 상황을 성립시키는 정도로도 높은 교육의 성과를 거두게 할 수 있다. 그러므로 교육내용이 교육계획에 비추어 타당한지의 여부는 획일적인 기준에 의해서 검토될 성질의 것이 아니다.

셋째는 교육방법의 타당성이다. 교육방법과 관련하여 주어진 내용의 학습을 가능하게 하느냐의 여부도 중요하지만, 얼마나 효율적으로 목표를 달성하느냐의 정도 역시 중요하다. 또한 기용된 방법의 역기능을 얼마나 극소화하느냐의 문제도 우리가 충분히 체계적으로 검토해야 할 사항에 속한다. 어떤 교육방법이든지 간에 교육목표를 달성하는 데 있어서 긍정적인 기여만을 하지는 않는다. 대개는 다소의 소극적 역기능이 있게 마련이므로, 선정된 교육내용은 그것을 효과적으로 학습시킬 방법 혹은 방법적 원리가 어느 것이냐에 따라서 조직의 방식이 달라질 수 있다. 교육방법의 기용은 교육목표를 달성하는 데 있어서 '적극적인 기능을 극대화하고 소극적인 기능을 극소화한다'는 원칙에 의하여 이루어져야 한다.

2) 교과교육학 연구의 현실

교과교육의 중요성에 대하여 일찍이 인식한 미국에서는 19세기말 경에 교육학, 교수법 그리고 교육과정에 관한 연구가 본격적으로 진행되었다. 이에 비하면, 우리나라의 경우에는 그보다 한참 늦은 1950년대에 이르러서야 교과교육에 관한 강의가 개설되기 시작하였다. 연구 및 교수활동이 늦게 시작되어 그 역사가 일천한 까닭에 교과교육학 연구활동도 활성화되지 못하고 있는데, 이에 대한 지적은 여러 학자들에 의하여 누차 제기된 바 있다. 그 중에서도 교과교육에 관한 연구가 부족한 이유를 심도 있게 분석한 정인석(1987)의 주장을 중심으로 논의하면 다음과 같다.

첫째, 교육학 연구의 풍토가 수업과 같은 구체적인 현장에 대한 연구보다는 엄밀한 '기초적 연구'를 더 중시하는, 즉 학술적인 연구에 더 관심을 갖는 폐단을 들 수 있다. 예컨대, 수업에 관해 연구하는 경우에도 수업이라고 하는 현장 사실로부터 교과교육을 의식한 심리학적 문제를 찾아내어 연구하는 것이 아니라, 기초적인 연구의 방법이나 이론을 빌리거나 학습이론을 그대로 적용시키는 데에서 끝나버리는 경우가 많았다. 그렇기 때문에 수업연구를 통해서 수업현상 간의 관계에 대해 설명할 수 있는 지식을 얻을 수는 있었으나, 새로운 수업모형과 이론을 창안해내는 데에는 무력하였다.

교사가 늘 새롭게 만들어내는 수업의 기본방향은 오로지 기술을 중심으로 한 부분적인 수업과정이 아니라, 수업의 제요소와 전체적으로 관련을 맺고 있는 수업과정의 개발이라야 한다. 즉 교사는 자기가 현재 가르치고 있는 학생들에게 무엇을 어떻게 가르쳐야겠다고 하는 분명한 목적을 가지고, 학습자와 교재와의 적절한 관련을 조정하면서 학습자의 상황과 반응을 고려하여 피드백하며, 자신의 가치관을 수업을 통해 구현하는 총체적인 과정으로서의 수업을 펼쳐나가야 하는 것이다. 따라서 수업에 관한 연구도 능률과 효과만을 위한 기술주의의 관점으로부터 교사・교재・학습자・환경 등의 역동적인 상호작용의 관점으로 전환되어야 한다.

둘째, 교육과 교육학은 별개의 영역이므로 교육학의 기초 없이도 교과를 잘 지도할 수 있다고 보는 상식적인 교육관이 일선 교사에게 뿌리깊이 남아 있다. 물론 교육과 교육학의 관계는 '실제'와 '이론'의 관계와 같으며, 현실적으로는 교육학을 몰라도 얼마든지 교과지도를 잘 할 수가 있고, 반대로 교육학을 잘 알고 있으면서도 교과지도를 잘하지 못하는 사람도 있을 수 있다. 그러나 교과교육은 단지 인지적인 것만을 지도하는 데 있지 않다. 정의적인 특성도 동시에 기르고, 간접적인 잠재적 교육과정을 고려하여 각 교과의 목표・내용・방법을 통일적인 인격형성에 적절하게 관련시키고 구조를 충분히 살려 교과를 지도하도록 돕는다면, 비록 교과를 다루는 요령과 기술은 다소 미숙할지라도 내실 있는 교과교육이 가능하다.

셋째, 교과내용에 대한 학문적인 연구의 자유가 부족하다. 교과교육의 이론적인 체계 정립을 위해서는 교과교육 전문가를 위시하여 교과 담당교사의 교과서에 대한 비판・검토가 자유롭게 활성화되는 것도 필요하다. 특히, 교육부에서 저작한 국정교과서의 경우에는 내용에 대한 지도가 기계적인 학습지도 요령에 의해서 이루어질 뿐, 적극적인 의욕을 가지고 학생들의 인지발달과 교과의 계통성의 관점에서 교과내용을 분석・검토해 보는 풍토가 부족한 현실이다. 더구나 교과교육과정이 현장교사와의 대화가 부족한 상태에서 만들어지고 있는 점은 큰 문제라고 하겠다.

넷째, 교사양성기관에서 교과교육을 경시하는 풍조가 있다. 즉 사범대학 교직과정이 설치되어 있는 일반대학의 각 학과에서 교과교육을 경시하거나 무관심이 지나쳐서 극히 형식적인 교육이 되는 사례가 많다고 지적되고 있다. 교과교육에 관련된 과목의 하나로서 종래의 각과지도법은 수업내용에 있어서 담당자의 전공배경에 따라 교과내용을 주로 다루는 경우와 교안 작성요령이나 발표로 충당되는 경우가 대부분이다. 심지어 학생들 중에는 이 과목을 그저 쉽게 학점을 취득할 수 있는 과목으로 생각하는 경우도 있다. 교과교육론은 당연히 교과전문가가 다루어야 하며, 단순한 수업경험만 가지고는 부족하다. 더욱이 교과내용을 모르는 교육학의 이론만 가지고는 적합하지 않다.

다섯째, 현직교육의 프로그램이 형식화되고 있다. 교사의 현직교육은 교사교육과정의 중요한 구성요소이다. 특히 교과교육에 대한 재교육은 교과 상호 간의 공통성과 특수성을 위주로 이해시키고, 교과 간의 관련과 전체적인 구조를 알게 하는 활동이라고 할 수 있다. 교과교육에 대한 올바른 인식과 이를 인간교육과의 관련하에서 지도할 수 있는 교사의 자질을 높여주기 위해서는 예비교사교육만 가지고는 부족하며, 현직에 있는 유자격 교사에 대한 계속적인 교육인 현직교육이 필요하다.

4. 교육학교과의 범위[1)]

교육학은 '교육현상'을 연구의 대상으로 삼는다. 교육현상이란 교육이 이루어지는 과정과 결과 그리고 거기에 영향을 미치는 다양한 요인들을 아우

1) 교육학교과의 범위는 ① 이돈희 • 김신일 • 김계현 • 이종태(2009). 고등학교 교육학 교사용 지도서. 서울 : 교학사. ② 남억우 외 7(1988). 최신 교육학대사전. 서울 : 교육과학사. ③ 김종서 • 이영덕 • 정원식(2000). 최신 교육학개론. 서울 : 교육과학사의 내용을 참고하여 저자가 재구성.

르는 말이다. 교육학이 탐구의 대상으로 삼는 영역은 교육의 대상이 되는 학생의 특성을 비롯하여 교육의 내용과 학습방법, 학교의 조직과 운영, 교육에 대한 사회적 인식과 행태 등을 포괄하며, 나아가 그러한 현상의 이념적 기초와 개념, 역사 등도 독자적인 영역을 이룬다. 이처럼 다양한 요인들을 탐구하기 위해서 교육학은 심리학과 사회학, 행정학, 인류학 등 인접 학문의 개념과 방법론을 활용하게 되었고, 이에 따라 교육학은 다양한 분과학문으로 분화 · 발전하게 되었다. 그 결과, 교육학은 단일한 개념체계나 영역으로 이루어지기보다는 서로 다른 개념체계의 다양한 영역으로 이루어지게 되었는데, 주요 영역은 다음과 같다.

'교육철학'은 교육의 의미와 목적, 교육과 관련된 인간과 사회의 여러 가치들, 다양한 교육적인 주장에 관한 정당화 문제 등을 다룬다. 그 밖에 교육사상이나 사조도 주요 연구분야를 이루고 있다. 대체로 교육철학은 교육학의 철학과 교육의 철학으로 구분해서 생각할 수 있는데, 일반적으로 교육철학이라고 할 때에는 전자를 가리킨다. 교육이라는 사실을 연구하는 과학으로서 교육학의 인식론과 교육개념의 형이상학을 포함한다. 학문으로서의 교육학의 구조를 구명하고, 그 방법과 대상을 정하며, 일체의 교육을 제약하는 기초 개념을 분석함으로써 교육현상의 본질과 범위에 관한 견해를 규정하고 있는 기본 가정을 밝힌다.

'교육사'는 교육을 시대의 맥락에 견주어 조망하는 일이다. 교육은 인간의 삶과 분리하여 존재할 수 있는 별개의 활동이 아니며, 인간생활의 여러 영역과 깊은 관련을 가지면서 기능하고 있다. 그렇기 때문에 각 시대의 삶의 모습은 그 시대 교육의 모습을 특징지을 뿐만 아니라, 인간의 삶의 모습이 변화함에 따라 교육의 모습도 변해 왔다. 그러나 어느 시대를 막론하고 이상과 실제의 삶의 모습에는 괴리가 있게 마련이므로, 각 시대는 교육이라는 활동을 통하여 이상실현에 필요한 지식 및 기능을 가르치고 배워왔던 것이다. 이에, 교육사는 교육의 제도 · 사상 · 내용 등의 시대적 변천과정을 당시의 정치적 · 경제적 · 사회적 상황과의 연속선상에서 규명하고 해석하는 연구분야라고 할 수 있다.

'교육심리학'은 개인 및 집단의 교육문제를 심리학적인 방법과 절차에 따라 교육목적에 맞도록 해결하는 원리와 기술을 찾으려는 심리학의 한 분야이다. 20세기 초반까지는 교육심리학이 심리학적인 원리나 법칙을 교육현장에 맞춰 응용하는 일종의 응용심리학으로 인식되어 왔으나, 오늘날에는 이런 시각에서 탈피하였다. 즉, 교육의 대상인 사람은 개인차와 각기 다른 성장배경을 가지고 있는 가변적인 존재이므로, 결코 흙이나 물건 혹은 기계처럼 천편일률적으로 응용할 수 있는 존재가 아니라는 시각이 저변에 자리하고 있다. 이런 시각에서 보면, 교육심리학에서 다루는 내용 또한 다양해서 발달의 이론과 실제에 관한 것, 학습의 이론과 실제에 관한 것, 측정과 평가, 성격 및 정신에 관한 것 그리고 지도에 관한 것으로 이른바 생활지도 또는 교육지도라고 일컫는 문제 등을 다룬다.

'교육사회학'은 인간의 성장과 발달을 규정하는 사회적 조건을 연구하여 그 성과를 교육에 이바지하게 하려는 기술적인 학문이다. 교육사회학이 인간의 성장 및 발달을 문제로 삼고, 그 사회적 조건은 물론 사회환경의 성질과 관련지어 연구하는 것은 그것이 인간의 성장과 발달에 영향을 주기 때문이다. 이런 맥락에서 교육사회학의 중심 과제는 어디까지나 성장 또는 발달과 사회적 조건과의 상관관계의 탐구이다. 즉, 교육사회학은 사회적 조건이 인간의 성장과 발달에 어떻게 관계하는지 또는 그것이 어떠한 교육적 의의를 가지는지에 대해 탐구하는 것이다.

'교육과정'은 무수한 지식과 기능 중에서 어떤 것을 선정하고 어떻게 조직하여 가르칠 것인가에 주된 관심을 갖는다. 따라서 넓게 보면 교육의 결과에 대한 평가도 이 영역에서 포함하게 되는데, 최근에는 교육내용의 성격에 관한 이론적인 탐구까지도 심도 있게 이루어지고 있는 실정이다. 학교의 책임하에 이루어지는 학생들의 모든 경험을 포함하는, 보다 넓은 의미의 교육과정은 학교가 학생에게 선택된 교육적 경험을 준비하여 그들의 성장과 발달을 도와주며, 학습에 의한 행동의 변화를 초래하게 하는 자료로 삼는 것이라고 할 수 있다. 따라서 종래에 교과라든지 교재라고 불린 것도 결국에는 학생의 성장 발달을 돕기 위해 마련된 선택경험이라고 할 수 있다. 다만, 교육관에 따라 그 뜻이 일정하지 않으므로 경우에 따라서는 일련의 교과체계라고 하거나 작업·활동을 포함한 생활경험이라고도 하였다.

'교육행정학'은 대중교육이 정착되고 국가 발전에 대한 교육의 역할이 중시되면서부터 대두된 연구분야이다. 인적·물적 자원의 효율적인 관리와 지원, 장·단기 교육정책과 계획의 수립, 교육조직의 경영과 교육재정의 확보 등이 주된 연구분야를 이룬다. 과거에는 교육을 일정한 국가목표를 달성시키는 하나의 권력적 행정분야라고 생각했으나, 오늘날에는 교육의 조건을 정비하는 작용으로 보고 있다. 교육의 목표를 충분히 효과적으로 실현하기 위한 봉사활동이 교육행정이라는 생각을 가지게 됨으로써 교육을 위한 행정으로 간주하게 된 것이다. 그러나 이러한 생각에는 교육행정에 있어서의 권력적인 요소가 후퇴하여 기술적인 요소가 비교적 크게 나타나게 되는 결함을 가져왔다는 지적이 있다.

이 외에도 교육학의 연구 영역이 점차 세분화됨에 따라 다양한 분과학문이 새롭게 등장하고 있다. 예컨대, 교육방법과 새로운 매체를 탐구대상으로 하는 '교육공학', 국가 간의 교류가 확대됨에 따라 등장한 '비교교육학', 급격한 사회변화 속에서 청소년의 원활한 적응을 돕기 위한 '상담이론', 교육의 성과를 체계적으로 판단하기 위해 발달한 '측정과 평가' 그리고 다양한 문화권에 따라 다르게 나타나는 교육현상을 체계적으로 이해하기 위한 '교육인류학'과 '다문화교육'에 관한 연구활동이 활발히 이루어지고 있다. 뿐만 아니라, 학교교육만으로는 평생도록 삶의 질을 제고해 가는 데 한계가 따르므로 모태에서 죽을 때까지 배워야 한다는 의미의 '평생교육'이 열린교육사회·평생학습사회의 슬로건 아래 각광을 받고 있다.

이처럼 교육학의 탐구 영역이 확장되고 다양한 이론과 개념이 등장하였음에도 불구하고, 아직 교육학의 학문적 성격과 정체성에 관하여 많은 논란이 제기되고 있다. 가장 기본적인 논란은 '교육학이 교육현장의 실천에 도움을 줄 수 있는 방법을 고안하는 일에 주력해야 하는가, 아니면 교육현상 그 자체를 이론적으로 규명하는 일을 주된 과제로 삼아야 하는가' 이다. 전자를 강조할 때에는 교육실천학, 후자를 강조할 때에는 교육과학으로 일컬어지기도 하는데, 현 단계에서 교육학은 어느 한편만을 강조하기보다 양자를 병행해야 하는 종합학문으로 이해될 수밖에 없다. 어느 편을 선호하는가는 사람에 따라 다르지만, 일반적으로 교사들의 경우에는 전자의 관점에서 그리고 학자들은 후자의 관점에서 교육학을 이해한다고 할 수 있다.

제2장 교과교육과 교사

교과교육활동은 교사의 중핵적인 역할이다. 그럼에도 불구하고 직전교육에서의 교과교육학에 관한 논의는 미흡한 수준이다. 각과지도법에 관한 교사교육의 주요 내용들이 당해 교과의 지도법에 치중되기보다는 해당 학문의 전문적인 지식습득에 편중하여 운영되고 있다는 지적을 아직까지 받고 있다. 이에, 제2장에서는 교사와 교과교육, 이상적인 교사상과 교과교육 그리고 교사양성과 교과교육에 관하여 논의하고자 한다.

1. 교사와 교과교육

1) 학교교육과 교사

학교사회 내에서 교사가 수행하는 역할 중에서 가장 주된 역할은 가르치는 일이다. 정우현(1995)은 교사의 주된 역할을 충실히 수행하기 위해서는 가르치는 내용에 대해서 '무엇을' 그리고 '어떻게' 해야 할 것인지를 잘 알고 있어야 한다고 지적하면서 이에 대하여 다음과 같이 논의하고 있다.

영국의 학교에서는 가르치는 내용을 상세하게 규정하고 있지 않기 때문에 교사들은 학습계획이나 가르치는 방법에 있어서 비교적 많은 자율성을 발휘할 수 있다. 미국에서도 교과내용의 채택 권한이 각 지방교육장에게 부여되어 있어서 지역사회에 알맞은 교과내용을 도입할 수 있고, 교사에게도 어느 정도의 융통성이 주어진다. 다시 말하면, 구미 선진국의 교사는 가르칠 내용의 채택이나 그 방법에 있어서 개인적인 의견을 많이 반영할 수 있도록 되어 있다. 따라서 교사의 역할도 비교적 다양하게 나타난다.

우리나라에서도 교육이념의 구현을 위하여 이와 같은 자유가 보장되어 있다. 그러나 실제로 획일적인 교과서 채택과 교육방법에 대한 외부압력으로 인하여 교사는 상당한 규제를 받고 있다.

반면에, 학교 내에서 수행하는 교사의 역할은 근본적인 원리에 있어서 범세계적으로 공통점을 가진다. 그 공통적인 역할은 교사의 방법적인 역할과 규범적인 역할로 대별할 수 있다. 방법적인 역할은 학생들을 가르치는 일, 사회화시키는 일 그리고 평가하는 일을 가리키며, 규범적인 역할은 학생들을 인도하고 통제하며, 또 배울 수 있는 환경을 만들어 주는 일이다. 이들 두 가지 역할은 때때로 독립적으로 혹은 연관지어 작용하기도 한다.

예컨대, 어느 교사가 수업할 단원을 준비하여 교실 안으로 들어섰을 때에 학생들의 자세가 정돈되어 있지 않으면 조용히 할 것과 자세를 올바르게 할 것 등의 훈육적인 말을 하는 경우가 있다. 사실 이러한 행위가 교수·학습내용을 전수하는 데 있어서 직접 필요한 것은 아니다. 그러나 교사는 교육적인 임무를 띠고 있기 때문에 이러한 규범적인 역할을 방법적인 역할과 병행해서 수행하게 된다. 어떤 교사는 방법적인 역할이 규범적인 역할보다 중요하다고 여겨 학생들의 몸가짐이나 마음가짐에 대해서는 개의치 않고 수업만 충실히 마치고 나오기도 하고, 또 어떤 교사는 이를 조화롭게 배합시키기도 한다. 이 세 가지 경우 모두 교사에게 맡겨진 역할의 일부이므로 옳고 그름을 가릴 수는 없다. 다만, 학생이나 지역사회인 또는 학교행정가들이 어떤 쪽의 역할수행을 더 크게 기대하느냐에 따라서 평가의 기준이 달라질 수 있다.

현대사회에 들어오면서 사회구조가 더욱 복잡해지고 각각의 직업들은 전문성을 띠기 시작하였다. 따라서 교직도 하나의 특성 있는 전문적인 내용을 교사의 역할로 제시하여 사회에 부각시켜야 한다. 그렇기 때문에 전문직의 요건 성립은 교사의 규범적인 자질만으로 혹은 방법적인 역할만으로 가능하지 않다. 왜냐하면 교사는 단순한 기능인이 아니기 때문이다. 따라서 규범과 방법의 조화는 전문적인 교사의 역할 중에서 가장 주요한 임무가 된다. 그리고 이와 같은 조화는 교사의 자질에 따라서 다양하게 나타나는데, 다양한 교사의 역할에는 다음 두 가지의 상황이 고려되어야 한다(배장오, 1996).

첫째, 교사의 지도자적인 행위는 집단의 성질과 그가 맡은 일 자체와의 관계 속에서 반영된다. 교사는 교사로서의 권위를 유지하면서 인격적으로 학생의 개인적 문제에 대한 개입여부와 그러한 상호작용 속에서 양자 간의 사회적 거리감을 좁히는 일에 유의해야 한다. 소위 제도적인 지도성과 개인적인 지도성을 적절히 조화시킬 수 있는 교사의 역할이 요구되는 것이다.

둘째, 교사의 지도성 유형은 일반화된 것이 없기 때문에 유능한 교사가 되려면 자기 나름대로의 행동유형이 정립되어야 하고, 이 행동유형은 최대한의 융통성을 가져야 한다. W. Waller(1967)는 유능한 교사를 '자기 자신을 마치 고무줄처럼 늘였다 줄였다 할 수 있는 사람'에 비유하고 있다. 따라서 교사의 역할은 이러이러한 것이다 라고 단정 지어 말할 수 없고, 오직 개별 교사들이 자기 나름대로 교사로서의 자신의 역할을 정립할 따름이다. 다만, 편견이나 독선에 빠져서 편협한 교사가 되어서는 안 된다는 점을 주의해야 한다.

2) 교과교육에 관한 교사의 역할

교과교육에 있어서 교사는 다른 무엇보다도 자기가 가르치는 지식 영역에서 아는 방법(way of knowing) 또는 논의양식에 통달한 전문가이다(정범모 외 3, 1977; 김헌수, 2001). 따라서 교사의 가장 본질적인 역할은 자기가 아는 방법에 따라 학생들이 알 수 있도록 가르치는 것이라고 할 수 있는데, 이는 교수모형의 개념에서 가장 직접적으로 시사된다.

일반적으로 교수모형은 가르치고자 하는 지식에 관한 사고과정을 체계화한 것을 의미한다. 물론 이것은 그러한 사고과정을 체계화할 수 있다는 것, 즉 그것을 다른 사람에게 전달하고 그것에 관하여 서로 의견을 교환할 수 있는 형태로 가다듬을 수 있다는 것을 전제로 한다. 예컨대 반성적 사고모형, 탐구훈련 모형 그리고 가치갈등 분석모형 등이다.

어느 특정한 지식에 관한 사고과정의 체계를 나타내는 것으로서의 교수모형 개념이 예전부터 있었더라도, 이것을 교사가 학생들에게 새로운 용어로 가르치고자 할 때에는 두 가지 경우를 시사한다. 첫째는 가르치기 이전에 교사가 교수모형에 대한 사고과정의 체계를 가지고 있어야 한다는 점이고, 둘째는 학습내용을 조직하고 제시하는 데 있어서 그 사고과정의 체계를 나타내 보여야 한다는 점이다. 이를 교사의 입장에서 본다면 교수모형은 교사 자신이 그 지식을 알게 된 경로를 의미한다. 그리고 교사가 교수모형을 가지고 가르친다는 것은 자기 자신이 그 지식을 알게 된 것과 동일한 경로를 통해 학생이 지식을 습득하도록 가르침을 의미한다.

교사가 자신의 지식획득 경로를 따라 가르쳐야 한다는 것이 명백한 원리임에도 불구하고, 실제로 이제까지의 교육은 이 원리를 따르지 않았다. 교사를 학생들에게 가르치고자 하는 지식을 이미 알고 있는 사람이라고 할 때에, 학생들을 가르치는 상황에서 자기가 그 지식을 획득해 온 과정을 잊어버릴 가능성은 있게 마련이다. 이 경우에 교사는 학생의 입장에서 그 지식을 획득하는 과정을 따라 가르치는 것이 아니라, 성인의 입장에서 성인이 알고 있는 지식의 결과만을 알려주게 된다. 또 그 지식에 도달한 과정을 보여주는 경우에도 이미 그 과정을 거친 성인의 입장에서 일방적으로 제시한다. 이것이 올바른 교육방법이 아니라는 점을 명백하게 지적한 것은 현대교육에 있어서 큰 공헌이라고 할 수 있다.

교과교육에 있어서 교사를 전문가로 보는 견해는 무엇보다도 교사양성 교육과정에 직접적인 시사를 준다. B. Joyce(1972)에 의하면, 교사양성교육에서 장차 교사가 될 사람들에게 교직생활을 위한 준비과정에서 가장 중요한 것은, 그들로 하여금 여러 가지 종류의 교수모형을 통달하도록 함으로써 자기가 가르치는 지식에 가장 적합한 모형을 선택적으로 활용할 수 있도록 해 주는 일이다. 이런 방향으로 교사를 양성할 때에 비로소 교직의 전문성을 주장할 확고한 근거를 가지게 되는 것이다.

2. 이상적인 교사상과 교과교육

1) 이상적인 교사상

이상적인 교사상은 어떤 기준을 설정하느냐에 따라 달라지게 마련이다. 예를 들어 교사의 효율성 준거인 학생의 지적, 기능적, 정의적 그리고 신체적 발달촉진의 정도에 따라 이상적인 교사를 찾을 수 있다. 또 사회적 여건이나 시대적 상황이 변해감에 따라서도 이상적인 교사상은 변천될 수 있다.

이상적인 교사상은 보는 사람의 관점에 따라 달라질 수 있는데, F. W. Hartt는 고등학교 학생 10,000명에게 질문지를 제시하고 가장 좋아하는 교사상을 그리게 한 후에 빈도가 높은 순서에 따라 다음과 같은 10가지의 특성으로 그 순위를 매기고 있다(영남대학교 사범대학 교육학과연구실, 1997; 고승덕, 1997. 재인용).

① 학교공부에 도움이 되는 교과나 과제를 명료하고도 충분히 설명하고, 교수활동에 사례를 많이 든다.

② 유쾌하고 긍정적이며, 온후하고 쾌활하며, 유머가 있고 농담을 할 줄 안다.

③ 학습집단의 일원으로 인간적이고 지도력과 인화력이 있다.

④ 학생에게 관심이 있고, 학생을 잘 이해한다.

⑤ 공부를 흥미 있게 만들고 공부에 대한 욕망을 일으키며 학습활동을

즐겁게 만든다.

⑥ 엄밀하게 학급을 조정하며 관심을 불러일으킨다.

⑦ 공평하고 편애하지 않는다.

⑧ 무뚝뚝하지 않고 짓궂지 않으며, 까다롭지 않고 말이 많지 않으며, 비꼬지 않는다.

⑨ 지식이 풍부하다.

⑩ 사람을 좋아하는 인성을 지니고 있다.

Hartt의 연구결과를 교원 자질의 기본이 되는 '지식', '교육기술', '성격' 그리고 '교직관'의 네 가지 측면에서 볼 때에, '지식'에 관한 것은 9순위의 1개 항목인 것을 확인할 수 있다. 또 '성격'에 관한 것은 2순위, 8순위 그리고 10순위의 3개 항목이고, '교육기술'은 1순위와 5순위, 6순위, 7순위 등 4개 항목이며, '교직관'은 3순위와 4순위의 2개 항목으로 나타났다. 이 중에서 '교육기술'과 '교직관'을 '교직교육'과 관련 있는 것으로 본다면, '교직교육'은 6개 항목이고, '성격'은 3개 항목 그리고 '지식'이 1개 항목임을 알 수 있다.

이와 같은 결과에 비추어 볼 때에, 교직교육이 매우 중요하다는 점을 파악할 수 있다. 교사에게 가장 기본이 되는 것은 교과에 관한 지식이다. 그러나 그 지식이 아무리 풍부해도 교사의 전달기술 미흡이나 성격적인 결함으로 인하여 학생들이 받아들이는 데 있어서 어려움을 겪는다면, 그 지식은 산지식이 될 수 없다고 하겠다.

우리나라에서는 한국교육개발원에 의해서 이상적인 교사상에 대하여 연구된 바 있는데, 그 결과는 <표 2-1>과 같다.

〈표 2-1〉 이상적인 교사상에 대한 가치의식의 분포(%)

항 목 \ 구 분	교 사	학부모	학 생	전 체
담당과목의 실력	7.7 (4)	7.2 (5)	7.8 (4)	7.6 (4)
교육자로서의 신념	34.8 (2)	33.5 (1)	29.3 (2)	32.5 (1)
예절과 질서 지도	2.7 (5)	10.4 (4)	3.3 (6)	5.5 (5)
요령 있는 수업 지도	1.3 (6)	6.6 (6)	7.5 (5)	5.1 (6)
학생에 대한 관심과 사랑	35.3 (1)	30.7 (2)	31.5 (1)	32.5 (1)
인생에 대한 자세 지도	18.2 (3)	11.6 (3)	20.6 (3)	16.8 (3)
계	100.0	100.0	100.0	100.0

*( ) 인의 수치는 집단 내에서의 중요도 순서임.

**자료 : 이종재 · 정영애 · 이인효 · 이영노(1981). 한국인의 교육관 - 유형적 특성과 갈등-. 한국교육개발원 연구보고 RR-142. 서울 : 한국교육개발원. p.106.; 영남대학교 사범대학 교육학과연구실 편(1997). 교과교재 연구의 이론과 실제. 경산 : 영남대학교출판부. p.18. 재인용.

이상적인 교사의 모습을 묻는 질문에 대하여 한국인들은 '교육자로서 신념을 지닌 교사'와 '학생에 대하여 깊은 관심과 사랑을 지닌 교사'를 가장 우선 순위(32.5%)로 두고 있으며, 다음으로 '인생에 대한 자세를 가르쳐 주는 교사(16.8)'를 바람직한 교사상으로 보고 있다. '담당교과에서 뛰어난 실력을 지닌 교사(7.6%)', '예절과 질서를 중시하는 엄격한 교사(5.5%)' 그리고 '요령 있게 수업을 지도하는 교사(5.1%)'에 대해서는 소수만이 바람직한 교사상으로 가치선택을 하고 있나.

집단별로 살펴보면, 학부모 집단이 교사나 학생 집단에 비하여 '교육자로서 신념을 지닌 교사'를 가장 많이 선택(33.5%)한 반면에, 교사 집단과 학생 집단은 '학생에 대한 깊은 관심과 사랑을 지닌 교사(교사-35.3%, 학생-31.5%)'를 더욱 이상적인 교사상으로 생각하고 있다. '요령 있게 수업을 지도하는 교사'에 대해서는 교사, 학부모 그리고 학생 집단 모두 하위(교사-1.3%, 학부모-6.6%, 학생-7.5%)를 차지하고 있다. 그리고 학부모 집단은 '예절과 질서를 중시하는 엄격한 교사'를 타 집단에 비하여 비교적 높게 평가(10.4%)하는 반면에, 교사와 학생 집단은 '담당교과에서 뛰어난 실력을 지닌 교사(교사-7.7%, 학생-7.8%)'도 중요하게 보고 있는 것으로 나타났다.

한편, 미국 국민을 대상으로 '교육에 대한 국민의 태도분석'에서도 바람직한 교사상을 조사한 바 있다. 이에 대한 Gallup의 여론조사(E. Brainard, 1977; 영남대학교 사범대학 교육학과연구실, 1997. 재인용)에서 같은 경험과 훈련을 받은 교사로 가정했을 때에 어떤 인간적인 특성을 지닌 교사를 원하는지를 학부모들에게 조사한 결과, 바람직한 교사상은 다음의 순서와 같이 나타났다.

① 이해와 의사소통의 가능성을 지닌 교사
② 어린이에게 공정한 원칙을 지닌 교사
③ 높은 도덕적 특성을 지닌 교사
④ 어린이에 대한 사랑과 관심을 지닌 교사
⑤ 헌신적인 교사
⑥ 친근하고 좋은 성품을 지닌 교사
⑦ 청결하고 깔끔한 외모를 지닌 교사

이러한 결과를 한국인이 생각하는 이상적인 교사상과 비교해 보면, 이해와 의사소통이 가능하고 확고하며 공정한 원칙을 지닌 교사를 교육자로서의 신념을 가진 교사로 볼 때에 한국인과 미국인이 기대하는 이상적인 교사상은 어느 정도 일치한다고 하겠다. 그러나 우리나라에서는 '학생에 대한 사랑과 관심을 지닌 교사'를 가장 높이 평가하고 있는 반면에, 미국에서는 네 번째 순위로 평가되고 있는데, 이는 한국과 미국의 가치관이 다르기 때문인 것으로 해석할 수 있다.

이상에서 소개한 연구결과들이나 견해들을 종합하여 분석할 때에 오늘날의 상황에서 기대되는 이상적인 교사상을 그려볼 수 있는데, 고승덕(1997)은 이를 [그림 2-1]과 같이 제시하고 있다.

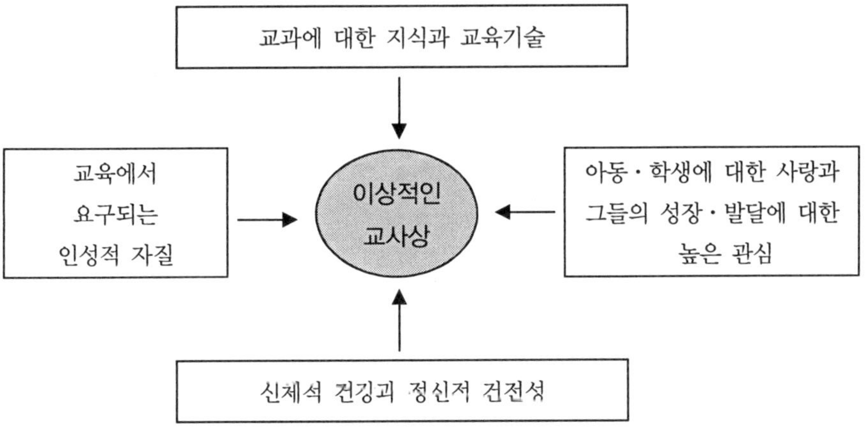

*자료 : 고승넉(1997). 교과교재연구 및 지도. 서울 : 학문사. p.258. 재인용.

[그림 2-1] 이상적인 교사상

2) 전문직으로서의 교직과 교과교육

일반적으로 교직을 보는 관점은 성직관, 노동직관 그리고 전문직관 등 세 가지 유형으로 구분된다.

첫째, 고대사회나 동양사회에서는 교직을 특별한 소명의식을 가진 사람들만이 감당할 수 있다고 생각했는데, 이것이 바로 성직관이라고 할 수 있다.

둘째, 중세 서구사회에서는 교직도 일을 하고 보수를 받는 일반 직종과 다를 바가 없다는 노동직관이 있었다. 현대사회의 경우에는 교원노동조합운동의 제기를 통해 노동직관이 존재하고 있다는 것을 확인할 수 있다.

마지막으로 오늘날 교직은 의사나 변호사와 같이 고도의 전문성을 바탕으로 하는 전문직이라고 보는 입장이다.

현대사회에서의 교원은 그 직무의 성격상 전문직으로서의 자질과 역할이 요구되고 있다. 일례로 UNESCO에서는 1966년 10월에 '교원의 지위에 관한 권고문'에서 "교직은 전문직으로 간주되어야 한다."라고 전제하면서, 엄격하고 계속적인 연구를 통해 습득·유지되는 전문지식과 기능을 교원에게 요구하는 공공적 봉사의 일종으로 인정한 바 있다. 그러나 이러한 규정이나 권고는 당위적이고 이념적일 뿐이지, 문제는 M. Lieberman(1956)이 제시한 전문직의 기준에 어느 정도 일치하느냐에 있다.

오늘날 전문직의 보편적인 기준이 되고 있는 Lieberman의 8가지 전문직 기준은 다음과 같다(곽병선 외 4, 1997).

① 범위가 명확하고 사회적으로 불가결한 일에 독점한다.
② 고도의 지적 기술을 행사한다.
③ 장기간의 전문교육을 필요로 한다.
④ 개업자는 개인적으로나 직업 집단으로나 넓은 의미에 걸쳐서 자율적이다.
⑤ 자율의 범위 내에서 한 판단이나 행동에 대해서는 책임을 진다.
⑥ 경제적인 보수보다는 사회봉사를 강조한다.
⑦ 전문적 집단에 의한 포괄적인 자치조직을 갖고 있다.
⑧ 독자적 윤리강령을 가진다.

그러나 실제로 교직이 전문직으로 인정받기 위해서는 교사교육 자체가 전문성을 어느 정도 보장할 수 있으며, 교육현장에서 교사들이 전문성을 발휘할 수 있느냐에 있다.

J. Piaget는 교원이 의사처럼 전문직으로 인정받지 못하는 이유가 의사처럼 아동을 진단하지 못하기 때문이라고 설명하면서 교원이 전문직으로 인정받기 위해서는 장기간의 양성과정을 통해 심리학과 교과교육학에 전문성을 갖는 일이 무엇보다 중요하다고 보았다(곽병선 외 4, 1997. 재인용). 이는 교원의 전문성에 대하여 그 핵심을 잘 나타낸 것이라고 하겠다. 물론, 교사는 인간을 대상으로 하기 때문에 심리학을 포함한 제과학에 통달해야 한다. 학습의 목적, 내용, 방법 그리고 평가에 대한 과학으로서 교과교육학을 알지 못한 채 교원의 전문성을 논할 수는 없다. 또한 강우철(1985)은 교육을

전문직이라고 할 때에 의사나 법관에 비유되기도 하지만, 전문직으로서의 공통점은 교육연한과 실습기간이 길어야 한다고 전제하면서 교원의 전문성을 한마디로 하면 교과교육학의 배경이 된다고 강조한 바 있다.

그러나 실제로 우리나라에서는 해당 학과를 전공하고 소정의 교직과정을 이수하기만 하면 교사자격증이 부여될 뿐만 아니라, 사범대학이나 문리과대학의 교육과정에 있어서 큰 차이를 보이지 않고 있다. 이러한 현상이 나타나는 이유를 곽병선 외 4인(1997)은 과학교사와 과학자의 구분이 제대로 되어 있지 않는 데에 있다고 하였다. 즉 누구든지 교과내용만을 숙달하고 있으면 교사가 될 수 있다는 관념이 지배적이기 때문이라는 것이다. 실제로 과학자는 자연을 연구대상으로 하고 있는 반면에, 과학교사는 인간을 연구대상으로 하고 있으며, 어떻게 하면 과학을 더 잘 가르쳐서 훌륭한 인간, 나아가서는 훌륭한 과학자를 양성해 내느냐 하는 데에 그 목표가 있다. 이렇게 본다면 과학자와 과학교사는 분명히 다른 성격을 가지고 있는 것이다.

한편, 교사의 입장에서 볼 때에는 교육의 목표가 인격형성으로서의 전인교육이거나 창의성 계발 혹은 전문지식의 습득이거나를 무론하고, 그 목표에 적합한 교과를 개발 · 지도 · 평가하는 일련의 활동을 전문적으로 할 수 있어야 한다. 학교에서 이루어지는 모든 교육활동은 교과를 그 핵심으로 하고 있기 때문에 교과에 대한 전문성이 교사에게 요구되는 것이다. 교과교육에 대한 연구는 교사의 생명이며, 교과교육의 전문성 여부는 교사의 전문성의 기준이 된다. 교사가 교과를 연구하려는 태도, 즉 교과를 어떻게 구성하고 어떻게 가르쳐서 행동의 변화를 가져올 것인가의 문제가 교과교육 연구의 과제인 만큼, 교과교육을 연구하는 교과교육학은 교사 전문성의 핵심이며 생명이다.

여기에서 염두에 둘 것은 교과교육의 이론만을 지향하거나 실천에만 치우쳐서는 안 된다는 점이다. 실천 없는 이론은 공허하며 이론 없는 실천은 맹목적이기 때문에 이론과 실천을 적절하게 조화하고, 이를 겸비할 수 있을 때에 비로소 교사의 전문성은 향상될 수 있다.

3. 교사양성과 교과교육

1) 교과교육 측면에서 교사양성과정의 진단

우리나라의 대표적인 중등교원 양성기관은 사범대학이다. 사범대학의 교육과정은 대체로 교과내용에 관련된 강좌와 교육원리에 관련된 강좌의 두 가지로 구성되어 있는데, 전자의 경우는 교사양성을 위한 프로그램이기보다 일반대학의 기초학문 교과와 유사한 점이 많다고 이돈희 외 7인(1995)은 지적하고 있다. 이를테면, 국어교육학과의 교육과정 중에서 교과내용에 관해서는 일반대학 국어국문학과의 교과들과 비슷하게 짜여 있다. 뿐만 아니라, 후자의 경우에는 일반적으로 교직과목으로 지칭되는 강좌, 즉 일반교육학 관련 과목들과 해당 교과의 지도법에 관한 과목들로 구성되어 있다. 이러한 교과목의 구성은, 첫째로 교사양성 전문기관으로서의 사범대학 존재에 대한 근거를 약화시키고, 둘째로 교직의 전문성을 충분히 부각시키지 못하는 취약점을 지니고 있다.

현재 사범대학이 종합대학 내에 있는 경우, 사범대학의 교과내용은 일반대학 기초학문 학과의 전공과정과 중복되기 때문에 교직과목만이 사범대학의 특징으로 나타나고 있다. 사범대학이 교직과목만으로 그 특징을 유지한다면, 일반대학과 교직과목들을 보완할 때에 교사양성과정으로서의 조건을 충분히 갖출 수가 있다. 그러나 교과내용과 교직과목만으로 교사양성과정을 전문화한다는 것은 종합대학 내에 사범대학이 별도로 있어야 한다는 사실을 충분히 정당화하는 근거가 되지 못한다. 이는 교사 특히 중등학교 교사의 직업적인 전문성 확보에 있어서도 하나의 취약점으로 작용하고 있다. 교사의 전문성은 소정의 교육과정을 이수하고 부여받는 교사자격증의 소지만으로 논할 수 없는 문제이다. 교사 자신이 교육현장에서 전문 직업인으로서의 역할을 충실히 하고 있을 때에 비로소 인정되는 것이다.

한편, 고등교육과정을 이수했을 뿐만 아니라 교과와 교육원리에 관한 전문적인 지식을 소유했지만, 그 전문성에 회의를 두는 경우가 있다. 그 이유는 전문적인 교사양성기관인 사범대학을 졸업한 사람들이 교육현장에서 전문적으로 하는 일을 사범대학 이외의 대학에서 교직과목만을 이수하거나 이수하지 못해도 할 수 있는 일로 인식하고 있기 때문이다. 물론 사범계 대학과 비사범계 대학을 구별하기 위해서 교사의 전문성에 관한 요건을 교육현장의 요구와 관계없이 무리하게 강화할 필요는 없다. 하지만 교사의 전문적인 자질이 별도의 교육과정을 필요로 한다면 그것을 외면해서는 안 된다. 교사의 전문적인 자질을 위한 교사양성 교육과정에 대하여 이돈희 외 7인(1995)은 다음과 같이 밝힌 바 있다.

> 교직관에 따라서는 교사가 어떤 교과를 가르치기 위해서 교육의 방법적인 기술보다 교과의 내용에 관한 지식이 더 중요한 것이라고 한다. 그리고 교육의 방법적인 기술도 교과의 내용을 떠나서 생각할 수 없다는 주장도 있다. 나는 이러한 생각이나 주장이 건전한 상식에 기초한 것이라고 생각한다. 분명히 교육의 방법은 내용과 무관하게 활용될 수 없으며, 내용이 없는 방법적인 기술은 공허한 것이다.
>
> 그러나 우리가 엄격하게 생각해 볼 문제는 '교과의 내용에 관한 지식이 어떤 종류의 지식이어야 하느냐'이다. 그것이 일반적으로 인식되고 있는 바와 같은 교과의 내용적인 명제 또는 일차원적인 이해 수준이라고만 하기는 어렵다. 교과를 가르친다는 것이 단순히 그 내용을 전달하는 것만은 아니며, 그 내용을 효과적으로 학습하게만 하는 것도 아니다.

> 우리가 교과를 가르친다는 것은 포괄적이고 전체적인 의미로 볼 때, 조직된 지식을 전달하는 단순한 '기능적 행위'가 아니라 그 교과를 통해 세계를 보게 하고, 그 교과와 더불어 삶의 의미와 가치에 접근하게 하며, 그 교과에 의해서 삶의 원리를 제공하는 것까지를 포함하는 '예술적 활동'이다. 이러한 포괄적인 교과교육의 개념은 '교과의 지식'만이 아니라, '교과에 관한 포괄적이고 체계적인 지식'을 소유할 것과 교육 일반에 대한 균형 있는 이해에 도달해 있기를 요구한다.

위에서 언급한 바와 같이 교사가 교과교육활동을 제대로 수행하려면, 교과내용 그 자체의 건조한 지식과 그 지식을 가르치는 단조로운 기능적 기술만으로는 결코 충분하지 않다. 한 교과의 교육을 담당하는 교사는 적어도 그 교과 세계에서 학생의 삶 전체를 함께 하는 동반자의 위치에 있어야 한다. 교사가 되는 길은 그러한 동반자로서의 자격을 구비하는 과정이며, 그 과정은 교과와 교육의 세계를 포괄적이고 균형 있게 연결 짓는 활동으로 조직되어야 한다.

2) 교과교육 활성화를 위한 교사양성과정의 개선

J. B. Conant는 《미국의 교사교육》에서 교사교육의 문제를 제기하였다. 그는 사범대학에서 학생들에게 가르치는 방법만 교육한다는 점을 지적하고, 교사교육에서 일반교양교육과 전공과목에 대한 지식을 가르치고 난 후에 현장실습을 통해서 방법적인 기술을 습득하도록 해야 한다고 주장하였다. 이러한 경우에 교사교육의 교육과정에서는 교양과목과 전공과목이 강조될 것이며, 교직과목을 지적과목을 포함하는 소수의 과목과 도제교육에 해당하는 실습과목에 한정시키게 될 것이다.

우리나라에서는 교직과목의 경우, 학생들이 형식적으로 이수하거나 혹은 이수하더라도 흥미를 갖지 못한 채 과목을 이수하는 경우가 적지 않다는 지적(한국교원단체총연합회, 2003)이 일고 있다. 때문에 교육학자들은 우려를 표명하고 있지만, 전공과목의 교수들은 교직과목이 불필요하게 전공과목을 가르칠 기회를 침해한다는 생각을 하면서 기회만 주어지면 교직과목의 비중을 줄여야 한다는 주장을 펼치기도 한다.

그러나 아직까지도 교사양성을 위한 교육과정은 교양, 교직 그리고 전공의 틀을 고집해 왔고, 누구도 이러한 구분의 타당성과 적합성 여부에 대한 심층적인 논의를 한 사례가 드물다. 교직수행을 위해 기초가 되는 교육학적인 지식을 다루는 교직과목, 교과지식의 토대가 되는 인문·자연계의 기초학문과 같은 교과내용 학문을 다루는 전공과목 그리고 교양과목으로의 구분이 그 대강의 내용을 말해 준다. 교직 영역과 전공 영역을 연결 짓는 과목은 '교과교육학'과 '각과지도법' 등이다. 이들 과목을 제외하면, 교직과목은 가르치는 전공내용 과목과 분리된 채 가르치고 있는 모습을 볼 수 있고, 한편으로 각 교과의 지식은 교육과 무관하거나 교육이라는 성격을 생각할 필요도 없이 각 교과의 지식을 배우고 있는 실정이다. 게다가 교직과목이 교육현장과 유리되어 있다는 점 때문에 별개의 과목으로 따로 배운 전공과 교직과목의 대부분은 현장에서 통합되기 어려웠던 것도 사실이다. 교육실습 또한 형식적인 과정에 불과한 것으로 간주되기 일쑤였다.

이러한 문제점을 토대로 하여 한국교원단체총연합회(2003)에서는 교사교육과정의 재구성을 위한 개선 방향을 다음과 같이 다섯 가지로 설득력 있게 제시한 바 있다.

첫째, 교사교육과정은 교육행위와 교육현상에 관한 지적 욕구를 충족시킬 수 있는 방향으로 조직·운영되어야 한다. 즉 교원을 양성하기 위한 교육과정은 교육행위와 교육현상을 밝히기 위한 지적 탐구과정이라고 할 수 있다.

둘째, 교육실습은 교원교육의 초기 단계에 교육에 관한 지적 탐구에 관한 문제의식을 불어넣어 줄 수 있으며, 탐구정신과 반성적 사고를 갖게 하는 현장체험으로서의 성격을 드러내는 것이어야 한다. 교육현상을 관찰하고, 그와 관련된 지적 문제를 확인하며, 교육적인 현상으로부터 의미를 반성적으로 사고할 수 있도록 해야 한다. 즉, 교사로서의 삶과 앎의 입문과정으로서의 의미를 내포한 것이라야 할 것이다.

셋째, 교양, 교직 그리고 전공의 틀은 재검토되어야 한다. 과목 상호 간의 유기적인 통합을 저해하는 요인을 불식하고 전공과 교직과목 사이의 연계를 설계하는 노력과 연구가 지속되어야 한다. 교양과목의 경우에도 교양과목을 어떻게 다루어야 하는가에 초점을 두고 다루는 방식에 의해서 교양과목의 의의를 재검토해야 할 것이다.

넷째, 교양, 교직 그리고 전공과목의 내용은 예비교사로 하여금 그 교육내용을 효과적으로 내면화하고, 향후 교육현장에서 적용할 수 있도록 교육과정상 최대한 배려해야 한다. 예컨대 교사교육과정에서 거쳐야 할 과목들을 학문모형, 탐구모형, 실습모형 등으로 구분하여 제시해 볼 수 있는데, 이 세 가지 모형은 내용뿐만 아니라 운영방식에 있어서도 차이를 보일 수 있도록 구성되어야 할 것이다.

다섯째, 교사교육과정은 교사로서의 보람과 사명을 확인하는 과정으로서 의미가 있다. 교사교육과정은 교원인사행정의 틀 속에서 교사의 삶을 의미있게 구성하는 첫 단추에 해당한다. 교원인사행정이란 교사로 하여금 교직생활에 입문하기 전에 교사양성과정을 통해 자격을 취득하고, 신규임용에 의한 초임교사로 첫발을 내딛으며, 경력교사를 거쳐서 정년에 이르기까지 전 교사의 발달과정에서 교사의 삶을 보람 있고 긍지를 느낄 수 있도록 하는 일련의 봉사활동이라고 할 수 있다.

제3장 교과교육과 매체

교수활동과 학습활동의 매개체가 교수·학습활동의 과정 및 결과에 지대한 영향을 끼친다는 점은 이견이 있을 수 없다. 이러한 현상은 학교현장에서 쉽게 발견할 수 있는데, 학습지도에 노련한 교사는 간단한 매체를 적절한 시점에 투입하여 학생들의 학습동기와 흥미를 유발하면서 학습자의 목표도달도를 제고한다. 이에, 3장에서는 교육매체가 갖는 기능을 살펴보고, 제7차 교육과정에서 강조한 ICT 활용에 대한 이해의 폭을 넓힌 후에, 교육매체의 제작과 활용기법에 관하여 논의하고자 한다.

1. 교육매체의 기능

교육매체(educational media, instructional media)는 목표로 하는 교수 또는 학습을 성공적으로 실현시키는 데에 필요한 매개체를 의미한다(이영자, 1977). 즉 주어진 교수목표 또는 학습목표를 달성하는 데에 필요한 모든 물리적인 시설, 자료 그리고 환경을 의미한다. 따라서 종래의 모든 종류의 교수자료, 실험실습을 위한 시설, 교실과 그 설비, 기타 학교 내의 여러 가지 설비는 모두 넓은 의미의 교수매체라고 할 수 있다. 경우에 따라서는 교사 자신도 주어진 교수목표 달성에 이바지한다는 의미에서 교수매체의 한 가지로 포함시키기도 한다.

결국, 학습에 있어서 내용을 보충하는 보조자료의 의미를 넘어서 교수·학습과정에서 교사와 학습자 사이에 교수목표 달성을 위해 사용되는 어떠한 수단도 모두 교육매체가 될 수 있는 것이다. 즉 인적 자원, 학습내용, 학습환경, 시설, 시청각 기자재 등을 포함한 종합적이고 포괄적인 개념이다(고승덕, 1997).

매체는 분리된 보조물이 아니라, 체제 속의 구성요소로서 매체 그 자체보다 매체를 활용하는 방법 또는 환경까지를 고려하는 것으로 정의된다. 수업설계에서는 수업체제 접근의 한 단계로서 매체의 선택과 활용이 학습목표 달성을 크게 좌우하는 광의의 개념으로 받아들여지고 있다. 즉 교육매체의 개념은 수업목표 달성을 위해 필요한 모든 인적·물적자원을 계획하고 활용하는 방법론적인 것까지를 포함한 수업자원으로 정의할 수 있다. 여기에서 수업자원은 학습을 촉진시키기 위해서 사용되는 모든 자원을 의미하는 것으로서 학습내용, 요원, 교재교구, 기술 및 환경, 시설 등을 포함한다.

반면에, 좁은 의미의 교수매체란 종래의 교수자료라는 개념과 비슷한 것이다. 시청각 교재 또는 시청각 교구가 바로 여기에서 말하는 좁은 의미의 교수매체에 해당한다고 하겠다. 협의의 교육매체는 학습과정에 있어서 학습내용을 구체화하거나 보충함으로써 학습자의 명확한 이해를 돕기 위해 사용되는 모든 기계나 자료를 의미한다. 또한 시청각적 또는 언어적 정보를 전달하는데 사용되는 시청각 기자재(audiovisual equipment)나 시청각 교재(audiovisual material)를 의미한다. 뿐만 아니라 TV, 영사기, 라디오, VTR, 컴퓨터 등의 하드웨어와 필름, 녹음테이프, 컴퓨터 프로그램 등의 소프트웨어도 포함된다.

교육매체가 교육의 효과를 극대화하기 위한 체계적인 노력과 그를 위해 활용되는 모든 매체 또는 교수 보조물이라고 할 때에는 몇 가지 교육적인 기능이 전제가 된다. 고승덕(1997)은 교육매체의 기능을 매개적 보조기능, 정보전달 기능, 경험구성 기능 그리고 교수기능으로 구분하였는데, 이를 좀 더 구체적으로 설명하면 다음과 같다.

첫째, 교육매체에는 매개적 보조기능이 있다.

교육매체의 매개적 보조기능은 가장 보편적이면서도 잘 알려진 기능이라고 할 수 있다. 교사가 학습자를 가르칠 때에 보조수단으로 매체를 사용하는 것이 그렇지 않을 때보다 학습의 효과를 높일 수 있음이 일반적으로 증명되고 있다.

교육매체의 매개적 보조기능은 매체를 사용하는 사람의 기술이나 상황에 따라 크게 좌우될 수 있기 때문에 매체의 활용방법에 따라 학습효과가 다르게 나타날 수 있다. 그리고 교육매체는 주의력을 끄는 특성이 있기 때문에 학습자가 즐겁게 학습할 수 있도록 도와준다. 또한 명료한 메시지, 변화무쌍한 영상의 전개, 각 매체의 특수한 효과 등의 사용은 학습자의 동기를 유발시킴으로써 적극적인 태도를 형성시켜 준다.

둘째, 교육매체는 정보전달 기능이 있다.

교육의 가장 기본적인 형태는 교사와 학습자가 일대일의 직접적인 관계로서 주로 언어나 표정을 통하여 의사를 표현하거나 정보를 전달하고 전달받는다. 이러한 기본적인 관계에서 한 사람의 교사가 동시에 많은 학습자를 대상으로 가르쳐야 하는 상황일 때에는 교사와 학습자 모두 어려움을 겪게 된다.

이러한 문제를 해결하여 교육을 표현화하는 데에 크게 공헌한 것이 인쇄매체였다. 인쇄매체는 인쇄술의 발달로 폭넓게 사용되었는데, 많은 정보를 담을 수 있고 사용하기가 편리하기 때문에 현재까지도 중요한 매개수단으로 인식되고 있다. 뿐만 아니라, 라디오나 TV와 같은 대중 통신매체가 보급된 후에는 한 교사가 보다 많은 학습자를 가르칠 수 있게 되었고, 더 많은 정보를 신속하게 전달할 수 있는 가능성 또한 커지게 되었다. 이렇게 매체가 개발되고 크게 보급됨으로써 교사와 학습자 간 또는 학습자 상호 간에 지식이나 정보를 원활하게 전달할 수 있는 환경이 조성되었다.

시각매체는 특히 구체적인 정보를 제공해 줄 수 있다. 학습자가 추상적인 정보를 이해하기 위해서는 선행사건이나 과정에 대한 이미지를 창출해낼 수 있는 지적 처리과정이 일어나야만 한다. 만약에 이러한 이미지가 없다면 학습자는 추상적인 정보를 이해하기 어려울 것이다. 그러나 이러한 이미지를 지닌 매체를 통해서 정보를 획득한다면, 학습자는 별 어려움 없이 새로운 이미지를 형성하게 되고, 따라서 학습에 도움을 받을 수 있다. 이와 같은 처리과정의 예를 들어보면, 정부의 다양한 기능 간의 관계를 공부할 때에 흐름도를 사용하면 정부기능들 간의 상관관계에 대한 공간적 · 시각적인 제시를 할 수 있어서 학습을 촉진시킬 수 있다. 또 도시사람과 지방사람 간의 건강상태를 비교하여 가르칠 때에 막대그래프 등을 사용하면 가르치고자 하는 내용을 쉽게 파악할 수 있다.

결국, 매체의 정보전달 기능은 매체가 지닌 여러 가지 장점–시 · 공간을 초월하고 다감각적으로 정보를 전달할 수 있는 능력–을 수업상황에서 학습내용과 학습자의 특성에 맞게 효과적으로 이용하는 것이라고 하겠다.

셋째, 교육매체는 학습경험 구성기능이 있다.

교육매체는 단순히 매개적 보조수단이나 정보를 전달해 주는 기능뿐만 아니라, 매체 자체가 학습경험을 구성하는 기능도 한다. 매체가 이러한 기능을 하는 사례로는 기능교육을 위해 타자기, 피아노, 사진기 혹은 각종 기기 등을 사용하는 것을 들 수 있다. 이 경우에 매체는 그 자체가 학습내용을 포함하고 있으며, 또한 기능을 획득하기 위한 대상물이 된다. 학습자는 교육매체를 통해서 학습할 수도 있지만, 매체 그 자체를 학습대상으로 삼아 기능적인 경험을 습득할 수도 있다. 즉 매체는 학습할 내용인 동시에 경험을 구성하는 기능을 갖고 있다는 것이다.

넷째, 교육매체는 교수기능이 있다.

교수기능이란 매체를 효과적으로 구성하고 활용하여 학습자의 지적 기능을 개발시키는 것이다. 이러한 교수기능을 발휘하기 위한 매체에는 컴퓨터, 교육용 TV, 교육영화와 같은 다양한 매체에 의한 교수 프로그램을 들 수 있다. 그 외에도 매체의 구성과 활용도에 따라 학습자의 지적 기능을 개발시켜 줌으로써 훌륭하게 교수기능을 발휘하는 경우도 많다.

교육의 목표가 단순히 지식의 전달만이 아니라 학습자의 지적 기능을 개발시키는 것이라고 볼 때에 매체의 교수기능은 매우 중요하다. 학습자의 지적 기능이란 매체를 통해 입수한 정보를 학습자가 재부호화하는 것과 같은 의미로 사용할 수 있다. 즉 제시된 정보를 학습자가 받아들여서 이미 자신의 내부에 형성된 인지구조(schema)에 맞게 정보를 해독하고 처리함으로써 자신이 이해할 수 있는 상태로 전환하는 기술이라고 하겠다.

2. 교육과정과 ICT 활용

2000학년도부터 단계적으로 적용하여 2004학년도에 고등학교 3학년인 12학년까지 적용을 끝냄으로써 제7차 교육과정에 의한 교육활동이 초・중등학교에서 이루어져 왔다. 제7차 교육과정은 정보화 시대를 주도하기 위한 국가수준의 교육개혁 의지를 반영한 것이다. 교육과정의 개정방향을 설정했던 교육개혁위원회(1997)는 정보교육의 방향을 기존의 기술 중심의 컴퓨터 교육 범주를 뛰어넘어 정보화 사회의 적응력 함양교육으로 전환할 것을 강조하면서 모든 교과교육에서 ICT(Information and Communication Technology : 정보통신기술) 활용교육을 강화하도록 권고한 바 있다. 그리고 이를 구체적으로 실현하기 위하여 다음의 사항들을 제안하였다(소경희, 2001).

① 각 교과의 목표와 내용을 분석하여 ICT의 활용이 효과적이거나 ICT 능력을 기르는 데 필요하다고 판단되는 내용과 소재를 명료화할 것

② 각 교과 내 학교급별, 학년별 위계와 계열을 고려하여 ICT를 활용할 내용을 결정하도록 지침을 제시할 것

③ 각 교과 교육과정 및 교과서의 개발 시에 학교급간, 교과간 ICT를 활용한 학습활동이 연계성을 갖도록 내용, 수준, 학습시기 등에 대한 심의・조정을 강화할 것

④ 교과서, 교사용 지도서 및 참고자료의 개발 시에도 ICT 활용 교수・학습활동의 실천에 필요한 정보와 자료를 충분히 반영할 것

교육개혁위원회의 이러한 권고사항이 제7차 교육과정 문서에 적극적으로 반영되어 있는지는 또 다른 문제이긴 하지만, 교육인적자원부(현, 교육부)가 주관하는 학교종합평가에서 ICT 활용교육 정책이 실효성을 거두고 있는지를 평가하도록 기준을 설정하고 있는 점은 긍정적인 노력이라고 하겠다.

제7차 교육과정에서의 ICT 활용에 대해서는 소경희(2001)의 연구결과를 토대로 ICT 교육의 최근 동향, 교과별 교육과정에서의 ICT 통합 정도, 교과별 교육과정에 제시된 ICT 관련 내용의 문제 그리고 ICT 교육 운영지침의 문제 등을 논의하고자 한다.

1) ICT 교육의 최근 동향

최근의 ICT 교육은 ICT를 독립적으로 가르치기보다 모든 교과수업에서 ICT를 활용하도록 하는 방향으로 이루어지고 있다. 즉 ICT가 일반 교과수업에 자연스럽게 통합되는 추세인데, 이러한 경향은 ICT 능력의 함양 측면과 교수・학습방법 측면에서 그 이유를 찾을 수 있다.

먼저, ICT 능력의 함양 측면에서 볼 때에 ICT 능력은 ICT를 별도로 가르칠 때보다는 학생들로 하여금 교과수업에서 ICT를 자연스럽게 활용하게 할 경우에 더욱 효과적으로 함양된다는 것이 최근의 일반적인 연구결과이다. 즉 최근의 연구들은 ICT를 별도의 교과목을 통해 가르치기보다 모든 교과 내용에 통합시켜 가르치는 것이 ICT 능력 함양에 더 효과적이라고 지적한다. 따라서 교육공학자들 사이에는 모든 교과수업에 ICT를 통합시켜야 한다는 주장이 점차 일반화되고 있다. 이들에 의하면 ICT는 별도로 가르쳐서는 안 되며, 별도의 컴퓨터반 혹은 정보반은 학생들이 의미 있는 방식으로 ICT를 배우는 데에 실질적인 도움을 주지 않는다.

물론, 컴퓨터 조작법과 같은 구체적인 기능을 별도로 학습하는 것도 중요하다. 그러나 이러한 기능은 그것을 사용하게 될 상황이나 맥락과 무관하게 독립적으로 배울 경우에, 그것이 필요한 상황이나 맥락에 전이되거나 적용되지 않는 경우가 많다. 다시 말해서, ICT 교육을 컴퓨터라는 별도의 교과목이나 시간으로 편성해서 가르칠 경우에 컴퓨터 사용의 '방법' 그 자체에 대해서는 많은 것을 제시한다. 그러나 그 방법이 '언제' 그리고 '왜' 사용되어야 하는가에 대해서는 거의 제시되지 않는다. 이럴 경우에 학생들은 컴퓨터의 독립적인 기능과 도구를 배울 수는 있으나, 다양한 기능과 도구가 당면한 문제를 해결하고 과제를 완성시키는 것과 관련해서는 이해가 부족하게 된다.

컴퓨터의 독립적인 기능은 학생들이 당면한 문제해결 과정에서 유용한 도움을 주는 것으로 통합될 때에 새로운 의미를 가지게 된다. 나아가서 이러한 문제해결 과정에서 컴퓨터의 다양한 기능을 적절히 사용할 때에 학생들의 ICT 능력은 향상될 수 있다. ICT 능력은 학생들이 컴퓨터의 다양한 기능을 학습과정의 일부로 적용해 보는 경험을 가질 때에 보다 더 효과적으로 함양된다.

ICT가 교과수업에 통합되는 두 번째 이유는 ICT가 교수·학습활동에 효과적이기 때문이다. 즉 ICT는 최근에 강조되고 있는 문제해결 학습이나 자기주도 학습을 촉구하는 최적의 환경을 제공한다. 우선, ICT는 학생들에게 다양하고 풍부한 자원에 접근하여 이를 분석하고 적용하는 기회를 제공함으로써, 학생들의 독립적이고 자기주도적인 학습습관을 개발하는 데에 핵심적인 전략이 될 수 있다.

또한 ICT는 학생 개개인이 자신의 학습과정에 제시된 과제나 문제를 해결하는 데 있어서 다양한 정보를 탐색하고 활용하여 자신에게 적합한 방식으로 여러 가지 대안들을 고안할 수 있는 환경을 제공한다. 그리하여 ICT를 활용한 수업은 유능한 학생들에게는 공식적인 교육과정을 초월하는 수준으로까지 그들의 지평을 확대시켜 줌으로써 독립적인 학습을 더 많이 허용한다. 또한 성적이 부진한 학생들에게는 그들의 관심·흥미에 부합한 다양한 학습자원과 상호작용하게 함으로써 그들을 동기화시키고 적절한 속도로 학습하게 한다.

뿐만 아니라, ICT는 다양한 형태의 학습시간 및 장소를 제공해 준다. 즉 ICT는 학생들이 시·공간적인 제약에서 탈피하여 다양한 형태의 자료들을 언제든지 이용할 수 있게 해 준다. ICT에 기반을 둔 교수·학습활동이 일어날 수 있는 시간과 장소의 형태를 제시하면 <표 3-1>과 같다.

〈표 3-1〉 ICT 활용의 교수·학습시간 및 장소의 형태

교수·학습형태	특 징	예 시
동일 시간/ 동일 장소	• 전통적으로 가장 흔하게 이루어져 온 교수·학습형태	강의식 수업, 세미나
동일 시간/ 다른 장소	• 학생과 교사들이 서로 다른 장소에 있으나 동시에 동일한 활동에 가담하는 형태	오디오 회의나 비디오 회의 형태로 토론하는 원격학습
다른 시간/ 다른 장소	• 아이디어의 전달 및 교환에 있어서 시간이나 장소의 영향을 받지 않음 • 전 세계의 많은 학교 학생들이 서로 의견을 나눌 수 있음 • 학생들에게 자기 주변의 직접적인 환경을 넘어서 다양한 관점을 볼 수 있도록 함	전자우편, 온라인 게시판, 인터넷 뉴스그룹 등의 의사소통 수단을 사용하여 이루어지는 학습형태
다른 시간/ 동일 장소	• 교사와 학생들이 디지털 형태의 정보를 서로 다른 시간에 보는 형태로, 이 경우에 디지털 형태의 정보는 교사나 학생이 언제든지 방문할 수 있는 장소로 간주됨	데이터베이스 활용수업

*자료 : 소경희(2001). "제7차 교육과정에서의 ICT 활용의 문제와 활성화 방안 탐색." 교육학연구. 39(1). 197-215. 서울 : 한국교육학회. p.200. 재인용.

ICT를 활용해서 이루어질 수 있는 다양한 형태의 학습은 학생들이 시간과 장소에 얽매이지 않고 여러 가지 형태로 자기주도적 학습을 할 수 있는 여건을 제공한다. 특히 '동일 시간/다른 장소', '다른 시간/다른 장소' 그리고 '다른 시간/동일 장소' 모델은 ICT를 활용한 수업만의 독특한 형태이다. 학생들은 이러한 학습형태를 활용하여 그들이 원하는 시간과 장소에서 자기에게 필요한 학습욕구를 충족하거나 당면한 문제해결의 풍부한 기회를 갖게 될 것이다.

ICT를 교과수업에 통합시키는 것의 효과가 ICT 능력의 함양 측면이나 교수·학습방법의 측면에서 강조됨에 따라, 각국의 ICT 교육은 교과수업에 ICT를 통합하는 방향으로 전개되고 있다. 예컨대 영국의 경우, 국가 교육과정에 '정보통신기술(Information and Communication Technology)'이라는 독립된 교과가 편성되어 있기는 하지만, 실제 운영은 모든 교과를 통해서 이루어지도록 하고 있다. 호주에서도 ICT 교육을 독립된 교과로 삼기보다 모든 교과수업에 통합하여 편성·운영하고 있다. 뉴질랜드 역시 ICT가 교재와 동일한 방식으로 모든 교과에서 활용될 수 있도록 하고 있다. 또 싱가포르는 2002년 현재 모든 교과 교육과정 시간의 30% 정도를 ICT 활용수업으로 운영하는 것을 목표로 삼아, 교과수업에서의 ICT 활용비율을 높였다.

이와 같이 교과수업에서의 ICT 활용은 ICT를 독립 교과나 시간으로 가르칠 때보다 일반적인 ICT 능력을 향상시킨다는 점에서 그리고 교수·학습활동의 효과 측면에서 강조되고 있으며, 많은 나라들의 ICT 교육의 방향이기도 하다.

2) 교과별 교육과정의 ICT 통합 정도

제7차 교육과정이 적용되는 2000년 이후의 우리나라 학교교육이 과연 정보화 사회가 요구하는 ICT 능력을 갖춘 사람을 길러낼 수 있는가 하는 것은, 이미 고시된 제7차 국가수준의 교육과정 문서를 통해서 유추해 볼 수 있다. 우리나라의 경우에 교과서 개발이나 학교수업은 국가수준의 문서에 의존하는 정도가 크다. 그렇기 때문에 국가수준의 문서에 ICT 능력에 관한 내용이 구체적으로 담겨 있으면, 학교는 그에 따라 수업을 진행할 가능성이 그만큼 높다.

제7차 교과별 교육과정에 ICT 활용에 관한 내용이 통합되어 있는가는 제7차 교육과정에 제시된 전체적인 편제표와 교과별 교수·학습방법을 분석해 보면 알 수 있다. 먼저, 제7차 교육과정에 제시된 ICT와 관련된 교육과정 편성사항을 살펴보면 <표 3-2>와 같다(소경희, 1999).

<표 3-2>에 의하면, 제7차 교육과정에서 ICT와 관련된 내용은 초·중학교의 재량활동 및 고등학교의 일반 선택과목에서 '컴퓨터' 혹은 '정보사회와 컴퓨터'라는 독립된 교과로 편성되었고, 몇몇 교과에도 통합되어 편성되어 있다. 그러나 대체로 제7차 교육과정에서의 ICT는 '컴퓨터' 혹은 '정보사회와 컴퓨터'라는 독립된 교과를 통해 집중적으로 다루도록 되어 있다. ICT 관련 내용을 별도의 교과목 형태로 편성하는 방식은 제6차 교육과정에서도 볼 수 있는 것으로서, 컴퓨터에 대한 지식 자체가 필요하다는 인식과 무관하지 않다.

물론 컴퓨터에 대해서 가르치는 것도 중요하다. 그러나 이미 지적했듯이, 정보사회에서 요구하는 ICT 능력은 교과별 교육에서 ICT를 활용하는 경험을 통해 더 잘 함양된다는 것이 일반적인 주장이다. 보다 구체적으로 말하면, 컴퓨터 활용능력은 별도의 컴퓨터 시간보다 교과수업 시간에 교과문제를 해결하는 과정에서 컴퓨터를 활용함으로써 더 잘 학습될 수 있다는 것이다.

〈표 3-2〉 제7차 교육과정에 제시된 ICT 관련 교육과정의 편성

학교급	편제가능 영역	과 목	비 고
초등 학교	국민공통 기본교과	국어	• 3, 5학년의 쓰기 영역에서 다룸
		실과	• 5, 6학년의 일부 영역에서 다룸
		영어	• 4, 5학년 일부 영역 심화과정에서 다룸
	재량활동	없음	• 학교에 따라서 컴퓨터 수업을 할 수도 있고 안할 수도 있음
중학교	국민공통 기본교과	국어	• 1학년 말하기, 쓰기 영역에서 다룸
		사회	• 3학년 일부 영역 심화과정에서 다룸
		과학	• 3학년 일부 영역 심화과정에서 다룸
		기술 · 가정	• 1, 2학년 일부 영역에서 다룸
	재량활동	컴퓨터	• 정보교육과 관련한 독립 교과목임 • 주당 총 4시간이 배당되어 있는 재량활동 시간 중 교과 재량활동 시간으로 사용할 수 있는 주당 3시간의 범위 내에서 한문, 환경, 제2외국어 등을 포함한 선택과목의 하나로 운영될 수 있음
고등 학교	국민공통 기본교과	사회	• 1학년 일부 영역 심화과정에서 다룸
	일반선택과목 (2~3학년)	정보사회와 컴퓨터	• 정보교육과 관련한 독립 교과목(4단위) • 학교에서 과목을 설치하고 학생이 선택해야 운영될 수 있음
		실용수학	• ICT 관련 내용이 하나의 영역으로 편성되어 있으며, 대부분의 영역에서 ICT를 활용하도록 되어 있음
	심화선택과목 (2–3학년)	기업경영	• ICT 관련 내용이 일부 영역에 편성되어 있음

*자료 : 소경희(2001). "제7차 교육과정에서의 ICT 활용의 문제와 활성화 방안 탐색." 교육학연구. 39(1). 197-215. 서울 : 한국교육학회. p.203. 재인용.

그러나 제7차 교과별 교육과정에는 ICT와 관련한 내용이 그다지 많이 편성되어 있지 않다. <표 3-2>에 의하면, 제7차 교육과정에서 국민공통 기본교과로 설정하고 있는 10개 교과, 즉 국어, 도덕, 사회, 수학, 과학, 기술 ·

가정(실과), 체육, 음악, 미술 그리고 영어 중에서 국어와 기술・가정에만 ICT 활용과 관련된 내용이 일부 편성되어 있을 뿐이다. 물론 영어, 사회 그리고 과학에도 ICT 활용 관련 내용을 편성했으나, 기본과정이 아닌 심화과정의 내용으로 편성되어 있기 때문에 심화과정을 접할 기회가 없는 학생들에게는 해당되지 않는다.

제7차 교육과정에서 ICT는 교과별 교수・학습방법으로도 그다지 강조되지 않았다. 사실 제7차 교육과정 총론에서는 모든 교과에 교수・학습방법으로서 ICT 활용을 권고하고 있다. 즉 교육과정 문서 총론에 제시된 '학교에서의 편성・운영지침'에는 "교과용 도서 중심의 교육에서 탈피하여 교육정보망, 멀티미디어 등 컴퓨터를 활용한 교육이 활성화되도록 한다."라는 사항이 제시되어 있다. 그러나 제7차 교과별 교육과정에서는 이러한 총론의 지침사항이 그다지 적극적으로 반영되어 있지 않다.

한편, 제7차 교육과정의 국민공통 기본교과 중에 교수・학습방법으로서 ICT의 활용을 구체적으로 제시하고 있는 교과와 그 교과에서의 ICT 활용에 관한 사항을 정리해 보면 <표 3-3>과 같다(소경희・전은화, 1999).

<표 3-3>에 따르면, 제7차 교육과정에서는 국민공통 기본교과 중에 사회, 수학, 과학, 기술・가정(실과)에서만 교수・학습방법으로서 ICT 활용의 필요성을 제시하고 있다. 그러나 여기에 제시된 ICT 활용에 관한 언급도 아직까지 교과별 교육내용에 따른 구체적인 지침 수준에는 이르지 못하고 있다. '기술・가정(실과)'를 제외한 대부분의 교과목에서 교과의 구체적인 내용과는 상관없이 막연하고 추상적인 수준에서 ICT가 활용되어야 한다는 식으로 제시되어 있다. 따라서 제7차 교육과정 적용 시에 이러한 언급만으로 이들 교과목의 수업에서 과연 ICT가 활발하게 활용될 수 있을지는 의문이다.

〈표 3-3〉 제7차 교과별 교육과정에 제시된 ICT 활용 권장사항

교과	ICT 활용 권장사항
사회	정보화 사회에 적극 대응하기 위해 요구되는 정보처리 기능과 창의적 사고력의 신장을 위해 신문활용교육(NIE), 컴퓨터 보조학습 프로그램(CAI)과 인터넷 활용교육(IIE)을 적극 활용하도록 한다.
수학	교수､학습과정에서 계산능력 배양이 목표인 영역을 제외하고는 복잡한 계산, 수학적 개념､원리､법칙의 이해, 문제해결력 향상 등을 위하여 가능하면 계산기나 컴퓨터를 적극 활용하도록 한다.
과학	가능하면 컴퓨터 통신망과 멀티미디어를 적절히 활용하여 장차 정보화 사회에 적응할 수 있도록 한다.
기술·가정(실과)	모든 영역에서 컴퓨터를 활용한 수업이나 과제 등을 통하여 컴퓨터에 흥미를 가질 수 있도록 하되…… '가족과 일의 이해' 영역에서는 비디오､영화, 컴퓨터와 신문기사 등 다양한 멀티미디어 자료를 활용하고…… (컴퓨터 관련 영역의 지도에 있어서는) 다양한 컴퓨터 소프트웨어 프로그램과 PC 통신, 인터넷을 이용하는 등 일상생활에서 필요한 정보를 컴퓨터를 통해 직접 찾고 활용할 수 있도록 하며, 컴퓨터와 관련되는 윤리에 대하여도 지도한다.

*자료 : 소경희(2001). "제7차 교육과정에서의 ICT 활용의 문제와 활성화 방안 탐색." 교육학연구. 39(1). 197-215. 서울 : 한국교육학회. p.204. 재인용.

이상의 제7차 교육과정에 대한 검토로 미루어 볼 때, 모든 교과에서 ICT를 활용하도록 한다는 7차 교육과정의 개정 정신이 교과별 교육과정에는 적극적으로 반영되어 있지 않음을 알 수 있다. 즉 ICT 활용에 관한 내용은 지극히 일부 교과에 제한적으로 편성되어 있으며, 교수·학습방법으로서도 적극적으로 강조되어 있지 않다. 이 때문에 제7차 교육과정이 적용될 때에도 교과수업에서의 ICT 활용은 여전히 구호 차원에 머무를 가능성이 있다. 즉 정보사회에 대응하기 위한 교육과정인 제7차 교육과정이 적용되는 시기에도 우리 학생들은 여전히 정보화 사회에서 요구하는 ICT 능력을 적절히 함양할 기회를 갖지 못할 가능성이 있는 것이다. 이는 모든 교과에서 ICT

활용 수업을 강조하고 있는 선진 각국의 최근 교육동향을 따라잡지 못하는 것이며, 나아가서는 정보화 사회에서 우리의 경쟁력을 약화시키는 계기를 제공하는 것이 될 수 있다.

3) 교과별 교육과정에 제시된 ICT 관련 내용의 문제

최근의 정보교육이 ICT 능력의 함양을 강조하는 추세임은 앞서 언급한 바 있다. 제7차 교육과정에서 정보교육의 기본방향도 단순한 기술 중심의 컴퓨터교육이 아닌, ICT 능력의 함양에 두고 있다. 그러나 제7차 교과별 교육과정에 제시된 정보교육의 내용이 과연 이러한 ICT 능력의 함양을 지향하고 있는지, 또 제시된 ICT 관련 내용이 학교급별로 체계성을 갖추고 있는지에 대해서도 검토해 볼 필요가 있다. 제7차 교육과정에서 국민공통 기본교과에 해당하는 교과 중에 ICT 관련 내용을 편성하고 있는 교과의 교육과정에 제시된 ICT 관련 내용은 <표 3-4>와 같다(소경희 · 전은화, 1999).

<표 3-4>에 제시된 교과별 교육과정에 나타난 ICT 교육의 내용을 보면, 지극히 일부 교과와 일부 내용에 해당하는 것이긴 하지만, ICT 교육이 'ICT의 활용'에 초점을 맞추고 있는 것으로 파악된다. 그러나 교과에 편성되어 있는 ICT는 정보사회가 요구하는 ICT 능력을 함양하기에 충분하지 못한 것으로 보인다. 즉 대부분의 교과는 문서작성기를 활용한 글쓰기나 편집 그리고 인터넷을 활용한 정보검색 등 제한된 ICT만을 활용하고 있다.

〈표 3-4〉 제7차 교과별 교육과정에서의 ICT 관련 내용

학교급	교과명	학년	내용영역	내 용
초등학교	국어	3	쓰기	• 글을 컴퓨터로 옮겨 쓴다. - 기본 : 글쇠판을 보면서 자신이 쓴 글을 컴퓨터로 옮겨 쓴다. - 심화 : 글쇠판을 보지 않고 자신이 쓴 글을 컴퓨터로 옮겨 쓴다.
		4	쓰기	• 컴퓨터를 이용하여 자신의 생각을 글로 쓴다. - 기본 : 컴퓨터를 이용하여 방학이 되면 하고 싶은 일을 글로 쓴다. - 심화 : 컴퓨터를 이용하여 가족신문에 실을만한 내용을 글로 쓴다.
		5	쓰기	• 전달효과를 고려하여 자신의 글을 컴퓨터로 편집한다. - 기본 : 글자모양, 크기, 문단모양 등을 고려하여 자신의 글을 보기 좋게 컴퓨터로 편집한다. - 심화 : 그림이나 사진, 표 등을 넣어 자신이 쓴 안내장이나 신문기사를 보기 좋게 편집한다.
	실과	5	생활기술	• 컴퓨터 다루기 : 컴퓨터 구성, 자판 다루기와 글쓰기
		6	생활기술	• 컴퓨터 활용하기 : 컴퓨터로 그림 그리기, 컴퓨터 통신 활용하기
	영어	4	읽기	• 심화과정 : 컴퓨터 자판의 알파벳 문자 익히기
		5	읽기	• 심화과정 : 컴퓨터 자판에서 알파벳 문자 찾아서 치기
			쓰기	• 심화과정 : 컴퓨터 자판에서 구두로 익힌 낱말 치기
중학교	국어	1	말하기	• 다양한 매체에서 내용을 선정해서 말한다. - 기본 : 인터넷, 컴퓨터 통신 등 다양한 매체를 이용하여 필요한 정보를 찾아 말한다.
			쓰기	• 다양한 매체에서 내용을 선정해서 글을 쓴다. - 기본 : 인터넷, 컴퓨터 통신 등 다양한 매체를 이용하여 필요한 정보를 찾아 글을 쓴다.
	사회	3	인간과 공간	• 현대사회의 변화와 대응 - 현대사회의 변동 '심화과정' : 인터넷을 활용해서 급속한 변동시대 세계 각국의 대응방안 파악하기
	과학	3	지구	• 물의 순환과 날씨변화 '심화과정' : 인터넷을 통하여 기상청 일기도 조사하기
	기술·가정	1	생활기술	• 컴퓨터와 정보처리 : 컴퓨터의 구조와 원리, 정보의 생산, 저장과 분배
		2	생활기술	• 컴퓨터와 생활 : 소프트웨어의 활용, 인터넷의 활용
고등학교	사회	1	인간과 사회	• 국민경제와 합리적 선택 : 국민소득과 경제성장의 '심화과정' - 인터넷을 이용하여 여러 나라의 국민소득과 경제성장 비교하기

*자료 : 소경희(2001). "제7차 교육과정에서의 ICT 활용의 문제와 활성화 방안 탐색." 교육학연구. 39(1). 197-215. 서울 : 한국교육학회. p.206. 재인용.

최근에 컴퓨터와 통신기술이 발달하면서 우리가 활용할 수 있는 ICT 역시 점차 다양해지고 있다. 따라서 학교에서도 최근에 많이 사용되는 ICT를 활용할 수 있는 기회를 학생들에게 제공할 필요가 있다. 예컨대 교과수업의 적절한 곳에서 학생들로 하여금 스프레드시트를 이용한 표나 차트 만들기, 그래픽 프로그램이나 동영상 등의 멀티미디어 활용하기, 프레젠테이션을 위한 슬라이드 제작하기, 인터넷상의 게시판이나 전자우편을 통한 의견나누기 등 일상생활에서 많이 활용되는 ICT를 활용할 기회를 충분히 제공할 필요가 있다.

한편, ICT가 교과수업에서 적절히 활용되기 위해서는 교육개혁위원회가 언급한 바 있는 학교급별 혹은 학년별로 위계와 계열을 고려한 ICT 활용의 내용 및 수준이 결정되어 있어야 한다. 우리나라의 경우에 정보교육에 대한 별도의 교과목은 존재하지만, 학교급별 혹은 학년별 ICT 활용의 내용과 수준에 관한 사항은 결정되어 있지 않다. 따라서 교과수업에서 ICT를 활용한다고 할 때, 초등학교 6학년의 경우에는 어떤 ICT를 어느 정도로 활용해야 하는지를 판단하기 어렵다. <표 3-4>의 학교급별 혹은 학년별 교과에서 활용해야 할 ICT의 내용과 수준은 지극히 임의적이기 때문이다.

영국의 경우에는 국가 교육과정에 ICT라는 별도의 교육과정이 있어서 학년별 ICT의 내용과 수준을 제시하고 있다. 이러한 ICT 교육과정은 학교에서 ICT를 독립된 교과로 가르치기 위한 것이 아니라, 모든 교과에서 이를 활용할 때에 학년별로 그 내용과 수준을 밝혀주기 위한 것이다. 우리의 경우에도 바로 이러한 ICT 활용의 내용과 수준에 대한 체계화가 시급히 요청된다.

4) ICT 교육 운영지침의 문제

1997년 말에 고시된 제7차 교육과정이 초등학교 1, 2학년에 이미 적용되고 있던 2000년 8월에 교육부에서는 〈초 · 중등학교 정보통신기술교육 운영지침〉을 발표한 바 있다. 이는 전 세계적으로 ICT 교육에 대한 관심이 고조되고 있으나, 제7차 교육과정에 ICT 교육이 적극적으로 반영되어 있지 않다는 지적에 따른 것이다. 이 지침은 제7차 교육과정이 일부 적용되고 있는 상황에서 제시된 것이라는 점에서 늦은 감이 없지 않지만, ICT 교육에 대한 지침을 국가수준에서 제공했다는 점에서 제7차 교육과정에서의 ICT 교육의 활성화에 기여할 것으로 보인다.

그러나 이 지침은 급하게 만들어진 조치인 만큼 이에 대한 홍보가 적극적으로 이루어지지 않은 상태이며, 지침내용도 1997년에 고시된 제7차 교육과정 내용과의 연계가 부족하다. 따라서 학교현장에서는 이 지침에 대한 이해가 부족할 뿐만 아니라, 이미 고시된 제7차 교육과정 내용과의 관계 때문에 혼란을 겪고 있기도 하다. 그리하여 ICT 활용과 관련하여 제7차 교육과정 문서에 담긴 내용을 따라야 하는지 아니면 최근의 지침을 따라야 하는지를 두고 혼란이 많다.

국가수준에서 제시한 ICT 교육 운영지침은 제7차 교육과정에 제시된 초 · 중등학교의 국민공통 기본교육과정에서 재량활동이나 특별활동 시간 등을 활용한 ICT에 관한 소양교육과 각 교과별 교수 · 학습과정에서의 ICT 활용에 도움을 주기 위한 것이다. 이 지침에는 ICT의 단계별 지도내용, ICT 교육시간의 편성 및 운영, ICT의 교과별 활용방안 등이 제시되어 있다.

먼저, ICT의 단계별 지도내용과 관련해서는 10년간의 국민공통 기본교육기간에 배워야 할 ICT 내용을 5단계로 구성하여 단계별 내용을 체계적으로 제시하고 있다. 단계별 내용은 학교에서 학생의 흥미 · 적성 · 능력 및 발달수준을 고려하여 융통성 있게 적용할 수 있으나, 가급적 1단계는 초등학교

1, 2학년, 2단계는 초등학교 3, 4학년, 3단계는 초등학교 5, 6학년, 4단계는 중학교 1, 2, 3학년 그리고 5단계는 고등학교 1학년 적용을 기준으로 하고 있다. 이러한 ICT 지도내용의 체계화는 각 교과에서 ICT를 활용한 수업을 할 때 하나의 기준이 될 수 있다는 점에서 무척 유용하다.

그러나 이 내용체계는 제7차 교육과정의 일부 교과교육과정에서 제시하고 있는 ICT 활용 수준과 연계되어 있지 않다. 예컨대 지침에 제시된 내용체계에서는 인터넷을 활용한 정보검색 및 활용이 3단계, 즉 초등학교 5, 6 학년수준에서 다루어지도록 되어 있으나, 제7차 교육과정에서는 국어과의 경우 중학교 1학년에 이러한 내용이 포함되어 있다(<표 3-4> 참조). 따라서 먼저 고시되어 학교현장에 보급된 제7차 교육과정과 새로 제시된 지침 간을 검토하여 조정이 필요한 곳에 별도의 수정지침이 내려질 필요가 있다.

다음으로, 지침에서 제시하고 있는 ICT 교육의 시간편성 및 운영내용을 골자만 간추려 제시하면 <표 3-5>와 같다.

<표 3-5>에 제시된 ICT 교육의 편성 및 운영지침은 제7차 교육과정 고시 문서와 상충될 가능성이 있으며, 지침으로서 불완전한 모습을 갖추고 있다. 먼저, 제7차 교육과정 문서와 상충되는 점을 지적하면 다음과 같다. 제7차 교육과정의 특징 중의 하나는 초·중등학교에 재량활동 시간을 편성했다는 점이다. 재량활동은 국가가 단위학교에 제공하는 획일적인 교육과정에서 벗어나 학교 나름의 특색 있는 교육활동을 전개할 수 있는 시간이다. 그러나 지침에서는 초·중등학교 모두에서 ICT 교육을 주로 재량활동 시간에 편성하도록 권고함으로써, 제7차 교육과정에서 확보해 준 학교 나름의 자율적인 교육과정 편성운영권을 다시 빼앗아 가는 모습을 취하고 있다.

이 지침은 또한 국가수준의 지침으로서는 불완전한 모습을 하고 있어서 학교현장에 혼란을 초래할 가능성이 많다. <표 3-5>에 따르면, 초등학교의 경우는 ICT 교육의 적용시기, 수업시수, 교재 및 지도교사가 제시되어 있으나, 중등학교에는 이러한 내용에 대한 지침이 제시되어 있지 않다. 따라서

2001년부터 제7차 교육과정이 적용되는 중학교 1학년의 경우에 ICT 교육이 시행되어야 하는지, 또 시행된다면 어떻게 편성·운영해야 하는지를 알기 어렵다.

〈표 3-5〉 초·중등학교 ICT 교육편성 및 운영지침의 내용

구 분	초등학교	중등학교
적용시기	• 1, 2학년 : 2001학년도 • 3, 4학년 : 2002학년도 • 5, 6학년 : 2003학년도	• 제시되어 있지 않음
편성영역	• 1~4학년 : 재량활동 • 5, 6학년 : 재량활동이나 특별활동, '실과'의 컴퓨터 관련 영역	• 중학교 : 1, 2학년 '기술、가정'의 컴퓨터 관련 영역, 교과 재량활동 • 고등학교 1학년 : 교과 재량활동
수업시수	• 연간 34시간 이상 (1학년은 30시간)	• 제시되어 있지 않음
교 재	• 교육감 인정도서 또는 학교수준의 재구성 자료	• 제시되어 있지 않음
지도교사	• 담임교사를 원칙으로 하되, 시간강사 등 전담지도 인력활용 가능	• 제시되어 있지 않음
공통사항	• 시、도교육청 : 정보소양교육과 교과별 교수、학습활동에 10% 이상 활용할 수 있도록 지원 • 학교 : 국민공통 기본 10개 교과에 ICT 활용교육이 10% 이상 반영되도록 각 교과수업 시간에 적극 활용	

*자료 : 소경희(2001). "제7차 교육과정에서의 ICT 활용의 문제와 활성화 방안 탐색." 교육학연구. 39(1). 197-215. 서울 : 한국교육학회. p.208. 재인용.

뿐만 아니라 이 지침은 학교수준에서 볼 때에, ICT 교육에 관한 시간 및 내용편성에 혼란을 조래할 가능성이 있다. 지침에서 ICT 교육을 위해 확보해 준 시간은 주로 재량활동이나 '기술·가정'의 컴퓨터 관련 영역이며, 이 시간은 명시되어 있지는 않지만 주로 정보소양교육에 관한 내용을 다루도록 되어 있다. 그러나 이 지침에 제시된 시·도교육청의 역할은 학교가 정

보소양교육과 교과별 교수 · 학습활동에 ICT를 10% 이상 활용할 수 있도록 지원하는 것이다. 또한 학교는 국민공통 기본 10개 교과별 수업에서 ICT를 10% 이상 활용하도록 되어 있다. 따라서 이 지침만으로 볼 때에, 학교수준에서 ICT 교육을 위해 확보해야 할 시간이 어느 정도이며, 이는 별도의 정보소양교육만을 위한 것인지 아니면 교과별 수업시간에서의 ICT 활용시간도 포함한 것인지를 정확하게 알 수가 없다.

이러한 혼란은 지침에 제시된 ICT 교육의 기본방향 및 이의 구체적인 실현방법이 명료하지 않은 데에서 기인한다. 즉, 지침에는 ICT를 별도의 시간을 확보해서 독립적으로 가르치려고 하는 입장과 ICT를 모든 교과수업에서 어느 정도 활용할 수 있도록 하려는 입장이 혼재해 있다. 그러나 지침에 제시된 ICT 교육의 적용시기, 편성영역 및 수업시수 등은 이 두 입장을 포괄할 만큼 정확하게 제시되어 있지 않다.

끝으로, 국가수준의 ICT 교육 운영지침에는 ICT의 교과별 활용방안이 예시되어 있다. 그러나 이러한 방안은 교과별 교육과정상에 제시된 내용요소와 관련지어 예시된 것이 아니라, 내용과 무관하게 진술되어 있다. 따라서 실제 단위학교에서 교사가 교육과정상의 특정 내용요소와 관련하여 ICT를 활용하고자 할 때, 이 지침으로부터 구체적인 도움을 받기란 쉽지 않을 것으로 보인다.

요컨대, 제7차 교육과정에서의 ICT 교육의 활성화를 위해 국가수준에서 제시한 ICT 교육 운영지침은 ICT 지도내용을 체계화하고, ICT 교육을 위한 시간을 확보해 주며, 교과에서의 ICT 활용방안을 나름대로 제시해 주고는 있다. 그러나 단위학교의 교과수업에서 ICT를 적극 활용할 수 있도록 하기에는 미흡한 점이 많은 것으로 보인다. 따라서 앞으로 이 지침을 제7차 교육과정 문서에 담겨진 내용과 연계하여 수정 · 보완할 필요가 있다.

3. 교육매체의 제작과 선정

교수・학습과정에 투입되는 교육매체는 교수자가 직접 제작할 수도 있고, 기존의 매체를 골라서 쓸 수도 있다. 매체를 제작하여 활용하거나 선정하여 투입하거나 간에 문제될 것은 없지만, 중요한 것은 학생들의 성취 수준을 높이는 데에 기여할 수 있어야 한다는 점이다.

1) 교육매체의 제작

교육매체의 제작은 교수・학습활동에 투입하려는 매체가 개발되어 있지 않을 때에 고려할 수 있다. 투입할 교육매체를 제작할 경우에는 지도교과, 지도대상, 매체의 종류 그리고 자료의 질과 양을 염두에 둔 규모 등이 일차적인 문제이다. 하지만 무엇보다도 중요한 것은 교사 자신이 필요한 자료를 제작할 수 있는 능력이 있느냐의 문제이다. 투입하면 학습성과를 제고할 수 있다고 확신하더라도 교사 자신의 능력으로 제작 가능한 자료인지가 우선 검토되어야 한다. 경우에 따라서는 매체제작에 동료의 도움을 얻거나 전문가에게 맡기는 방법이 있지만 경비를 비롯한 여러 가지 문제가 수반된다.

교육매체가 교과교육에 효과적으로 작용할 수 있으려면 체계적인 제작과정이 요구되는데, 박인학(2002)은 교육매체의 체계적인 제작과정을 9단계로 제시하고 있다.

(1) 문제 및 요구의 발견

현실적으로 직면한 문제나 요구를 충족시키기 위해서는 어떠한 요건들이 매체제작에 반영되어야 하는지를 파악해야 한다. 또한 교수매체에 관련된 문제를 찾아내기 위해서는 학습자의 특성분석, 학습목표 진술 및 학습상황의 분석이 이루어져야 한다.

(2) 매체종류의 선택

교수매체는 학습자에게 시각·청각·촉각 등의 다양한 자극형태로 제시되거나, 환기시키고 평가하며 사고를 이끌고 전이를 유도하는 등의 기능을 한다. 또 개인·소집단·대집단의 집단구성에 따라서도 매체의 종류가 결정된다. 제작자의 입장에서는 제작에 필요한 기술·예산·시간·인원 등에 대한 측면도 고려해야 한다.

(3) 제작목적의 결정

매체제작의 직접적인 목적이 무엇인지에 대해서는 그 목적에 부합된 자료를 설계할 때에 고려해야 한다. 매체제작의 목적은 교수·학습과정에 직접적으로 효과를 줄 수 있는 구체적인 기능들로 결정되어야 한다. 교과내용과 연결지어 매체를 학습자의 요구와 발달 수준에 어떻게 부합시킬 것인지, 또 시각·청각·촉각 등의 감각통로 중 어느 부분을 강조하여 교재화할 것인지 등을 제작목적에 밝혀야 한다. 즉 제작할 매체의 종류, 제작의 필요성 및 목적, 제작할 매체의 특성이나 기기의 개발 등을 제작목적에 분명히 밝혀야 하는 것이다.

매체제작의 목적이 분명할수록 제작절차도 분명해지며, 제작된 매체의 평가기준도 명확해진다. 제작목적을 결정하기 위해서는 학습자의 학습활동, 교사의 교수활동, 매체의 기록·보관에 관련된 관리활동 그리고 교실 공간들에 대한 환경개선 등이 고려되어야 한다.

(4) 기초조사

매체제작의 목적이 결정되면 다음 단계에서는 제작과 관련된 정보를 수집하는 기초조사가 진행되는데, 여기에는 다음과 같은 작업이 포함된다.

① 이미 만들어진 기존 매체가 있는지 조사하여야 한다.

② 매체제작에 관련된 참고문헌을 찾거나 필요한 재료 등을 탐색하여 소재와 내용을 검토한다. 또한 제작에 필요한 값이 싸고 견고하며 안정성이 있고 온도의 변화에도 강한 재료선택에 대한 조사도 한다.

③ 매체제작에 필요한 자문을 얻을 수 있는 기관이나 사람을 미리 조사해 놓아야 한다.

(5) 이론연구

이론연구에서는 논리적 사고의 전개를 통해 제작하고자 하는 매체의 구성방향을 제시해 주고, 수록할 내용 즉 개념요소가 무엇인가를 알려줌으로써, 이를 교수・학습과정에 일치시켜 나아갈 수 있도록 해 준다. 뿐만 아니라 제작하고자 하는 매체가 얻을 수 있는 학습성과도 추정할 수 있게 해준다. 교수・학습과정에서 마련될 수 있는 수업전략을 매체전략으로 바꾸어 구체적인 제작구성 단계로 넘어가기 위해서도 이론연구는 필요하다.

(6) 구상과 설계

기초자료와 이론연구 단계를 거친 후에 이 결과를 토대로 매체를 구상・설계하고 동시에 제작・추진계획을 수립한다. 구상과 설계단계는 처음의 문제와 요구발견에서부터 시작하여 매체종류의 선택, 제작목적의 확인, 기초조사 및 이론연구 등과 밀접한 관련이 있는데, 이를 토대로 이루어져야 한다. 구상과 설계의 첫 번째 단계는 아이디어의 발상에서부터 시작된다. 교수안이나 매체에 대한 아이디어를 구체화하여 학습활동과 연결지어야 하며, 보다 세분화된 목표진술과 함께 학습대상자를 고려하여 설계해야 한다.

(7) 제작

매체제작의 설계와 계획서가 작성되면 이에 따라 실제로 제작해 가는 단계이다. 제작에 있어서 유의할 점은 설계와 계획서에 따라 최대한 충실히 제작하는 일이다.

(8) 적용과 수정

제작된 매체를 현장에 직접 활용하며, 토의와 공개수업을 통하여 동료교사나 전문가의 의견을 듣고, 지적된 점은 수정되어야 한다. 중요한 것은 본래의 제작목적에 충실하도록 해야 한다는 점이다.

(9) 지침서 작성

매체가 완성되면 매체에 대한 소개와 활용을 위한 지침서를 함께 작성해야 한다. 지침서에는 매체제작일과 제작자 등을 명시하고, 매체의 특성과 활용방법, 사용 시의 주의점 등을 자세히 밝힌다. 특히 교수・학습과정에 어떻게 활용될 수 있는지에 대하여 구체적인 실례를 그림이나 사진과 함께 제시하며, 보관에 유의해야 할 사항을 명시한다. 지침서를 작성한 후에는 제작한 매체를 보급・활용하도록 한다.

2) 교육매체의 선정

교육자가 교육매체를 직접 제작하지 않고 이미 개발된 자료 중에 골라서 학습장면에 투입하는 경우도 있다. 이는 교육매체를 선정하여 사용하는 경우인데, 이때 가장 중요한 점은 학습제재와 직접적으로 관련이 있는 매체여야 한다는 것이다. 뿐만 아니라, 학습자의 학습목표 도달에도 크게 기여할 수 있어야 한다. 선정한 교육매체가 정확하지 못한 내용이거나 부적절한 것이라면 교수・학습활동에 오히려 부정적인 영향을 끼칠 뿐만 아니라, 제한된 학습시간을 낭비하는 일이 되기 때문이다.

교육매체를 기존의 개발된 것 중에서 선정할 때에는 다음과 같은 사항이 고려되어야 한다.

첫째, 교육매체의 타당성(propriety)이 검토되어야 한다.

교수자가 교육매체를 개발할 경우와는 달리 기존의 매체 중에서 선정할 때에 가장 중요한 것은 선정자료의 타당성 문제이다. 학습제재 및 교수·학습목표와 관련하여 가장 적절한 것인지를 따져 보는 일이 무엇보다 중요한 것이다. 제한된 학습시간을 감안할 때에 본시학습과 관련한 최적의 매체라는 확신이 없을 경우에는 매체의 선정이 재고되어야 한다.

둘째, 학습자의 흥미(interest)와 동기(motivation) 유발을 자극할 수 있어야 한다.

선정하려고 하는 교육매체가 학습자로 하여금 시작단계에서의 동기유발과 활동과정에서의 흥미를 불러일으킬 수 있을지에 대해 따져 보아야 한다. 학생들의 학습목표 도달을 돕기 위해 투입하는 교육매체가 학습자의 지적 호기심을 자극할만한 수준이 되지 못한다면, 이는 선정하지 말아야 할 매체이다. 또한 흥미나 동기유발의 수준을 넘어서 고등정신능력의 신장에 보탬이 될 수 있는 매체인지도 검토해 볼 일이다.

셋째, 교육매체의 질(quality)을 따져 보아야 한다.

고화질의 동영상 자료까지 수시로 접하면서 생활하는 오늘날의 학습자들에게 제공할 교육매체의 질은 높은 수준의 것이어야 한다. 교육매체가 담고 있는 내용도 정확해야 할 것은 기본이고, 가능한 한 최신내용이어야 한다. 디자인이나 색상을 점검해야 하고, 음향상태도 좋은 것이어야 교육매체를 투입하는 효과를 제대로 거둘 수 있다.

넷째, 교육매체 선정에 수반되는 비용(cost)도 무시할 수 없다.

교수·학습활동을 위한 행·재정적인 지원이 크게 넉넉하지 못한 현실을 감안하면, 교육매체 선정과 비용문제는 불가분의 관계에 있다. 가능한 한

저렴한 가격으로 구입·대여할 수 있으면 좋지만, 교육적인 효과가 기대되는 것이라면 비용이 다소 많이 들더라도 고려해 볼 수 있는 문제이다.

4. 교육매체의 활용

교수·학습활동에 투입되는 교육매체의 종류는 매우 다양하다. 이를테면 실물, 표본, 모형, 그림, 사진, 괘도, 칠판, 게시판, 융판, 자석판, 연시, 환등기, VCR, OHP, 실물환등기, 인터넷 자료 그리고 교육용 TV 등이다. 이들 교육매체의 활용방법을 일일이 열거하기보다는 각종 교육매체의 활용에서 고려해야 할 기본적인 원리를 박인학(2002)은 다음과 같이 설명하고 있다.

① 사전준비 : 교수활동에 필요한 기초가 만족스럽게 갖추어져 있어야 한다. 그 이유는 선수학습이 확실히 되어 있지 않으면 후속학습이 단지 기계적인 암기에 그칠 수도 있기 때문이다. 사전준비가 되어 있지 못하면 학습자들이 본 시간의 지도내용과 전체 또는 앞 시간의 지도내용을 연결시키지 못하게 된다.

② 동기화 : 학습자들이 어떤 주제에 대하여 흥미를 가지고 있거나, 그 주제에 관하여 배우고자 하는 욕망이 고무될 수 있다면 주의집중은 쉽게 된다. 또한 그 결과로 학습활동이 손쉽게 이루어질 수 있고, 학습자들은 자기 스스로 학습경험을 추구하기 위한 책임을 질 수 있게 된다. 뿐만 아니라 다양한 경험의 제공으로 학습자의 흥미와 호기심이 유지될 수 있다.

③ 개인차 : 학습자들은 각기 다른 속도로 학습한다. 그러므로 개개인에게 가장 적합한 매체를 선택함으로써 그들 자신의 진도와 능력에 맞추어 학습할 수 있도록 계획해야 한다.

④ 적극적인 참여 : 학습은 교수자에 의한 일방적인 전달과정을 통해 이루어지는 것이 아니라, 학습자 스스로 해야 한다. 그러므로 성공적인

결과를 얻기 위해서는 학습자들이 학습활동에 능동적·체계적으로 참여하도록 유도해야 한다. 교수자의 주요 역할은 학습자들에게 유용한 자료가 가장 적절하게 활용될 수 있도록 학습자료를 조직하는 데에 있다.

⑤ 성공적인 성취 : 성공적인 교수활동을 위해서는 학습자가 정신적인 도전을 받고 성공적인 학습결과를 자주 얻을 수 있도록 계획되어야 한다. 이렇게 함으로써 학습자들은 성공적인 결과에 대한 만족감을 가지고 계속적인 노력을 기울이도록 동기유발이 될 것이다.

⑥ 결과에 대한 정보 : 학습이 진행되는 동안에 간단한 자기점검 테스트나 발문을 함으로써 학습자들이 얼마나 잘하고 있는지를 알려 준다면 배우고자 하는 의욕이 높아질 수 있다. 그러므로 학습자들로 하여금 자신의 진도를 점검하기 위한 자기진단의 기회를 자주 제공해 주어야 한다. 이들 결과에 대한 정보는 학습자들에게 피드백을 제공하며, 그 결과가 긍정적일 때에는 계속 배우고 싶어 하도록 강화를 하게 한다.

⑦ 연습 : 성공적인 학습결과와 그에 대한 정보는 학습자들이 여러 가지 상황에서 새로 얻은 지식과 기술을 활용할 기회를 얻는 것과 밀접하게 연관되어 있다. 그러므로 일단 원리나 일반적인 지식이 습득된 뒤에는 연습을 하고 이를 실제로 적용해 보는 경험이 뒤따라야 한다.

⑧ 교수내용의 제시속도 : 특정 시간에 소개되는 교수내용의 제시속도와 양은 학습자 개개인의 능력과 내용의 복잡성이나 어려움을 고려하여 설정되어야 한다. 그러므로 학습자의 참여·실행·자기진단 등을 위한 많은 기회를 제공함과 더불어 교수내용을 작은 단계로 나누어 제시하는 것이 효과적이다.

⑨ 교수내용의 순위절차 : 학습자들은 교수내용이 의미 있고 체계적으로 조직되었다는 것을 인식할 때에 보다 많은 양의 학습이 가능하고, 또 배운 것을 오래 기억할 수 있다. 이는 내용이 간단한 것에서부터 복잡한 것으로 순서대로 조직됨으로써 사실적인 내용에서부터 시작하여

개념형태와 원리로 옮겨가고, 결과적으로는 문제해결과 예측 및 추론과 같은 단계로 옮겨갈 때에 가능하다.

⑩ 교수의 자세 : 교수자나 보조자의 긍정적인 태도는 새로운 교수절차를 받아들이는 학습자의 태도에 영향을 미치게 된다.

제4장 교과교육의 발전방향

교과교육을 연구대상으로 하는 교과교육학이 교육학의 한 분야로 등장한 것은 미국의 경우에 1930년대로 알려지고 있고, 우리나라는 그로부터 반세기가 지난 1980년대 이후부터라고 보는 시각이 있다. 교과교육학에 대한 관심을 갖기 시작한 때는 교과교육이 어떻게 이루어지고 있는가를 생각하는 수준에 머물렀다. 그러다가 최근에는 교사가 담당하는 현실적 토대 위에 교사양성기관의 교육과정을 교과교육학의 중요성을 감안한 형태로 손질해 가는 추세에까지 이르렀다. 교과교육학의 태동과 변천사를 개관하고 교과교육학의 미래를 전망해 보는 제4장에서는 교과의 형성, 교과교육학의 발달 그리고 교과교육학 발전의 대안을 탐색해 보기로 한다.

1. 교과의 형성

학교교육활동 중에서 학습지도는 교과교육활동과 동일시할 수 있다. 학습지도를 위한 교과는 지적인 사고결과의 단순한 집약체가 아니라, 일종의 사회체제적인 양상을 띠고 있다(허경철 외 4, 2002). 교과가 다양한 사회문화 요소 중에서 선정·조직되는 점이 사회체제적인 양상을 띨 수밖에 없다는 점을 뒷받침하고 있는데, 이러한 관점에서 교과의 형성과 발달의 과정을 살펴볼 필요가 있다.

교과의 형성과 발달의 과정에 관한 논의는 우선 교과를 성립시키는 기준을 구명하는 일에서부터 출발해야 하는데(이돈희, 1993; 박순경, 2002. 재인용), 교과를 성립시키는 지배적인 기준의 하나로서 '학문'을 들 수 있다. 대체로 전통적인 교과체제는 학문의 분류를 따른 것이 사실이다. 수학교과나 물리교과와 같은 교과는 대부분 그 자체의 내용을 조직하는 논리와 규칙을 체계적으로 가지고 있으며, 학문체제와 교과체제는 근본적으로 원리상 동일하거나 유사한 형태였다. 이는 전통적인 교과체제가 학문체제에서 파생된 것이었기 때문이다. 그러나 여기에 예외가 없는 것은 아니며, 교과로 성립된 후에 그에 관한 학문적인 연구분야가 발달한 경우도 있다. 예컨대 모국어 교육과 모국어에 관한 연구가 그러하다. 그러나 이 경우마저도 여전히 교과내용은 지식체계를 중심으로 조직되는 경향을 보이고 있다.

이와 다르게 낭만주의적인 교육사조는 각급학교의 교육과정을 조직하는 원리를 학문체계에서 구하기보다는 오히려 학생의 욕구와 흥미, 실생활에서의 필요 그리고 사회문제 등에서 찾으려는 경향을 보여 왔다. 특히 '경험 중심', '생활 중심' 그리고 '활동 중심' 등의 이름하에 새로운 교육과정 이론들이 출현한 이후로는 학교에서의 정규적인 활동내용을 지칭하는 단위로서 '교과'라는 용어보다는 '학습단원'이라는 용어가 더욱 빈번하게 사용되기도 하였다. 대표적으로 아동 중심 교육을 주장하는 학자들은 학문의 분류에 따른 전통적인 교과체제하의 교육이 지닌 폐해나 취약점을 지적하고, 새로운 교육이론의 개발을 촉진시키는 데에 크게 공헌하였다. 그러나 그들의 주장 역시 전통적인 교육 자체를 근본적으로 폐기할 수 있을만한 저항력과 설득력을 갖지는 못하였다.

그러나 학문분류에 의한 교과체계가 과연 교육목적을 실현하는 가장 바람직한 방법인가에 대해서는 논의의 여지가 있고, 낭만주의적인 성향을 지닌 교육과정 이론가들도 계속해서 전통체계에 대한 저항적인 태도를 유지하는 실정이다. 실제로 학문 중심적인 교과체제 자체도 그 본래의 의미를 상실하고 있다.

이와 함께 학문분류 자체도 과거와는 크게 달라지고 있다. 고대 서양교육에서는 문법 · 논리학 · 수사학 등이 주요 교과에 속하였으나, 오늘날에는 학문적 · 교육적으로 하나의 독립된 학문영역 또는 교과로서의 의미가 거의 사라졌다. 자연과학이 정규 학교교과로 등장한 것은 19세기 중반에 이르러서였고, 사회과학이 정규 교과내용으로 된 것은 그보다 더 이후의 일이다. 지금은 과거에 없었던 많은 교과들이 개발되었고, 단위교과를 구성하는 원리도 매우 복잡해졌다.

또한 현대사회의 학교는 그 성격이나 기능에 있어서 전통사회의 학교와 여러 가지 면에서 다르다. 교육대상의 구성 성격이 다르고, 학교의 사회적 기능이 다르며, 지식과 기술 등을 포함한 인간경험의 이해방식도 전과는 다르게 규정된다. 이를테면, H. Gardner(1983)는 인간의 정신기능을 구분하는 방식에 있어서 획기적인 변화를 제안하기도 하였다. 따라서 교과가 반드시 학문 분류체계와 일관되게 설정될 필요는 없으므로 학교교육과정에서 오직 학문분류에 의한 교과체계에만 집착할 이유는 없다고 하겠다.

이미 현대 학교에서 교과는 행동의 규범, 예술이나 기술 등의 실천적이고 기술적인 규칙 혹은 원리로서 조직되는 경우가 많다. 음악, 미술, 체육, 실과, 도덕 등과 같은 교과들은 학문적 기준에 의해서가 아니라, 인간의 사회 · 문화적 삶에서 요구되는 가치기준에 의해 교과로 성립된 것들이다. 개체의 성장영역이자 사회구성원이 입문해야 할 문화적 범주체계인 점에서 교과의 범주는 반드시 학문분류에 의해 폐쇄되어야 할 이유가 없다. '그 범주들이 어떻게 설정되어야 하는가'라는 물음에는 다양한 관점이 있을 수 있고, 실제로 어느 관점을 채택할 것인가는 교육을 계획하고 운영하는 집단이 처한 여건과 추구하고자 하는 목표에 의해서 결정되어야 할 성질의 것이다. 요컨대 교과는 그 자체의 내적 논리만으로 존립하기보다 교육의 대상, 방법 및 필요에 따라 다양한 논리에 의해서 성립되는 것이다.

역사적으로 볼 때, 교과는 각 시대 · 사회의 교육에 관한 관점이나 정치 · 경제 · 사회 · 문화의 조건에 따라 다양하게 변모되어 왔다. 그러나 교과가 성립하고 발달하는 과정에 있어서는 '학문적 가치'와 '실용적 가치'가 중요한 논쟁점이 되어 왔다. 이 시점에서 우리는 교과교육에 관한 논의에서 끊임없이 제기되어 온 교과 성립의 기초로서의 '학문적 가치'와 '실용적 가치'를 정리해 볼 필요가 있다. 학교에서 특정 교과를 가르치는 이유는 그 교과가 학문적으로 가치가 있거나 아니면 실제로 생활하는 데 유용한 가치를 지니기 때문이다. 경우에 따라서 양자는 교과의 성립과 발달에 있어서 갈등요소로 작용하기도 하였다. 즉 사회의 전반적인 분위기가 주지주의적 경향이 강할 경우에는 학문적 가치가 있는 교과만이 채택된 반면에, 실용적 가치를 추구할 경우에는 학문적 가치를 가진 교과 대신에 실용적 교과가 학교에 대량 유입되기도 하였다. 요컨대 교과는 '학문적 가치'와 '실용적 가치' 사이에서 그 성립기반을 다져왔다고 볼 수 있다.

2. 교과교육학의 발달

1) 서양의 교과 발달과정

서양에서의 교과의 발달은 대체로 중세의 7자유과(seven liberal arts)를 기점으로 논의하는 경향이 있다. 그러나 7자유과의 출현도 그 기원이 따로 있다는 주장(김경배 · 김재건 · 이홍숙, 2001)을 펴고 있는데, Platon의 《국가론》을 들 수 있다. Platon은 이 책에서 방위자를 위해서는 음악과 체육을, 통치자를 위한 교육으로는 수학, 천문학, 음악 및 변증술을 제시하고 있는데, 그의 이러한 제안은 로마시대와 유럽의 중세기까지 이어져서 마침내 7자유과의 기원이 되었다고 보는 것이다.

7자유과는 문법, 수사학, 변증술 등의 3학(trivium)과 대수, 기하, 천문학, 음악 등의 4과(quadrivium)로 이루어져 있다. 7자유과에서의 자유의 의미는 자유민만이 교육받을 수 있다는 점과 이 교육을 통해서 자유인이 될 수 있다는 의미를 갖는다. 자유에 대한 이러한 의미는 현대까지도 교육목적의 설정에 큰 영향을 끼치고 있다. 오늘날에도 이러한 영향하에 교과교육의 목적을 자유 교양교육에 두는 교육가들이 있다.

중세의 대학에서는 신학, 법학, 의학 등의 과목과 함께 예비과목으로서 7자유과와 철학을 중요한 과목으로 가르쳤다. 이러한 7자유과는 교과의 기원으로서 갖는 의의가 크며, 근대 산업혁명 이후에 현대적인 새로운 교과가 생겨난 후에도 여전히 학교교과로서 영향을 끼치고 있다. 그러나 이들 교과 중에서 몇몇 과목은 지금에 와서 학문적 · 교육적으로 독립된 영역 또는 교과로서의 의미가 거의 없어졌다. 반면에 대수나 기하, 음악 등은 내용의 변화는 있었지만, 수세기가 흐른 지금까지도 여전히 학교의 주요 교과로서 확고한 위치를 차지하고 있다.

르네상스 시대를 거친 후에 근대 유럽사회는 중세 봉건제도의 비인간적 · 비현실적인 문화에서 세속적, 현실주의적, 합리적, 과학적 그리고 인간 중심적인 문화로 변화하였다. 이와 더불어 자연과학이 발달하였고, 새로운 학문들이 계속 생겨나기 시작하였다. 학문의 발전은 새로운 교과를 탄생시켰으며, 교과의 수는 자연히 증가하게 되었다. 그리고 이 모든 지식들을 가르칠 것을 주장하는 백과전서주의가 생겨나게 되었다.

백과전서주의는 17세기에 나타난 새로운 교육사상이며, 범주지주의라고도 불린다. 이 교육사상은 문예부흥운동으로 일어난 인문주의 교육이 지나치게 형식화되어버린 점과 교육내용이 선동적인 7자유과에 한정되어 있다는 점에 대한 비판에서 생겨났다. 백과전서주의의 교육내용에는 자연과학, 사회과학 그리고 그 밖에 일체의 지식이 포함된다. 이 사상의 대표적인 인물은 J. A. Comenius이다. 그는 박식함을 위해 모든 지식을 가르칠 것을 강조하였고, 범지(汎知 : pansophia)의 인간을 이상적이고 바람직한 인간으로 여겼다. Comenius에 이어서 J. H. Pestalozzi 역시 독(讀 : reading), 서(書 : writing), 산(算 : arithmetics)의 3R's에 국한되었던 당시의 초등학교 교육내용에 지리,

과학, 미술, 음악 등의 교과를 추가하였다. 그러나 그 후에 백과전서주의 교육은 주입식 교육에 의한 지식편중의 교육이 되어버렸다.

1770년부터 1830년대에 걸쳐서 영국에서 일어난 산업혁명은 유럽 사회를 근대 산업사회로 변화시켰고, 학교 역시 근대적인 학교로 변화되었다. 이러한 상황 속에서 새로운 근대적인 교과가 형성・발달되었는데, 근대 교과가 성립・발달하게 된 것은 영국의 산업혁명 이외에도 시민혁명과 학문 자체의 발전으로 인한 영향이 크다. 산업혁명으로 인하여 자본주의가 발달하고 산업이 발전함으로써 노동의 분업이 이루어졌으며, 이에 따라 노동자를 양성해야 했다. 또한 시민혁명으로 인하여 근대 시민사회가 형성되면서 인간의 존엄성이 강조되고 계몽사상이 생겨나게 되었다. 그 결과, 자유인만을 위한 교육이 아닌 모든 사람들을 위한 교육의 필요성이 강조됨으로써 만인을 위한 교육으로 교육의 기회가 확대되었다. 특히, 18세기 말부터 19세기에 걸쳐서 인문과학, 사회과학, 자연과학 등에서 학문이 두드러지게 발전하였다. 이러한 변화는 모두 근대 교과의 성립에 영향을 미쳤다. 즉 산업의 발달, 교육기회의 발달, 학문의 발전으로 인한 지식의 체계화와 다양화 그리고 실용적인 기술의 발달 등으로 인하여 근대 교과가 성립된 것이다.

시민혁명과 산업혁명이 국민의 주권을 보장하면서 학교교육은 지도자나 전문가를 양성하는 특권층을 위한 교육이 아니라 일반대중을 위한 교육으로 변화하였으며, 이로 인하여 교과의 변화가 초래되었다. 산업혁명은 또한 직업교육의 필요성을 증가시켰고, 전문 직업교육 역시 점차로 강화되었다. 이에 따라 학교교과 중에는 직업과 관련된 교과도 등장하게 되었는데, 이를테면 상업・농업・가정・기술 등이 그것이다. 그 결과 19세기 중반에 이르러서 자연과학은 학교의 정규교과로 등장하였으며, 사회과학은 그보다 조금 늦게 학교의 정규교과로 선택되었다. 이렇게 생겨난 교과들은 하나의 전통이 되었고, 이 시기에 생겨난 교과의 분류와 조직은 거의 대부분의 현대 학교에도 이어지고 있다.

근대 교과는 대체로 교과와 교과가 서로 관련되지 않는 고립된 분과형식을 취했다. 이러한 분과주의적인 전통은 그 영향력이 대단하여 현대의 통합 지향적인 교과를 강조하는 분위기 속에서도 여전히 유지되고 있다.

한편, 현대에 이르러서는 학문의 발전과 분화로 인하여 과거에 없었던 수많은 교과들이 새롭게 생겨났고, 교과를 구성하는 원리도 매우 복잡해졌다. 이에 반하여 어떤 교과는 자취를 감추기도 하였다.

형식도야 이론에 근거하고 7자유과를 주요 교과로 하는 전통적인 학교교육은 20세기에 들어서면서 실용주의 철학의 영향을 받아 교육내용에서 획기적인 변화를 초래하였다. 학교에서는 사회와 학습자의 요구를 수용하고 생활에 직접적으로 유용한 것을 교과의 내용으로 삼고자 하였다. 이렇게 등장한 교과들로 인해서 근대의 분과주의적인 교과는, 교과의 독립성이나 학문의 체계성이 무시되고 교과 간의 벽을 허무는 통합교과로 변화하였다. 또한 교육내용이 생활적응을 위한 내용으로 바뀌면서 학문에 근거를 두는 교과는 소홀히 취급되었다.

그러나 이에 대한 반동으로 학교에서 가르칠 교과에 대한 새로운 관점이 생겨났다. 이러한 움직임은 1930년대 후반에 나타난 본질주의와 1950년대에 등장한 재건주의의 교육사상에 의해서 시작되었는데, 특히 1957년 소련의 sputnik 인공위성 발사에 의해서 더욱 촉진되었다. 이들은 학문 중심의 교과를 채택할 것을 강조하였고, 따라서 교과는 다시 학문의 본질을 더욱 강조하는 쪽으로 변화되었다. 그러나 1970년대부터 교육의 인간화와 인간 중심의 교육사조가 등장하면서 또다시 각 학문의 구조를 강조하는 분과주의적인 교과에서 개인의 경험을 중시하고 인간경험의 통합성을 강조하는 통합교과로 전환되었다.

그러나 미국에서는 1980년대에 이르러서 기초교과로 돌아가자(back-to-basics)는 움직임이 일어났다. 이는 기초적인 학교교육을 중시하는 M. J. Adler를 중심으로 한 Paideia Group의 영향으로 이루어졌다. 특히, 교육에 있어서의 우수성에 관한 전미위원회(The National Commission on Excellence in Education)의 보고서인 〈위기에 선 국가(Nation at Risk)〉에서는 17세 학습자의 13%가 읽고 쓰는 능력이 없다는 사실을 밝히면서, 기초학력이 저하되고 있음을 지적하였다. 이들은 새삼 기초교과가 중요하다는 것을 강조하였다. 이러한 현실에 대처하기 위해 이 보고서에서는 고등학교 교육의 질 향상을 위한 새로운 기초교과 5가지와 4년간의 영어, 3년간의 수학・과학・사회 그리고 6개월간의 컴퓨터 교과 등을 필수교과로 제안하였다. 여기에서 강조하고 있는 새로운 기초교과는 종래의 전통적인 기초과목인 3R's와 같은 것이 아니라, 졸업 후 성공의 기초가 될 수 있는 공통 중핵교과에 해당하는 것이다.

2) 한국의 교과 변천과정

우리나라에서는 고구려 소수림왕 2년인 서기 372년에 최초의 교육기관으로 태학이 세워졌다. 태학에서는 유교의 경전인 시경(詩經), 서경(書經), 주역(周易), 춘추(春秋), 예기(禮記) 등의 오경(五經)과 사기(史記), 한서(漢書), 후한서(後漢書) 등의 삼사(三史)를 비롯하여 삼국지와 진춘추(晋春秋) 등을 가르쳤다(김경배・김재건・이홍숙, 2001).

이를 시작으로 하여 조선시대에는 양반자제를 중심으로 중국의 전통적인 유학을 숭상하는 내용을 가르쳤다. 고등교육기관에 해당하는 성균관에서는 중국의 고전인 대학・논어・맹자・중용 등의 사서와 시전・서전・주역・예기・춘추 등의 오경 그리고 제사 등의 교과를 가르쳤다. 중등교육기관에 해당하는 향교에서는 소학・사서・오경 등을 주로 가르쳤으며, 근사록・제사・삼강행실 등도 가르쳤다. 민간사학인 서원은 성현과 군자를 양성함에 그 목적을 두었으나, 구체적・현실적인 목적은 과거준비에 있었다. 이 목적을 달성하기 위하여 서원에서는 소학・사서・오경・삼경・근사록 등의 교과를 주로 가르쳤다.

사설 초등교육기관에 해당하는 서당에서는 읽기와 글짓기 및 쓰기 등의 세 가지 교과를 가르쳤는데, 읽기 교과에는 천자문, 동몽선습, 명심보감, 통감, 소학, 사서, 삼경, 사기, 당송문, 당률 등이 있었다. 이러한 경전이나 고전은 주로 옛사람의 가르침을 되새기도록 하는 것이었다. 즉 선현을 따르는 선비를 양성하는 데에 교육의 목적을 두었다. 교육의 기본은 예법을 중히 여기고 언행의 법도를 높이며 인격을 함양하는 데에 두었으며, 유학의 본도에 어긋나는 서적은 금하였다. 이러한 과목들에 의한 교육은 19세기 말까지 우리나라에서 진행되었다.

우리나라에서 현대적인 의미의 학교제도가 수립된 것은 1895년 고종황제의 교육조서 반포에 의해서이다. 그러나 그 이전에 신교육을 실시하고 근대학교를 설립한 것은 1876년의 개항 이래에 들어오기 시작한 미국의 선교사들에 의해서였다. 처음에 이들은 의술과 교육을 통한 선교를 목적으로 하였으나, 점차 근대학교를 설립하고 지금과 같은 형태의 서양식 교과를 도입하였다. 또한 초기에는 의학교육을 실시하였으나, 나중에는 일반교육을 목적으로 하는 현대식 선교계 학교를 설립하였다. 1885년의 배재학당과 1886년에 이화학당을 시작으로 하여 한일합방 전까지 모두 40여 개의 학교를 설립하였다.

선교와 의료교육으로부터 출발하였던 선교학교는 점차 제대로 된 학교의 모습을 갖추게 되었고, 1894년의 갑오경장까지 신문화 소개의 중요한 기관으로서의 역할을 해 왔다. 이 중에서 1880년경에 배재학당에서 가르친 내용을 살펴보면, 한문(經書, 史記), 영어, 천문, 지리, 생리, 수학, 수공 및 성경 등이다. 이 중에서 한문을 제외한 나머지 교과들은 지금과 같은 현대적 의미의 교과로서 우리나라에서의 현대 교과의 성립은 이들에 의해서였음을 알 수 있다. 선교사에 의해 세워진 학교에서 우리나라에 서양식 교육제도와 교과를 처음으로 채택한 것이다.

이와 같이 근대 교과는 서양 선교사들이 처음으로 가르쳐졌는데, 국가수준에서 현대식 교과가 채택되기 시작한 것은 갑오경장 이후부터라고 할 수 있다. 갑오경장은 여러 가지 개혁 중에서 교육에 관해 획기적인 조치를 취하였다. 즉 유학을 중심으로 하던 비현실적인 교육제도 대신에 새로운 교육제도를 확립한 것이다. 이에 대한 기본취지는 1895년 2월 2일 발표된 〈교육입국에 관한 조서〉에 잘 나타나 있다. 이 조서는 구한말 정부의 교육정책의 전환을 이해하는 것뿐만 아니라, 당시의 교육과정을 살펴볼 수 있는 최초의 문서라는 점에서 매우 중요하다.

소학교는 아동의 신체발달에 비추어 국민교육의 기초와 생활에 필요한 보통지식 및 기능을 가르치는 것으로 목적으로 하였는데, 수업연한은 심상과 3년, 고등과 2년 또는 3년이었다. 심상과의 교과목은 수신 · 독서 · 작문 · 습자 · 산술 및 체조로 하되, 개인의 의사에 따라 학부대신(현, 교육부장관)의 허가를 얻어서 체조를 빼고 한국지리 · 역사 · 도화 및 외국어 가운데 한 과목 또는 여러 개의 과목을 더할 수 있었고, 여학생들에게는 재봉을 추가할 수 있게 하였다. 또 개인의 의사에 따라 학부대신의 허가를 받아서 외국어 한 과목을 더하고, 외국지리 · 외국역사 · 도화 중에서 한 과목 또는 여러 과목을 뺄 수 있도록 하였다.

한편, 1905년 을사조약에 체결되고 내정권이 박탈되면서부터는 학교교육도 일제의 간섭을 받기 시작하였다. 일본정부는 교과서 편찬에도 간섭을 하였는데, 1906년 2월에 설치된 통감부는 식민지 교육정책을 취하면서 교과용도서 검인정 제도를 실시하였다. 이 시기의 보통학교 교과에는 수신, 국어, 한문, 일어, 산수, 역사, 지리, 이과, 도화, 체조, 수예, 창가, 수공, 농업, 상업 등이 있었다. 고등학교 교과목에는 이 과목들에 박물, 물리, 화학, 실험, 법제 및 경제, 외국어 등이 더 추가되었다. 1911년 조선교육령 이후에는 일어를 국어로 하였으며, 우리의 국어는 조선어로 취급하였다. 보통학교의 교과서는 조선어와 한문과를 제외하고 모두 일어로 편찬하였으며, 실과교육을 강화하였다.

오늘날 우리가 가르치고 있는 교과는 서양 선교사들에 의해서 시작된 것이다. 이들은 서구식의 새로운 교과를 도입하였는데, 이들 교과는 앞에서 살펴본 바와 같이 고대 그리스와 중세 및 근대 유럽의 전통에서 나온 것들이다. 물론, 현재에도 우리는 외국의 교육과정 이론에 영향을 받아 교과서를 편찬하고 있는 실정이다. 현재 학교의 교과목들을 살펴보면, 선교사들이 들어와서 선교학교를 세우기 이전에 우리의 전통적인 교육기관에서 가르쳤던 교과는 거의 찾아볼 수 없다. 해방 후에 대한민국 정부가 수립되고 현재까지 우리의 학교교육활동 중에서 교과와 관련한 교육과정의 주요내용을 살펴보면 <표 4-1>과 같다.

〈표 4-1〉 한국의 교육과정 변천과정

구 분		교육과정의 주요내용
긴급조치기	1945~1946	• 임시 교과목 편제와 시간 배당표가 발표된 시기
교수요목기	1946~1954	• 1946년 9월에 다시 수정된 교과목 편제와 시간 배당표가 발표된 후에 교수요목을 정하고 교과서를 편찬한 시기
제1차 교육과정기	1954~1963	• 교과 중심 교육과정 시대 • 특별활동이 교육과정의 한 영역으로 설정 • 현재의 '도덕' 교과교육에 해당하는 '도의교육'이 당시의 시대적 요구로서 강화 • 우리가 만든 최초의 교육과정이며, 경험 중심 교육과정의 시각을 반영 • 체제, 진술, 형식 등 여러 면에서는 미흡한 점이 많음
제2차 교육과정기	1963~1973	• 경험 중심, 생활 중심 교육과정 시대 • 초등학교와 중학교 교육과정에서 '반공 · 도덕'이 하나의 교육과정 영역으로 새롭게 설정 • 고등학교 교육과정에 단위제와 '과정'을 도입하고, 학생의 진로와 직업선택에 따라 2학년부터 구분, 지도

구 분		교육과정의 주요내용
제3차 교육과정기	1973~1981	• 1968년에 선포된 국민교육헌장의 이념을 실현하고, 학문 중심 교육과정으로의 변화를 시도 • 도덕교과가 새롭게 채택되었고, 국사를 사회교과에서 분리하였으며, 한문을 국어에서 분리 • 지식의 학문적인 성격을 지나치게 강조함으로써 여러 가지 문제점이 야기되었는데, 이로써 제4차 교육과정 개정작업을 서두르게 됨
제4차 교육과정기	1981~1987	• 특정 교육과정 이론을 따르지 않고 모든 교육과정 이론을 종합하여 이론적인 토대로 삼음 • 초등학교 1, 2학년에서 처음으로 바른 생활, 슬기로운 생활, 즐거운 생활 등의 통합교육과정 도입 • 중학교에 자유선택과목 신설
제5차 교육과정기	1987~1992	• 교과 중심, 생활 중심, 학문 중심 등의 특정 교육과정보다는 제4차 교육과정과 마찬가지로 종합적인 성격을 띰 • 필요한 부분에서만 교육과정의 개정이 이루어짐 • 초등학교에서 통합교과에 포함되었던 국어와 수학을 분리하여 독립된 교과로 채택 • 초등학교에는 지역별 교과서가 개발되고, '1교과 다교과서 체제'를 도입 • 중학교에서는 1989년에 기술과 가정을 '가정ㆍ기술'의 통합교과로 만듦 • 지역 및 학교의 특성을 살린 교육과정 운영의 계기 마련
제6차 교육과정기	1992~2000	• 중앙집중형에서 지방분권형 교육과정으로의 전환을 시도(시ㆍ도교육청과 학교의 자율재량권 확대) • 교과, 특별활동 그리고 학교재량을 교육과정의 3대 영역으로 편성 • 초등학교 1, 2학년의 통합교과가 조정 및 체계화, 산수교과의 명칭이 '수학'으로 변경 • 중학교에 선택교과의 도입, 각각 독립교과로 설정되었던 과목의 통합 • 고등학교 공통필수과목을 종전의 12과목에서 10과목으로 축소, 선택과목을 34~60과목으로 대폭 확대

구 분		교육과정의 주요내용
第7차 교육과정기	2000~2009	• 1997년 12월 30일 고시하여 2000년도부터 순차적 적용 • 정보화 · 세계화 시대에 세계를 주도하는 경쟁력 있는 인간을 효과적으로 양성해 내는 것을 목적으로 함 • 초등학교 1학년부터 고등학교 1학년까지의 10년 동안 국민공통 기본교육과정 편성 · 운영, 고등학교 2, 3학년에는 선택 중심 교육과정을 편성 · 운영 • 국민공통 기본교육과정에 해당하는 교과는 국어, 도덕, 사회, 수학, 과학, 실과(기술 · 가정), 체육, 음악, 미술, 외국어(영어). 단, 초등학교 1, 2학년의 교과는 국어, 수학, 바른 생활, 슬기로운 생활, 즐거운 생활 및 우리들은 1학년으로 함 • 2004년 특수목적고등학교 교육과정의 편성 · 운영 지침개정으로 총 이수단위 중배는 전문교과에만 허용 • 2005년 공고 2 · 1체제의 교육과정을 폐지하여 초 · 중등학교 교육과정에 흡수 통합 • 2006년 수시개정 시 수학 및 영어의 수준별 교육과정 폐지, 수준별 영어수업 권장, 2009학년도부터 적용 • 2007 수시개정 시 선택과목을 일원화로 일반 선택과목과 심화 선택과목의 통합 및 선택과목군 조정 • 2008년 수시개정 시 보건교육을 강화하여 선택과목에 "보건"교과 신설, 2009학년도부터 적용 • 2009년 3월 수시개정 시 경제교육 강화로 사회과 교육과정 중 경제교육 내용을 재조정 및 2011학년도부 적용
2007 개정 교육과정기	2009 이후	• 국민공통 기본교육과정 기간을 1~10학년까지로, 선택중심 교육과정 기간은 11~12학년으로 재설정 • 단위학교의 교육과정 편성 · 운영의 자율권을 확대, 재량활동의 하위영역별 단위배당을 학교에서 편성하도록 함 • 교과집중이수제 도입으로 교과에 배당된 수업시간 수를 학기 또는 학년단위로 집중 편성할 수 있도록 함 • 보통교과의 일반선택과목과 심화선택과목을 통합하여 선택과목으로 일원화 및 이수단위를 6단위로 통일하여 학교에서의 효율적 운영을 도모 • 5개의 선택과목군을 6개로 조정, 예 · 체능과목군을 체육과목군과 예술과목군으로 분리

구 분		교육과정의 주요내용
2009 개정 교육과정기	2011 이후	• 편제를 공통 교육과정과 선택 교육과정으로 개정 • 기존의 국민공통 기본교육과정 기간을 축소하고, 선택 중심 교육과정 기간을 확대하여 고료 교육과정의 다양화와 특성화를 기함 • 학년군과 교과군을 설정하여 학교에서 교육과정 편성·운영의 자율성을 확대할 수 있도록 구성 • 고등학교 : 선택 교육과정의 특색을 살려 학생들의 진로와 적성 등을 감당한 적정학습이 이루어질 수 있도록 필수 교과목을 제시하지 않고, 교과영역 및 교과(군)별 필수 이수단위만을 제시 • 기존의 재량활동과 특별활동을 통합하여 다양한 교육활동이 가능한 '창의적 체험활동'을 신설

*자료 : 한국 교육과정의 시대별 주요내용을 저자가 표로 재구성.

3) 교과교육학의 성립

기존의 교육학 연구는 교육의 일반적인 원리를 찾는 데 초점을 맞추어 왔고, 그래서 많은 발전을 이룩해 온 것도 사실이다. 그런데 교육학에 대한 연구는 교육의 특성상 순수한 이론적 탐구에만 목적을 두기보다는 교육 실제에 적용되어 교육의 방향과 지침을 마련해 주고, 이를 개선시키는 데에 그 목적을 두어야 한다. 따라서 교육학 이론을 실천지향적인 학문이라고 할 수 있다. 즉 교육학 연구의 결과는 교육현상을 이해하고 그 원인을 밝혀서 교육학의 이론체계를 발전시키는 것과 동시에, 실제의 교육현장에 적용되어 이를 개선시키는 데에 기여해야 한다.

이와 같이 교육학 이론이 실제의 교육현장에 적용되어 이를 개선시켜야 한다면, 교육의 실제적인 대상이 학교교육이고, 학교교육은 주로 교과교육을 통해 이루어지기 때문에 교육학 이론은 결국 교과교육에 적용되어 실제의 교과교육을 개선하는 데에 도움을 주어야 한다(김경배 · 김재건 · 이홍숙,

2001). 이러한 사실에 대한 인식이 우리나라의 교육학 분야에서는 1980년대 이후에 활발하게 이루어졌으며, 최근 들어서는 교과교육에 관한 탐구에 관심이 한층 더 증대되고 있다.

교육학의 한 영역인 교과교육학 분야가 처음 생겨나기 시작한 것은 미국이 1930년대, 일본이 1960년대 그리고 우리나라에서는 1980년대 이후부터라고 할 수 있다. 그러나 우리나라에서의 교과교육에 대한 관심은 이보다 앞선 1960년대 후반, 학문 중심 교육과정의 도입으로부터 시작되었다고 할 수 있다. 이 시기의 교과교육에 관한 탐구는 주로 수학 및 과학교과를 중심으로 이루어졌다. 그 뒤 1980년대에 한국교원대학교의 설립과 함께, 1986년 1학기부터 교직이수과목으로서 《교과교육론》이 채택되면서부터 교과교육에 관한 관심이 한층 더 커졌다. 또한 교과교육에 대한 관심이 더욱 증대하면서 교과교육이 어떻게 이루어져야 하는가에 대한 관심과 함께, 교과교육학의 성격 규정에 대한 문제가 제기되기 시작하였다. 이러한 움직임은 주로 교원양성을 전문으로 하는 교원대학교와 교과교육에 관심을 갖는 몇몇 교육과정학자들에 의해서 이루어져 왔다.

현재 교과교육에 대한 관심은 이전보다 한층 증대되었는데, 이는 사범대학의 교육과정 변화를 살펴보면 알 수 있다. 현재 새롭게 개정되고 있는 일부 사범대학의 교육과정을 보면, 과거에 비하여 교과교육 관련 과목이 점차로 세분화되고 그 수도 증가되어가고 있음을 확인할 수 있다. 예컨대 어느 사범대학의 수학교육학과의 경우에, 과거의 교육과정은 대부분이 순수수학 관련 과목이었고, 교직이수과목으로 몇 개의 일반교육학 과목이 대부분이었다. 교과교육에 해당하는 교과는 '수학교과교육론', '수학교과교재연구 및 지도법' 정도에 그쳤다. 그런데 최근에 개정되는 교육과정에서는 '수학교육학개론', '컴퓨터를 활용한 수학교육 및 실습', '수학학습심리학', '수학교육과정 및 평가론', '중등대수학교육', '중등기하학교육' 등 수학교과교육에 관련된 과목의 수가 상당히 증가하고 있다. 이러한 현상은 현재 교원양성을 위한 교육에서 교과교육에 대한 필요성과 인식이 증대되고 있으며, 이와 함께 교과교육에 대한 탐구 역시 보다 활발하게 이루어지고 있음을 보여주는 것이다.

그러나 사범대학 교육과정에서의 교과교육 관련 과목에 관한 이러한 변화는 시작에 불과하다. 아직까지 대부분의 사범대학 교육과정에서 교과교육 관련 과목은 아주 미비한 실정이라고 할 수 있다. 앞으로도 계속 교과교육에 관한 탐구가 더욱 활발하게 이루어져야 하며, 현재 교과교육을 강의할 교수요원의 절대 다수가 부족한 만큼 교수요원의 확보 역시 필요하다고 하겠다.

3. 교과교육학 발전의 대안탐색

교과교육학의 발전은 교육현장에서 교과교육에 얼마만큼 관심을 집중하느냐가 관건이다. 물론 교육현장에서의 관심 변화는 법적・제도적 장비가 마련되어야 한다는 전제가 있는 것도 사실이다. 이런 맥락에서 교과교육 정착을 통한 교과교육학의 발전방안으로 김헌수(2001)는 교과교육 중심의 교육조직과 운영, 교과교육의 전문성을 중시한 교원의 인사정책 그리고 교과교육 연구의 강화를 들고 있다.

1) 교과교육 중심의 교육조직과 운영

교육부 및 시・도교육청에서 교과교육의 장학 및 지원기능 강화가 교과교육학 발전에 절대적인 변인이 된다. 교육부와 시・도교육청 및 교육지원청은 학교와 교사를 통제하고 규제하는 기구로 비쳐왔다. 일본 식민지 통치체제를 유지・강화하기 위한 수단이 되었던 교육부와 교육청의 역할 및 기능이 지금까지도 크게 변하지 않아서 학교현장의 자율성 신장이 더디고, 통제와 지시가 아니면 방종과 무원칙이 지배할 수 있다는 염려가 교육의 개혁에 속도를 실어 주지 못하였다. 이 때문에 학교현장의 교사들이나 학교장들에게 있어서 교육부나 교육청은 상부기관이며, 당연히 지시와 통제를 하는 기관이라는 인식이 고착되어 있다.

그러나 교육이 교육부의 관리나 교육청의 장학사들에 의해 이루어지는 것이 아니라 현장교사들의 구체적인 수업과 학생지도에 의하여 이루어진다는 측면에서 볼 때에, 교육부나 교육청은 교육활동을 지원하고 여건을 조성해 주기 위하여 존재하는 것이지, 장학이나 현장지도라는 이름의 단순통제나 지배를 위하여 존재하는 것은 아니다. 여건과 제도가 현장에 부합되지 않을 경우에 이를 개정하고자 노력하는 것이 우선이지, 학교 현장교사나 교장의 무능 혹은 부도덕 때문이라는 식으로 접근하는 것은 옳지 못하다. 즉 현장교육에 문제가 있다면 그것을 개선・변경하는 것이 중요하며, 당사자의 잘못이라는 지적만 하는 사고방식은 잘못된 행정인 것이다.

따라서 첫째, 교육부나 교육청의 기능에 대한 일대 혁신이 있어야 한다. 특히 현장교육의 발전을 지원하는 기능을 강화하고 이에 따른 조직도 개편하여야 한다. 그러기 위해서 교육과정과 교과서 개발, 초・중・고교와 대학교의 제도개혁 및 연구지원, 초・중・고교와 대학교의 시설 및 교육환경 개선 지원, 초・중・고교와 대학교의 학사운영 및 평가 등의 기능을 담당하는 교과교육 관련 부서가 설립되어야 한다. 그리고 기획예산이나 평생교육 또는 교육정보화 등과 같은 부서는 지원부서 또는 교과교육 관련 부서의 협력을 통해 현장교육을 지원해야 한다. 교육청의 경우에는 더욱더 현장교육이나 교과교육의 발전과 관련된 부서가 중심이 되어야 하며, 관리국이나 감사 관련 부서는 이를 돕고 지원하는 기능으로만 제한됨으로써 철저히 현장을 지원하는 조직으로 전면 개선되어야 한다.

둘째, 교과 중심 조직으로의 학교조직 개편 및 교과교실을 설치해야 한다. 교육부와 교육청의 기능·조직의 전면적인 개편과 더불어 학교조직의 개편도 필요하다. 그동안 학교는 상부지시의 수행 또는 주어진 교육과정의 기계적인 운영의 틀을 벗어나지 못하였다. 교사들을 교무, 연구, 학생지도 등으로 대변되는 교무분장 기구로 나누고, 그 부서의 소속을 강조하였다. 교사의 능력으로 이와 같은 행정업무 처리능력이 중시되었고, 수업능력이나 교수·학습자료 개발능력은 부차적인 것이었다. 학급담임제를 통해 학생의 생활지도를 담당하고 학사업무를 추진했을 뿐, 교육목적 달성의 중핵인 교과담임제라는 개념이 형성되지 않고 있는 실정이었다. 서무 또는 행정부서가 따로 있지만, 회계처리나 시설관리에만 집중할 뿐 학사업무는 모두 교사가 담당하였다.

교과교육의 질적인 변화를 위해 학교 차원의 조직을 개편한다면, 바로 이와 같은 행정 중심의 조직개편이 중요하다. 특히, 행정을 수행하는 조직이 아니라 교육목적의 효율적인 달성과 수업의 질 향상을 위한 조직으로서의 개편이어야 한다. 그 중의 하나가 교무분장을 교과교육 중심으로 전환하는 일이다. 즉 국어과, 수학과, 사회과, 자연과, 실업과, 예체능과 등 교육과정상의 전문성을 중심으로 한 조직개편인 것이다. 여기에서는 오로지 교수·학습자료의 개발, 학생들의 학업성취 및 행동발달의 평가와 관리 그리고 방과후 활동의 기획과 추진 등 철저히 수업의 질 향상에 관련된 업무만을 담당하도록 하여야 한다.

그리고 나머지 행정업무는 교장과 교감이 담당하도록 하는 방법과 행정실을 보강하여 행정지원을 하도록 하는 방법 등을 고려해 볼 수 있다. 이 방법은 교사들이 교감이나 교장으로부터의 진급문제에 신경을 곤두세우기보다는 수업과 학생지도에만 전념하도록 유도할 수 있다는 이점이 있다. 뿐만 아니라, 행정실을 보강하여 교육행위 전담자와 행정행위 전담자로 구분함으로써 전문조직으로서의 면모를 갖출 수 있다는 장점도 있다. 이 밖에도 교무위원회나 연구위원회 등과 같이 행정운영위원회를 두고 여기에서 행정

업무를 처리하도록 하는 방법도 생각해 볼 수 있다. 이 방법들은 학교업무의 우선순위를 바꾸어 놓거나 교육업무와 행정업무를 명확하게 분장함으로써 교육조직으로서의 특성을 갖추는 데에 도움을 줄 것이다.

셋째, 학교행정가의 역할과 기능을 대폭 전환해야 한다. 수업의 질이 높아지고 학교가 전인격적인 학습·생활공간이 되기 위해서는 먼저 구성원의 기능과 역할이 자발성을 극대화할 수 있는 방식이어야 한다. 또 합리적이고 공정하며 수용할만해야 한다. 일의 양이 불공평하고 권력이 독점되어 있거나 보상이 불평등하면 사발성이 감소되기 마련이다. 더구나 조직의 목적과 성격에 적합한 역할분담이 이루어졌느냐에 따라 불만과 불성실이 지속될 수 있다.

학교조직은 교육의 목적을 달성하기 위한 전문 단위조직이다. 따라서 행정조직과 달리 지도층의 역량과 합리적인 지도력 발휘가 필수이다. 지위 자체의 힘이 아니라, 역할수행 방식이 조직의 효율성을 증대시키는 주요 변수가 된다. 따라서 학교장과 교감은 교육의 목적의식이 확고해야 하고, 교과교육에 대한 이해력도 뛰어나야 하며, 전문적인 과업수행의 조정력도 남달라야 한다. 단순히 지시하고 결재만 하면서 방관한다면 조직의 힘은 반감될 수밖에 없다.

따라서 학교가 전인격적인 학습·생활공간으로 발전하기 위해서는 학교장과 교감의 기능을 행정운영보다는 교과교육의 효율적인 운영에 집중되도록 하는 것이 바람직하다. 즉, 학교행정의 초점을 상부의 지시를 충실히 이행하거나 행정가의 개인적인 교육관을 펼치는 데에 두는 것이 아니라, 교육의 목적달성 또는 교과교육의 질적인 발전에 두도록 기능 자체를 전환시켜야 한다는 것이다.

2) 교과교육의 전문성을 중시한 교원의 인사정책

조직과 제도의 개혁이 성과를 거두기 위해서는 인사와 승진제도를 포함한 보상체계가 뒷받침되어야 한다. 그렇지 못하고 단지 개인적인 사명감이나 의지에 호소하기만 하면, 개혁은 겉돌기 쉽고 금방 왜곡되거나 변질되기가 쉽다. 이런 점에서 교원의 인사와 승진제도가 교과교육의 전문성을 중시하는 방향으로 개편되는 문제는 결코 소홀히 할 수 없는 것이다. 교육조직이 교과교육의 전문성을 중시하는 방향으로 개편되었다면, 인사 및 승진제도 역시 그러한 방향으로 개선되어야 한다. 특히 학교차원에서 교과교육 전문성의 존중, 교장 및 교감 승진에서의 교과교육의 이해력 중시 그리고 교육부와 교육청의 장학직 및 연구직이 교과교육의 전문성을 중시하는 교육조직으로 개편되는 것은 필수적이다.

첫째, 교원평정에서 교과교육의 전문성을 최우선해야 한다. 교원의 역량에 대한 평정은 학교의 이동이나 상위직급으로의 승진뿐만 아니라, 학교조직 내에서의 보상과 보직인선을 위해서도 중요하다. 그러나 아직까지 교육조직의 특성에 맞는 기준과 교육목표의 효율적인 달성 및 교과교육의 질적인 발전을 중시하는 기준이 개발되어 있지 않다. 지금까지는 업무에 충실한지, 창의적인지, 불평불만은 없는지, 국가의식이 투철한지 등과 같이 일반적으로 추상적인 기준을 가지고 형식적으로 평가해 왔다.

이를 극복하기 위해서는 교원의 교과평정의 기준과 평정방식이 개선되어야 한다. 우선 평정기준이 교과교육의 전문성을 최우선하도록 개선되어야 한다. 교수·학습자료의 제작능력, 학생의 학습동기 유발능력, 학습목표와 내용의 이해력, 효율적인 학습 프로그램의 기획 및 적용능력 등과 같은 수업능력이 평가의 주요 기준에 포함되어야 한다. 뿐만 아니라, 학생의 생활활동 지도기능과 실적, 학생의 진로개발 관심과 실적, 학부모와의 정보교류 및 협동지도 등과 같이 학생의 인성지도 능력도 주요한 평정기준으로 취급되어야 한다. 즉 교육의 목적달성과 교과교육의 질적인 발전에 직결되는 역량을 평가기준으로 해야 하는 것이다.

또한 교과평정 방식도 개선되어야 한다. 우선 평가자를 동료교사, 학생 및 학부모 등이 참여할 수 있도록 하는 것이 바람직하다. 뿐만 아니라 한 번만 평가를 실시하기보다는 일정한 간격을 두고 2~3회 정도 실시하여 종합하는 것이 바람직하다. 그렇게 함으로써 교원의 일상적인 활동을 자연스럽게 평가할 수 있으며, 교사들이 평가를 두려워하거나 평가에 집착하지 않고 일상생활 속에서 평가를 받는 평가의 일상화를 꾀하여야 할 것이다.

둘째, 교장과 교감의 자격연수 및 임용 시에 교과교육의 이해가 필수적이다. 학교조직에서는 교장과 교감의 자질이 매우 중요하며, 현재 우리나라의 학교조직에서는 더욱 그러하다. 이 때문에 교장과 교감의 승진단계에서는 시험을 치르기도 하고, 특별한 연수를 받은 후에 자격을 부여하기도 한다. 자격을 받으면 오래되지 않아서 교장이나 교감으로 임용되기 때문에 학교에는 교장과 교감자격자가 많지 않은 것이 보통이다. 현재는 승진시험제도의 부작용 때문에 일정한 기준 이상이면 지명을 받아서 자격연수를 받은 후에 1~2년 이내에 임용되는 것이 일반적이다.

이때 자격연수 내용은 연수기관에 따라 약간씩 차이가 있지만, 대부분의 경우에는 교육에 대한 기초적인 이해와 교육행정 및 법규의 이해가 중심을 이루고 있다. 그러나 교장과 교감의 직무수행 실습을 하거나 다양하게 나타나는 학교문제를 효율적으로 해결하는 전략을 수립하는 훈련기회는 매우 부족한 실정이다. 이와 같은 문제를 극복하기 위해서는 우선 교장과 교감의 직무에 대한 철저한 분석과 함께 이에 필요한 강좌를 개발하고 실습 중심의 연수로 전환하는 것이 중요하다. 교장과 교감의 가장 중요한 임무가 교육목적의 효율적인 달성 또는 교육과정의 충실한 운영이라고 한다면, 각 교과교육의 이론적인 동향과 질적인 발전을 위해 해결해야 할 과제에 대한 이해는 필수이다. 또 학교의 규모와 여건, 교직원의 구성과 의지 그리고 지역사회와 학부모의 관심 및 지원의지 등을 고려하면서 교과교육의 질적인 발전을 위한 학교 차원의 전략을 수립하는 능력을 길러야 한다.

이를 위한 방법으로 먼저 교장과 교감의 자격연수에서 교과교육의 최근 동향에 관한 이해를 필수화하는 것이 바람직하다. 그것도 일반 교육학자들에 의한 일반론적이고 피상적인 이해 수준이 아니라, 교과교육 전문가에 의한 구체적이고 중핵적인 이해와 교과교육 문제의 해결력을 기르도록 하여야 한다. 적어도 국어교육, 수학교육, 사회교육 그리고 과학교육만이라도 교과교육 전문가가 강의를 담당할 수 있도록 하여야 한다. 이 경우에 강의는 단순한 내용전달의 수준을 넘어서서 다양한 학교현장에서 나타나는 여러 가지 문제들을 효율적으로 해결하는 전략을 수립하는 실습 중심으로 이루어져야 하겠다.

셋째, 장학직 및 연구직의 임용과 연수에서 교과교육을 중시해야 한다. 학교현장의 교육에 직·간접적으로 영향을 미치는 교육부 및 교육청의 장학직과 연구직의 임용 및 연수에서 교과교육의 전문성을 크게 중시해야 한다. 이는 모든 장학직과 연구직의 선발 및 연수 시에 모든 교과교육의 이론과 실제에 대한 깊은 식견과 교과교육 문제의 해결력을 중시해야 함을 의미한다. 물론, 대부분의 장학진과 연구진은 교감과 보직교류가 이루어지기 때문에 교과교육의 이해나 문제해결력을 중복해서 다룰 필요는 없다. 그러나 각각의 직책에 따라 해결해야 할 과제가 다르고 통찰력의 폭도 다르기 때문에, 필요에 따라 적절히 조정함으로써 교과교육에 대한 지식과 능력을 함양하는 방법을 강구하는 것이 바람직하다.

3) 교과교육 연구의 강화

교과교육의 질적인 발전을 위해서는 무엇보다도 연구역량을 극대화하는 일이 중요하다. 교과교육은 일반교육학에 비해 갈래가 많고 구성원도 다양하기 때문에 통일성을 기하기가 어렵고 결집된 힘을 발휘하기도 어렵다. 더구나 대학교 차원에서의 교과교육 연구는 기초학문 연구나 일반교육학에 비해 수준이 낮고, 중요하다는 인식 또한 부족하다. 이 때문에 교과교육의 연구는 뒷전으로 밀려나서 교과교육학의 연구나 형성 자체도 어렵다. 그러나 교육에서 교과교육이 차지하는 비중으로 볼 때, 교과교육의 연구는 방치해서는 안 되는 주요한 분야임에 틀림없다. 교과교육 연구를 강화하기 위한 방법으로는 다음과 같은 내용들을 들 수 있다.

첫째, 교과교육 연구비의 특별책정 및 학문분류상의 교과교육학 영역을 신설해야 한다. 교과교육의 연구가 강화되기 위해서는 무엇보다도 연구비가 충분히 지원되어야 한다. 교과교육 연구는 주로 사범대학과 교육대학의 교수나 교과교육학자들이 담당한다. 그러나 교과교육 연구는 항상 소위 기초학문 연구나 공학연구에 비하여 관심이 적고, 실제적인 연구지원 체제도 발달되어 있지 않다.

교육의 중요성을 그토록 소리 높여 강조하고 수차례의 교육개혁을 하면서 수많은 연구를 했지만, 가장 중요한 교과교육의 질적인 발전을 위한 연구는 거의 이루어지지 못하였다. 또 교과교육의 발전은 단지 현장교사들의 사명감에 호소하는 방식에 머물러 있었다. 교수 · 학습자료가 중요하다고 말하면서도 교수 · 학습자료의 개발에 드는 비용을 지원하는 데에는 인색하였다. 또 새로운 교수방법이 필요하다고 하면서도 새로운 교수방법을 개발할 때에 드는 지원이나 비용은 도외시되었다.

따라서 교육목적을 효율적으로 달성하려면 교과교육의 연구비를 획기적으로 증액하여야 한다. 정책적으로 교과교육 연구기금을 특별히 확보함으로써 장기적 · 지속적인 연구가 이루어지도록 기반을 다져야 한다. 연구지원비 역시 다른 연구영역의 연구비 수준은 되어야 할 것이다. 현재와 같이 현식 교사와의 공동연구를 권장하는 방안도 바람직하지만, 아주 작은 수업모형의 실험과 작은 단원의 내용개발까지도 지원이 가능하도록 하여야 한다. 가능하면 다년간의 연구를 지원하면 더욱 바람직하겠고, 연구결과를 공유하는 방안을 강구하면 연구의 파급효과를 크게 높일 수 있겠다.

둘째, 교사의 교과별 연대활동을 보장 및 지원해야 한다. 교과교육 연구가 강화되기 위해서는 교과교육학자의 노력만으로는 부족하다. 교과교육을 실천하는 현장교사들의 연구력 증대가 뒷받침되어야 한다. 각 전공교사들이 학교단위별 또는 지역별로 모임을 가지고 새로운 수업모형을 제안하고 실험결과를 발표하며 평가방법을 개선하는 기회가 많으면 많을수록 교과교육의 연구력은 획기적으로 증대될 수 있다. 이를 위해서는 교사의 교과별 연구모임을 정책적으로 보장·권장하는 것이 바람직하다. 이는 교사의 자발적인 연구모임을 교육청 산하기구로가 아니라 교과교육 전문모임으로 인정·보호해야 함을 의미하는 것이다.

셋째, 교과교육학의 박사과정을 확대하고 운영방식도 개선해야 한다. 교사들만의 자발적인 활동만으로는 교과교육의 질적인 발전에 한계가 있기 때문에 좀 더 체계적으로 교과교육 이론에 접할 수 있도록 통로를 열어주어야 한다. 현재 교과교육학의 박사과정은 대부분 현장을 지키는 교과교육 전문가를 양성하기보다는 대학교의 교수를 양성하는 과정의 역할을 하고 있다. 교과교육이 질적으로 발전하기 위해서는 현장을 지키는 교과교육 박사가 필요하다. 왜냐하면 장학진과 연구직에 교과교육학 박사가 다수를 차지하고, 교과교육의 이론과 실제의 발전에 매진하는 풍토가 조성되는 것 그 자체가 교과교육의 질적인 발전이기 때문이다.

제2부
교육의 과정과 교과교육

제5장 교육목표의 설정과 교과교육

의도적인 교육활동을 단계별로 구분할 때에 최초 과정은 교육의 목표를 정하는 일이다. 이러한 교육의 목표설정은 후속 단계와 과정들을 정하는 준거가 되며, 교과교육을 위한 교육과정 계획에 빠질 수 없는 단계이다. 이에, 교육목표의 설정과 교과교육의 관계를 이해하기 위한 제5장에서는 교육목표의 개념, 교육목표의 분류 그리고 교과교육에서의 교육목표 설정의 방법을 논의하고자 한다.

1. 교육목표의 개념

1) 교육목표의 의미

교육의 개념을 정의하는 몇 가지 관점 중에서도 조작적・기술적 견지에서 볼 때, 교육은 인간행동의 계획적인 변화로 규정된다. 이 경우에 교육과정의 초점은 자연히 인간행동을 변화시키는 데에 있다. 행동의 변화를 조장하되, 어떠한 인간으로의 변화를 기대할 것이냐를 결정하지 않고서는 여타 부분의 교육과정 계획과 운영이 불가능하다. 그렇기 때문에 교육목표를 설정하는 일은 교육의 과정에 있어서 첫 단계의 사고영역을 차지한다.

교육목표란 기대하는 교육의 성과를 말한다(이영덕, 1969; 박병학・신윤철・한각수, 1998. 재인용). 따라서 설정된 교육의 목표와 교육행위의 결과로 나타나는 학생들의 학습성과가 일치된다면 그것은 매우 바람직한 일이다. 그러나 엄격히 따져 보면, 교육목표와 실제로 나타난 교육성과와는 차이가 있게 마련이다. 오늘날의 학교교육 상황 속에서 실제의 성과가 교육목표를 완전히 달성하는 경우란 거의 없다. 그러므로 실제의 교육성과와 교육목표와의 차이가 적을수록 교육의 전문성이 높게 평가받는 셈이다. 교육목표와 성과와의 차이를 좁힐 수 있는 중요한 조건 중의 하나는 '교육목표 → 과정(내용과 방법을 포함) → 성과의 평가' 간에 일관성을 유지하는 일이다. 그러므로 교육행위의 전문적인 수준은 이 삼자의 일관성 정도로 따져볼 수 있다고 해도 과언은 아니다. 물론 이와 같은 명제는 타당한 교육목표가 설정되었다고 전제할 때에 성립될 수 있다. 따라서 무엇을 교육목표라고 하느냐 그리고 그것이 교육과정 속에서 어떠한 역할을 하느냐에 대한 명확한 개념규정이 필요하다.

그런데 교육목표가 무엇이냐고 물었을 때에 그 대답은 구구하게 나온다. 혹자는 "과학기술교육을 실시하는 것" 혹은 "가치교육을 강화하는 것"이라고 하고, 또 어떤 이는 "발견학습을 강조하는 것" 등의 반응을 하기 쉽다. 하지만 이들은 하나의 교육의 정책적 중점이나 방침을 말하는 것이지 그 자체가 교육목표는 아니다. 교육목표는 "학습과정 혹은 학습경험을 통해서 학생에게 이루고자 하는 행동변화"를 지칭하는 말이다. 그러므로 '과학적 태도', '책임감', '분석적 사고력' 등이 각각 과학기술교육, 도덕교육, 발견학습 등에 대신하여 교육목표의 표시로서 사용되어야 할 것이다.

한편, 교육목표가 무엇이냐는 질문에 대한 대답으로서 인간의 특성을 지칭하는 말을 사용하는 경우에도 모호한 것들이 많다. '민주시민의 양성', '가정인의 육성', '건강인의 육성' 등의 표현으로 교육목표를 진술하는 경우가 그 예이다. 기르고자 하는 인간의 특성을 막연하게 말하고 있기는 하나, 아직도 어떠한 행동특징의 변화를 의미하고 있는지는 분명치 않다. 이 경우에 어떠한 행동특징을 지닌 사람이 민주시민이냐고 물으면 좀 더 구체적인 표현을 찾을 수 있다. 예를 들어 '민주주의 기본 개념을 이해하고 있다.'라든지 '개인의 의견을 존중할 줄 안다.'라고 하거나 '공동의 목표를 달성하기 위하여 협동할 수 있는 집단기술을 체득하고 있다.' 등으로 표시한다면, 단순히 '민주시민의 육성'이라고 한 경우에 비해 어떠한 교육의 과정을 거쳐야 하는지가 좀 더 명확해진다. 어떻게 해야 그러한 행동변화가 올 것인지에 대한 명료한 시사를 줄 정도의 구체적 행동특징의 서술이 가능한 교육목표여야 한다는 것이다. 즉 과학적 정밀성을 가지고 교육목표를 다루어야 한다.

2) 교육목표와 교육목적의 관계

교과교육과 관련하여 교육목표의 설정을 논의하면서 교육목표와 교육목적의 관계를 논의하지 않을 수 없다. 일반적으로 목표와 목적이 혼용되고 있는 것을 보면, 교육목표와 교육목적도 유사 용어로 혼용할 수 있다. 그러나 교육활동의 방향을 제시한다는 측면에서 보면, 교육목표는 다소 협의적인 개념으로 사용하는 반면에 교육목적은 보다 광의적인 의미를 담고 있다.

영어에서도 목적에 해당하는 용어로는 aims, goal, purpose 그리고 ends 등이 있고, 목표에 해당하는 용어에는 objectives가 있는데, 이들을 명확하게 구분하기란 간단하지가 않다. 많은 교육학 관련 서적에서도 양자의 개념을 구분하지 않고 혼용하고 있음을 발견할 수 있다. 그러나 적어도 교과교육에서만은 교육목표와 교육목적의 개념을 가능한 한 구별하여 사용해야 한다는 전제하에 교육목표가 갖는 기능을 구명함으로써 교육목적과의 차별화에 접근코자 한다.

W. B. Ragan(1963)은 교육목표의 기능을 다음의 세 가지로 들었다.

첫째, 교육목표는 바람직한 성장 방향을 규명해 준다. 학습자들은 일상의 생활활동과 경험을 통해서 여러 가지를 배우지만, 그것이 어떤 특정한 가치를 성취하기 위해서 계획되고 지도된 경험이 아니기 때문에 비교육적인 것이 되기 쉽다. 따라서 교사는 사회의 대행자로서 어떤 종류의 경험이 교육적이며 어떤 종류의 경험이 비교육적인가에 대한 결정을 내려야 할 무거운 책임이 있다.

둘째, 교육목표는 학습경험을 선택할 근거를 마련해 준다. 교육목표는 교육이 나아갈 방향지시이다. 따라서 어떠한 학습경험을 선택할 것인지는 교육목표의 제시에 의하여 결정되는 것이다. 교사에게는 학교 내의 학습생활에서 가장 중요하고 학생들이 배워야 할 경험들을 선정할 근거가 필요하다. 교육목표는 그 근거가 되며, 학습내용의 선정뿐만 아니라 더 나아가서는 학습방법에까지 좋은 암시를 준다.

셋째, 교육목표는 평가를 위한 근거를 마련해 준다. 교육목표는 학생들에게 중요한 지식, 기능, 태도 등의 행동유형을 제시해 준다. 학생들의 성취도를 평가하는 것은 학생들이 이러한 목표를 성취함에 있어서 어느 정도의 진보를 보였는가 하는 것을 알아보는 데에 있다. 목표를 명확하게 인식하지 않으면 제아무리 포괄적인 내용을 가졌어도 학생의 진보나 성장도를 평가할 수 없다. 그 학교의 교육목표는 교직원이 학생들을 위해서 이루고자 하는 바를 표현해 준다. 학교운영 내용의 평가는 그들이 앞서 설정해 놓은 목표를 얼마나 성공적으로 수행했느냐 하는 데 있다.

교육목표의 기능을 성장의 방향규명, 학습경험 선정의 근거 그리고 학습결과의 평가를 위한 근거 등으로 규정한다면, 교육목표는 보다 부분적 · 구체적 · 단기적인 특성과 함께 특수성과 상세화가 요구된다고 하겠다. 다시 말하면 교육목표는 교육현장에서 학습자인 학생들이 성취해야 할 행동특성과 관계되는 개념이다.

반면에, 교육목적은 그 적용대상이 광범위하고 전체적인 방향제시의 성격을 띤다고 할 수 있다. 이는 전술한 교육목표보다는 포괄적 · 추상적 · 이념적 · 장기적인 성격을 갖는데, 이를테면 국가나 지역사회에서 요구하는 타당하고 바람직한 가치, 행동양식 그리고 규범 등에 해당한다고 하겠다. 다만, 교육활동이 이루어지는 학교현장에서는 교육목적이나 교육목표를 '학습활동을 통하여 성취해야 할 도달점'으로 보며, 개념적 혼돈상태에 있다는 점에 유의해야 할 것이다.

2. 교육목표의 분류

교육목표의 설정은 후속 단계인 교수・학습결과의 평가단계까지도 규제하는 역할을 해야 한다. 결국, 교육의 과정 중에서 첫 단계인 교육목표의 설정 작업은 후속의 제 단계를 결정짓는다는 측면에서 중요성을 지닌다. 따라서 교육목표가 본질적인 기능을 수행하려면 교육목표의 세분화가 요구되는데, 목표가 내포하는 행동특성을 몇 가지 유형으로 분류・정리한 B. S. Bloom과 그의 동료들에 의한 교육목표의 분류가 주목을 받아오고 있다. 이들은 네 가지의 분류원칙과 함께 지적 영역, 정의적 영역 그리고 운동기능적 영역으로 구분하여 논의하였다. 이 중에서 운동기능적 영역은 Bloom의 분류방식에 따라 E. J. Simpson(1966)과 A. J. Harrow(1972) 등에 의해 연구되었는데, 여기에서는 Harrow가 분류한 방식을 소개한다.

① 행동의 분류는 주로 현존하는 교육기관 및 교육 프로그램에서 사용될 것이므로 유목 간의 구분은 대체로 교사가 학생의 행동을 구분할 때 쓰는 것이 바람직하다.

② 분류의 논리적인 모순을 가져오지 않아야 하며 내적 일관성이 있어야 한다. 따라서 분류에 사용되는 용어는 처음부터 끝까지 일관성 있게 정의되고 사용되어야 한다.

③ 분류는 심리학적 타당성을 가지고 있어야 한다. 그러므로 아무리 교사들이 구분해서 말하는 행동유목이라고 할지라도 심리학의 지지를 받을 수 없는 것이라면 소용이 없다.

④ 교육목표의 분류는 모든 교육목표가 골고루 포함될 수 있는 분류체계를 가져야 한다.

1) 지적 영역의 교육목표

1.00 지식(knowledge) : 인지나 재생에 의하여 아이디어나 자료 또는 현상을 기억해 내는 행동을 말한다.

1.10 특수사상에 관한 지식(knowledge of specifics) : 구체적이며 단편적인 정보를 상기 · 재생하는 행동을 말한다.

1.11 용어에 관한 지식(knowledge of terminology) : 언어 또는 비언어적 기호로 표시되는 특수사상에 관한 지식이다. (목표 예 : 평면도형에 관한 용어를 이해한다)

1.12 특수사실에 관한 지식(knowledge of specific facts) : 일자, 사건, 인물, 장소, 정보원에 관한 지식이다. (목표 예 : 우리나라 동서해안의 지형적 특징에 관한 정보를 재생한다)

1.20 특수사상을 다루는 방법과 수단에 관한 지식(knowledge of ways and means of dealing with specifies) : 아이디어 및 현상을 조직, 연구, 판단, 비판하는 방법에 관한 지식이다.

1.21 형식 및 관례에 관한 지식(knowledge of conventions) : 아이디어와 현상을 정리하고 제시하는 특징적 방법에 관한 지식이다. (목표 예 : 시, 희곡, 과학적 논문 등의 형식에 익숙하게 한다)

1.22 경향과 순서에 관한 지식(knowledge of trends and sequences) : 시간적인 면에서 본 현상의 과정, 방향, 운동에 관한 지식이다. (목표 예 : 불교가 우리나라 문화에 미친 영향에 관해서 안다, 인간의 모든 행동은 원인을 가지고 있다는 것을 안다)

1.23 분류와 유목에 관한 지식(knowledge of classification and categories) : 일정한 대상 분야, 목적, 논의, 문제에 기본적이거나 유용하다고 여겨지는 항목, 종속(sets), 구분, 배열에 관한 지식이다. (목표 예 : 여러 가지 종류의 단체의 특색에 익숙하게 한다)

1.24 준거에 관한 지식(knowledge of criteria) : 사실 · 원리 · 의견 및 행위를 검증하고 판단하는 기준에 관한 지식이다. (목표 예 : 예술작품을 판단하는 데에 사용되는 기본요소인 균형성, 통일성 및 율동성 등에 관한 지식을 안다)

1.25 방법론에 관한 지식(knowledge of methodology) : 특정 교과영역에서는 물론 특정문제나 현상을 탐구하는 데에 사용되는 연구방법, 기술, 절차에 관한 지식이다. (목표 예 : 동물의 생태에 관한 연구방법을 안다)

1.30 보편적 · 추상적 사상에 관한 지식(knowledge of the universals and abstractions in a field) : 특정 현상과 개념들이 조직되는 주요 개념체계 및 형태에 관한 지식이다.

1.31 원리 및 통칙에 관한 지식(knowledge of principles and generalizations) : 관찰된 현상을 요약한 특정 추상개념에 관한 지식이다. (목표 예 : 유전에 관한 생물학적 법칙을 안다)

1.32 이론 및 구조에 관한 지식(knowledge of theories and structures) : 복합현상, 문제, 학문분야에 대한 명백하고 원숙한 체계적 견해를 나타내는 원리 및 통칙의 체계와 그 상호관계에 관한 지식이다. (목표 예 : 인류발생에 관한 주요학설을 상기한다).

2.00 이해력(comprehension) : 이해력은 그 속에 번역능력, 해석력, 추론능력이 포함된다.

2.10 번역(translation) : 어떤 자료를 원래와는 다른 언어 및 다른 형태의 자료로 바꾸어 놓을 수 있는 능력을 말한다. (예 : 삽화, 지도, 표, 도형, 노표, 수식 등 기호형태로 표현된 관계를 언어적인 형태로 바꾸어 놓는 능력 또는 정의 그대로가 아닌 은유, 상징, 반어법, 과장을 보통문체로 바꾸어 놓는 능력)

2.20 해석(interpretation) : 자료의 주요부분을 파악하고 그 부분간의 관계를 해득하며 그것을 재조직함으로써 그 자료에 포함된 내용에 대해 어떤 전체적인 견해를 가질 수 있는 능력이다. (예 : 문학작품 속에 흐르는 작가의 이상을 전체적으로 파악하는 능력 또는 여러 가지 형태의 사회적인 자료를 해석하는 능력)

2.30 추론(extrapolation) : 자료에 담겨진 경향, 추세 또는 조건들을 해득하고 이에 입각해서 추정을 하거나 예언하는 능력이다. (예 : 나타난 진술로부터 직접 추론해서 결론을 내리는 능력이나 또는 경향 및 추세를 투사하여 장래를 예언하는 능력).

3.00 적용력(application) : 방법, 원리, 학설, 추상개념의 이해를 기초로 하여 새로운 문제사태에 봉착했을 때 그 방법, 원리, 학설, 개념을 적용하여 문제를 해결하는 능력이다. (예 : 시민적 자유와 권리에 대한 개념을 시사문제에 관련시킬 수 있는 능력)

4.00 분석력(analysis) : 이해력이나 적용력보다 약간 높은 수준의 기능이다. 분석력은 자료를 그 구성부분으로 분해하고 부분간의 관계와 그것이 조직되어 있는 방식을 발견하는 능력이다.

4.10 요소의 분석력(analysis of elements) : (예 : 가설과 사실을 가려내는 능력)

4.20 관계의 분석력(Analysis of Relationship) : (예 : 판단을 타당화하는 데에 어떤 특수사상이 관계되는가를 인식하는 능력 또는 한 주장 속에서 이론적 오류를 발견하는 능력)

4.30 조직원리의 분석력(analysis of organization) : (예 : 역사적 기술에서 필자의 견해나 편견을 인식하는 능력)

5.00 종합력(synthesis) : 여러 요소나 부분을 전체로 묶는 능력이며 창의적인 능력을 포함하는 행동이다.

5.10 독특한 의사전달의 구안(production of a unique communication) : (예 : 자기의 경험을 독특한 표현으로 이야기하는 능력 또는 가사에 곡을 붙이는 간단한 작곡 능력)

5.20 계획 및 시행절차의 구안(production of a plan, or proposed set of operations) : (예 : 가설, 검증방법을 제시하는 능력이나 또는 조작 수행을 위하여 간단한 기계를 고안하는 능력이나 주어진 명세(明細)에 따라 건축을 설계하는 능력 등)

5.30 추상관계의 도출(derivation of a set of abstract relations) : (예 : 경험이 하나의 개념구조로 조직될 수 있는 여러 가지 가능한 길을 인식하는 능력)

6.00 평가력(evaluation) : 어떤 목적으로 아이디어, 작품 해답방법, 소재 등의 가치를 판단하는 능력이다.

6.10 내적 증거에 의한 판단(judgments in terms of internal evidence) : 합리적인 정확성, 일관성, 기타 내적 증거에 의한 의사전달 자료의 평가이다. (예 : 작품의 판정에 일정한 기준을 적용하는 능력)

6.20 외적 증거에 의한 판단(judgments in terms of external evidence) : 선정된 준거나 기억된 준거에 의한 평가이다. (예 : 사람들이 가지는 건강에 대한 신념을 비판적으로 평가하는 능력이나 또는 스스로 키운 표준을 일상 환경정리를 위한 물건의 선택과 사용에 적용하는 능력)

이상에서 소개한 지적 영역의 행동분류를 실제 교육목표에 적용할 경우에는 많은 난관에 부딪히게 된다. 여기에는 두 가지 이유가 있는데, 하나는 우리가 교육목표 분류를 완전히 이해하지 못했기 때문이다. 또 하나는 Bloom의 분류 자체가 완전한 것이 아니어서 분류된 행동유목 간에 정밀한 구분이 되지 않은 데에서 기인한다.

2) 정의적 영역의 교육목표

1.0 감수(receiving) 혹은 주의(attending)
1.1 감수(awareness)
1.2 자진감수(willingness of receive)
1.3 주의집중(controlled or selected attention)

이 단계는 학습자가 어떤 현상이나 자극에 대하여 인지적으로 받아들이는 것을 의미한다. 이 감수를 위해서는 학습자의 받아들이고자 하는 의식과 주의집중 및 동기가 필요하다.

2.0 반응(responding)
2.1 묵종반응(acquiescence in responding)
2.2 자진반응(willingness to responding)
2.3 만족(satisfaction in response)

이 단계는 학습자가 현상이나 자극에 대하여 주의를 기울이는 정도를 넘어서 하나의 활동으로 반응을 일으킴으로써 내면화 과정에서 좀 더 깊은 단계로의 진전을 보인다.

3.0 가치화(valuing)
3.1 가치수용(acceptance of a value)
3.2 가치선택(preference for a value)
3.3 확신(commitment or conviction)

이 단계는 학습자가 감수나 반응을 거쳐서 얻은 결과를 자기 것으로 만드는 과정이다. 좋고 싫으며, 수긍하고 공감하며, 어떤 특성이 개인에게 가치화되려면 소속 집단의 동의는 물론, 개인의 내변적인 가치와 일관성을 가지고 있어야 한다. 가치화는 자신의 확신이다.

4.0 조직화(organization)
4.1 가치의 개념화(conceptualization of a value)
4.2 가치체계의 조직(organization of a value system)

이 단계는 여러 가지를 하나의 체계로 조직하고 상호 관련을 지어 나가는 과정을 의미한다. 학습자는 여러 가지 가치를 내면화해 나가면서 하나 이상의 가치가 관련되는 사태에 당면하게 되는데, 이때 받아들여진 가치에 대한 명백한 개념이 서 있어야 한다. 또한 가치 사이의 상호 관련성을 찾을 수 있어야만 거기에서 하나의 복합적인 가치로서의 조직이 이루어진다.

5.0 인격화(characterization)
5.1 일반화된 행동태세(generalized set)
5.2 인격화(characterization)

이는 내면화 과정의 최종단계로서 이 단계에 도달하면 학습자의 여러 행동을 통제하거나 영향을 줄 수 있는 특성으로 존재하게 된다. 뿐만 아니라, 이 단계에 도달하게 된 정의적 특성은 오래도록 개인에게 머무르면서 행동을 통제하고 지배한다.

한편, 정의적 영역의 분류에 있어서 우리가 통상적으로 사용해 온 적응, 가치, 태도, 감상, 흥미 등과 같은 정의표시 용어의 의미범위를 비교해 보면 [그림 5-1]과 같다.

5.0		4.0		3.0			2.0			1.0		
가치복합에 의한 인격화		조직화		가 치 화			반 응			감 수		
5.2 인격화	5.1 일반화된 행동태세	4.2 가치체계의 조직	4.1 가치의 개념화	3.3 확신	3.2 가치채택	3.1 가치수용	2.3 만족	2.2 자진반응	2.1 묵종반응	1.3 주의감수	1.2 자진감수	1.1 감지

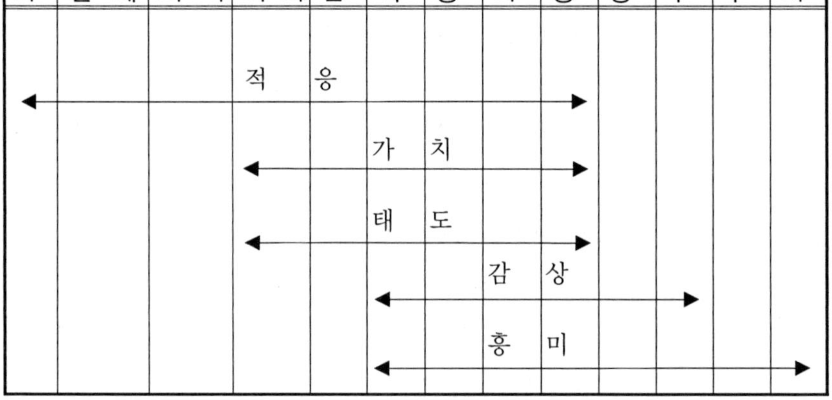

*자료 : 임의도 · 고종열 · 신세호 · 진위교 공역(1967). 교육목표분류학(Ⅱ). 정의적 영역. 서울 : 배영사. p.45. 재인용.

[그림 5-1] 정의표시 용어의 의미범위

3) 운동기능적 영역의 교육목표

1.00 반사적 운동(reflex movements)

1.10 소분절적 반사

1.20 중분절적 반사

1.30 초분절적 반사

이것은 눈을 깜박이는 것처럼 한 개인의 의사와 관계없이 나타나는 동작을 의미한다. 이는 훈련이나 교육에 의해서 발달되는 것이 아니므로 교수목표로 설정될 수 없는 행동이지만, 적절한 반사적 운동들은 보다 높은 수준의 운동기능의 기초가 된다.

2.00 초보적 기초동작(basic-fundamental movements)
2.10 이동동작
2.20 입상동작
2.30 조작동작

이 수준의 학습은 반사적 운동들의 통합으로 이루어지며 높은 수준의 운동기능 발달의 기초가 된다. 걷는 것, 뛰는 것, 손가락을 움직이는 것 또는 손으로 잡는 운동 등이 이에 속한다.

3.00 운동지각능력(perceptual abilities)
3.10 근육감각을 통한 변별
3.20 시각을 통한 변별
3.30 청각을 통한 변별
3.40 촉각을 통한 변별
3.50 협응운동능력

이는 시각적, 청각적 및 촉각적 자극을 해석하고 환경에 대한 운동을 조정하는 기능이다. 예를 들면, 지시에 의해서 불을 피한다거나 잡는 동작과 촉각을 통해서 옷감의 이름을 알아낸다거나 혹은 줄넘기와 같은 지학운동을 요구하는 기능을 포함한다.

4.00 신체적 기능(physical abilities)
4.10 지구력
4.20 체력
4.30 유연성
4.40 민첩성

이는 상당히 숙련된 운동을 하는 데 필요한 힘과 기능을 포함한다. 계속적인 체력과 근육운동, 운동의 민첩성 또는 여러 운동기능과 유연한 통합을 요구하는 활동 등은 이러한 신체적 기능을 요구한다.

5.00 숙련된 운동기능(skilled movements)
5.10 단순적응기능
5.20 혼성적응기능
5.30 복합적응기능
이는 운동과 구체적 기능을 요구하는 복잡한 운동기능을 실천하는 데 나타나는 능률성, 우수성 및 숙련성의 정도를 일컫는다. 무용가나 운동선수에서 나타나는 세련된 운동기능은 이 수준에 속하는 예가 된다.

6.00 동작적 의사소통(non-discursive communication)
6.10 표현동작
6.20 해석동작
이는 얼굴의 표정과 몸의 동작에서부터 발레에 나타나는 복잡한 운동 등을 포함하는 신체적 운동을 통한 의사소통의 운동기능이다.

3. 교과교육에서의 교육목표 설정 방법

1) 교육목표 설정의 준거

교육목표는 교육활동을 통하여 달성하고자 하는 행동변화를 지칭하며, 지식의 이해 · 응용 · 사고 · 창의력 · 흥미 · 태도 · 가치관 및 제 기능 등의 일반적 또는 특수적인 행동의 변화를 포함한다.

일정 시간이 경과하는 동안에 특정한 교육적인 작용을 가해서 나타나기를 바라는 학습의 결과를 교육목표라고 한다면, 교육목표를 결정하는 일이야말로 모든 교육적 과정의 제1단계 작업이 아닐 수 없다. 분명하게 구명된 교육목표 없이는 교육적 과정이 성립될 수 없다. 교육목표를 일정한 서식으로 진술하고 아니하고를 떠나서 교육의 전과정을 이끄는 교사에게는 어떤 목표가 있게 마련이다. 그런데 그 목표의식이 뚜렷하고 구체적이며 행동적 시사성이 높으면 높을수록 그 다음에 따르는 교육의 과정 제 요소를 판단하고 결정하는 데에 보다 큰 도움을 줄 수 있다.

어떠한 교육목표가 가치 있으며 그러한 목표는 어떻게 설정되어야 하느냐에 대한 기본적인 준거를 제시하면 다음과 같다.

교육목표 설정에 관한 첫째 준거로는 교육목표 추출을 위한 제반 기초자원의 종합성과 타당성을 들 수 있다. 먼저 학습되어야 할 가치 있는 지식과 중요한 기능, 강조점을 두어야 할 지적 능력 그리고 학생들이 길러야 할 태도나 가치관 등을 결정해야 한다. 이는 교육을 필요로 하는 사회의 이상과 현실적 필요, 교육을 받을 학생의 특징과 발달적 필요 그리고 특정 학교 및 교과가 지니는 특수성에 관한 충분하고 정확한 정보를 기초로 해야만이 가능하다.

학습자로서의 인간의 특징에 대한 가정 여하에 따라 설정되는 교육목표는 아주 다른 것이 될 수 있다. 마찬가지로 사회의 필요를 부정확한 정보와 가정을 기초로 판단했다면, 그에 의한 교육목표는 잘못된 방향으로 교육의 과정을 이끌어 갈 것이다. 특정 교과가 대표하는 학문 영역에 있어서 요구되는 기본적인 지식이나 기능에 대한 가정이 흔들린다면, 이를 반영하는 교육목표 또한 신빙성이 낮을 수밖에 없다.

교육목표 설정에 관한 둘째 준거로는 설정된 목표의 명료성과 행동적 시사성을 들 수 있다. 교육의 과정에 있어서 교육목표가 모든 교육적 과정에서 충분히 반영·구현될 수 있게 하려면, 명료하고 행동적 시사성이 높도록 진술되어야 한다. 어느 정도로 구체적이어야 하느냐 혹은 어느 정도의 행동적 표현으로 진술하여야 하느냐에 대해서는 많은 연구를 요하는 문제이다. 다만, 여기에서 할 수 있는 주장은 설정된 교육목표가 달성되기 위해 필요한 교육의 과정에 대하여 충분히 시사해 주어야 한다는 것이다.

2) 교육목표 설정의 절차

교육목표를 설정하는 방법은 19세기 이전과 20세기 이후로 양분하여 설명할 수 있다. 자연과학에서 요구하는 과학적이고도 실증적인 연구방법을 교육현상에 접목시키는 시기를 기점으로 하여 교육목표를 설정하는 방법이 바뀌게 된 것이다.

교육현상을 과학적으로 분석하기 이전에는 추상적인 가치를 존중하는 교육목표를 기술해 왔다. 이를테면 Platon의 《Idea의 추구》, J. J. Rousseau의 《자연인의 육성》, J. H. Pestalozzi의 《지・정・의의 조화적 발전》, F. W. A. Fröbel의 《신성의 계발》, E. Spranger의 《문화의 계승과 확충》 등과 같이 위대한 철학가나 교육이상가들에 의해 일방적・권위적인 입장에서 목표를 설정하는 방법이었다. 이와 같은 입장에서의 교육목표 설정방법들을 일컬어 연역적 설정방법이라고 한다.

그러다가 20세기 이후에 들어서면서부터는 현실사회나 학생들의 실태를 실증적으로 조사・분석하여 설정하는 방법을 채택해 왔다. 최근에는 수요자 중심 교육이라는 기치아래 학생의 요구 수준은 말할 것도 없고, 지역사회의 실태나 학부모의 의지까지 조사하여 교육목표를 설정하기에 이르러서 맞춤형 교육이라는 용어까지 등장하게 되었다. 이와 같은 입장에서의 교육목표 설정방법을 귀납적 설정방법이라고 한다.

그런데 교육목표를 연역적으로 설정하는 방법을 사용할 경우에는 설정한 교육목표가 지나치게 추상적・관념적이어서 교육현장에서 교사들이 실제로 교육활동에 적용하기에는 부적절하다는 비판이 제기되었다. 그 이유는 구체적인 방향을 제시하기에 미흡(심재형・고영희, 1998)하기 때문이다. 따라서 보다 현실적인 접근을 시도한다는 측면에서 후자인 교육목표에 대한 귀납적 설정방법의 절차를 제시하고자 한다.

첫째 단계는 교직원의 분단조직이다. 교육목표를 어떤 일부 학자나 지도층 인사 또는 학교행정가들만으로 설정하고 있는 것이 우리 일선학교의 실태이다. 따라서 교사들은 자기가 참여하지 않아서 무관심하고, 설정된 목표에 대한 의식이 박약해서 교실활동 등에 반영하지 않는다. 그러므로 공동연구 조직을 가지고 집단사고에 의해 교육목표를 설정하기 위한 분단을 조직하자는 것이다. 이 분단은 교직원들을 교육목표의 설정 차원에 따라 여러 개의 분단으로 조직 가능하다. 예컨대 사회조사 분단, 학생조사 분단, 교과연구 분단, 국가사회의 이념 분단 등을 조직할 수 있다. 이 경우에 각 분단의 인원수는 학교의 규모에 따라서 다르겠지만, 각 분단마다 10명 내외의 인원으로 구성하여 분단별로 일제히 작업을 하도록 한다.

둘째 단계는 교육목표의 자원을 확보하는 단계이다. 여기에서는 분단별 작업으로, 예를 들면 사회조사 분단의 경우에 사회의 요구문제나 특징, 습관, 성격 등을 관찰, 면접, 답사, 질문, 활동분석, 문헌연구 등의 방법을 통해 연구함으로써 문제를 추출한다. 또한 아동조사 분단이라면 아동의 성장발달의 심리적인 제 특징, 능력, 동기, 흥미, 요구 등을 조사・분석하여 교육목표의 출처 자원을 확보한다.

셋째 단계는 교육목표의 추출 단계이다. 이제까지 확보된 교육목표의 자원 속에서 바람직한 목표를 추출해 낸다. 이 단계야말로 교사들이 전문가와 함께 통찰력, 창의력 그리고 자신의 교육철학을 쏟아놓을 때이다. 이 경우에 교사가 결정해야 할 두 가지 중요한 문제가 있다. 하나는 그것이 과연 이 분야에 있어서 중요한 목표의 자원일 수 있느냐 아니면 그렇지 않느냐의 구별이고, 다른 하나는 그것이 중요한 자원이라면 그 속에서 어떠한 목표를 추출할 것이냐 하는 문제이다. 예컨대 아동조사 분단에서 다음과 같은 자원이 확보되었다고 가정해 보자.

- 어린이는 만화를 좋아한다.
- 어린이는 과자를 좋아한다.
- 어린이는 돈을 잘 달라고 한다.
- 어린이는 잘 운다.

이 경우에 각 자원이 중요한 것인지 아닌지를 먼저 결정해야 하는데, 중요하다면 여기에서 어떤 목표를 추출할 것인가를 연구해야 한다. 만일, '어린이는 만화를 좋아한다.'라는 자원이 별로 중요하지 않다고 생각한 사람은 그것에서 목표를 도출하지 않을 것이다. 그리고 만화를 많이 읽는 것이 좋다고 생각하는 사람은 '많이 읽는 습관을 기른다.'라는 목표를 도출할 것이다. 또 어린이가 만화를 취사선택하여 읽는 것이 좋다고 생각하는 사람은 '질적으로 좋은 만화를 선택할 수 있는 능력을 기른다.'라는 목표가 도출될 수 있다. 이렇게 함으로써 각 분단별로 각 자원에 걸쳐 목표가 추출된다.

넷째 단계에서는 추출된 교육목표를 종합, 분류, 정리 및 검증한다. 전 단계에서 추출된 목표들은 산만하고 무질서하기 때문에 이 단계에서는 우선 중점적으로 종합 · 정리를 해야 한다. 즉 각 분단에서 추출한 목표들의 옳고 그름을 검증하는 것이다. 이와 같이 함으로써 유사한 목표들은 같이 묶고, 상호 모순이나 대립되는 것은 적절하게 조정하며, 교육적 가치가 없는 것은 배제하는 등의 작업을 분단별 혹은 전체 회의에서 해야 한다.

다섯째 단계는 교육목표의 진술 단계이다. 여기에서는 전체가 참여할 필요는 없고 자원별 분단의 대표와 문장구성에 재능이 있는 사람이 협력해서 하면 된다. 이 교육목표의 진술에서 교사는 학교의 일반목표를 비롯하여 교과별 · 단원별 교육목표까지 진술하는 요령에 익숙해야 한다. 그렇게 함으로써 궁극적으로 학교 단위의 교육과정이 수립되는 것이다.

제6장 교육내용의 선정 · 조직과 교과교육

교과교육을 교육활동이 이루어지는 일련의 과정 속에서 논의할 때에 교육목표의 설정이 이루어지고 나면, 그다음 단계는 학습자에게 제공할 교육내용이나 학습경험의 문제가 수반된다. 이에, 제6장에서는 교수 · 학습경험의 선정과 조직에 관한 논의를 교수 · 학습경험의 개념, 교과교육에서의 교수 · 학습경험의 선정 그리고 교과교육에서의 교수 · 학습경험의 조직 등으로 나누어 구명하고자 한다.

1. 교수 · 학습경험의 개념

1) 교수 · 학습경험의 의미

교육의 방향을 제시해 주는 교육목표가 설정되면, 그러한 목표가 충실히 반영된 교육내용이 선정되어야 한다. 교육내용은 교육목표를 달성할 수 있도록 그 목표를 구체적인 교육활동으로 변환시켜 놓은 것이다. 따라서 교육의 성패, 즉 본래 의도한 교육목표의 달성 여부는 어떠한 내용이 선정되느냐에 달려있다고 할 수 있다.

교육내용을 규정짓는 요인에 대해서는 교육과정의 변천과정에 따라 다소 다르게 개념화되었지만, 대체로 다음 두 가지 관점에 기초하고 있다(서울대학교 교육연구소, 1998). 그 하나는 교육내용을 교과내용이나 지식으로 보는 견해이다. 이러한 관점에 따른 교육내용은 인간이 오랜 역사를 통해서 축적한 체계화되고 조직화된 교과지식(subject-knowledge)으로 구성된다. 즉 학문 속에 포함된 사실, 개념, 원리, 일반화, 사고체계 등이 교육의 내용이 될 수 있다. 결국 교육내용이 각 교과영역에 가장 적합한 학문적 지식이나 지식의 구조를 중심으로 선정 및 조직되어야 한다는 것이다. 교과 중심 교육과정이나 학문 중심 교육과정이 바로 이러한 관점에 입각해서 개발되었으며, J. G. Saylor & S. Alexander(1966), R. Peters(1966), P. H. Phenix(1964), P. Hirst(1968), H. S. Broudy(1964), J. S. Bruner(1960) 등은 이러한 접근을 옹호하는 대표적인 학자들이다.

또 하나는 교육내용을 학습경험 혹은 학습과정으로 보는 견해이다. 교육내용을 학습경험으로 보는 견해는 인간의 지식이 개인 또는 사회의 필요에 의해 효과적으로 이용되었을 때에 가치가 있다는 경험 중심 교육관에 기초한다. 또한 학습은 학습자와 그 주변 환경 간의 부단한 상호작용, 즉 총체적인 경험을 통해 이루어진다고 가정한다. 학습자 개인의 학습경험을 강조하는 관점인 것이다. 여기에서 학습경험이란 L. L. Tyler(1985)에 의하면, 학습자가 학습활동에 참여해서 도출해 낸 개인적 의미(meaning)와 중요성(significance)을 일컫는다.

R. Hyman(1973)은 이러한 관점을 바탕으로 교육내용을 "지식(예 : 사실, 설명, 원리, 정의), 기능 및 제 과정(예 : 읽기, 쓰기, 셈하기, 춤추기, 비판적 사고하기, 의사결정하기, 의사교환하기)과 제 가치(예 : 선악, 정오, 미추 등의 문제에 관한 신념)"로 정의하고 있다. 이처럼 교육내용이 교과지식으로만 한정되지 않고 지식습득과 관계되는 제반 활동 및 과정들로 구성되어야 한다. 이러한 견해는 R. W. Tyler(1949), F. Bobbitt(1924), H. L. Caswell & D. S. Campbell(1935), J. S. Parker & L. J. Rubin(1966), R. Hyman(1973) 등에 의해서 선도되었으며, 경험 중심 교육과정의 핵심이 되었다.

이와 같이 교육내용은 교육과정 개발자의 철학에 따라 교과내용(지식) 또는 학습경험(학습과정)으로 나뉜다. 그러나 학습은 학습해야 할 내용과 그에 수반되는 학습과정의 활동을 통해 가능하기 때문에 교과내용과 학습경험은 별개의 것이 될 수 없다. H. Taba(1962)는 "내용과 과정 모두가 유익하고 유의미할 때에만 효과적인 학습이라고 말할 수 있다."라고 주장하였다. 따라서 극단적인 관점을 지지하는 것은 지양되어야 한다. 교육내용은 교과내용과 학습경험 모두를 적절히 포함하고 있을 때에 비로소 교육적인 가치가 있는 것이다.

2) 교과내용과 학습경험

교과내용과 학습경험이 별개의 것이 아니라는 점은 전술한 바 있다. 교과는 내용과 과정의 양면을 가지고 있으며 분리될 수 없는 성실의 것이다. 특정 지식이나 원리에 도달하는 지적 과정 혹은 탐구과정을 거치지 않고 해당 지식이나 원리를 완전히 이해한다는 것은 근본적으로 불가능하다는 사실이 이를 뒷받침해 준다. 따라서 교육목표를 달성하기 위한 교육내용을 교과내용으로 보는 관점과 학습경험을 통해서 교육목표를 달성하려는 견해는 상호 보완적이어야 한다. 이들 두 관점이 각각 중요시하는 대상이 어떤 것인지를 심재형 · 고영희(1998)의 주장을 토대로 구명해 본다.

(1) 교과내용으로 보는 관점

교육내용을 교과내용과 동일시할 때에는 종래의 교과들을 중요시하고, 만일 적절한 교과를 제시하지 못할 경우의 교육은 실효성이 없다고 생각한다. 초등학교만 하더라도 세계 여러나라에서 여러 교과들이 교육목표 달성을 위해 도입되고 있는데, 어떤 조사에 의하면 73개국의 교육과정에 상이한 352종의 교과목이 있는 것으로 나타났다. 종교과목이 있는가 하면 초등학교부터 외국어를 도입하는 나라도 있다. 우리나라의 초등학교 교과 역시 대략 세계 공통적인 교과 추세를 따른 것이다. 따라서 초등학교의 구체적인 교육방침이 초등학교에서 지도하는 교과 하나하나를 지적해서 진술한 것은 아니며, 그 중심 개념과 가까운 교과들을 상관시켜서 기술한 것이다.

이와 같이 교육내용을 교과별로 보는 관점은 해당 교과를 가지고 소기의 교육목표를 달성하고자 한다. 오늘날 학문 중심 교육과정에서는 교과의 가치와 그 내용 정선(精選)에 관심을 가지고 연구되고 있다. 그러나 문제는 어떠한 교과, 어떠한 내용이 아무리 잘 선정되었다고 해도 그것을 학습하는 학생의 학습경험 여하에 따라 교육목표 달성의 성패가 좌우된다는 점이다. 이를 비추어 볼 때에 교육내용을 학습경험으로 보는 견해에 더욱 주의를 기울이지 않을 수 없다.

(2) 학습경험으로 보는 관점

교육내용을 학습경험으로 보는 관점에서 학습이란 경험활동을 통해서 이루어지는 것이기 때문에, 어떤 경험이나 활동이 행해지지 않으면 학습도 일어나지 않는다고 생각한다. 그러므로 어떤 교육목표를 달성하기 위해 학습하는 학생의 경험을 어떻게 마련할 것인가에 대한 고려가 교육과정 구성에 매우 중요한 것이다. 즉 어떤 교과내용을 부여할 것인가가 문제가 아니라, 어떠한 학습경험을 하도록 할 것인가 하는 방향에서 내용선정이 이루어져야 한다. 이러한 입장에서 Tyler(1950)나 정범모(1961)는 학습경험에는 그 목표에 따라서 다음과 같은 여러 유형이 있다고 지적하고 있다.

① 지식·이해의 함양을 위한 학습경험 : 꼭 필요한 지식의 습득과 이해를 위한 목표달성을 위해 지식내용 그 자체의 가치보다 기능적인 가치에서 선택된 사실, 원리, 법칙, 정의, 이론 등이 중핵이 되는 학습경험이다.

② 사고력 함양을 위한 학습경험 : 문제해결 과정에서 요구되는 사고를 적절히 기능적으로 할 수 있는 학습경험이다.

③ 사회적 태도함양을 위한 학습경험 : 인성적, 사회적인 면에서 바람직한 인간관계나 사회적 관계를 유지·발전시켜 나아갈 수 있는 학습경험이다.

④ 흥미함양을 위한 학습경험 : 다양한 활동에 동기체제의 역할을 할 수 있는 학습경험이다.

⑤ 감상력 함양을 위한 학습경험 : 어떠한 작품이나 현상을 깊고 폭넓게 음미, 평가해 보려는 학습경험이다.

⑥ 기능함양을 위한 학습경험 : 운동적, 정의적, 사회적 혹은 지적인 기능을 기르기 위한 학습경험이다.

2. 교과교육에서의 교수 · 학습경험의 선정

1) 교수 · 학습경험 선정의 일반적 준거

교수 · 학습경험의 선정준거는 교육내용을 어떻게 보느냐에 따라 매우 다양하다. 교육내용을 교과내용이나 지식 중심으로 간주하는 H. Taba(1962)는 타당성과 유의미성, 폭과 깊이의 균형, 사회적 실재와의 일치, 광범위한 목적을 위한 대책, 학생들의 경험에 대한 적응력과 학습능력, 학생의 욕구 및 흥미에의 적절성 등을 교수 · 학습경험 선정의 준거로 제안하고 있다. 그리고 교육내용을 학습경험으로 보는 R. W. Tyler(1949)는 기회, 만족, 가능성, 다목적 다경험, 동경험 다목적 등의 준거를 제시한다. 또한 이영덕(1990)은 교과내용과 학습경험을 통합적으로 보는 입장에서 교육목표와의 일관성, 지식의 참신성과 신뢰성, 내용의 전이가치 혹은 활용범위, 탐구정신 및 방법의 반영도, 넓이와 깊이의 균형성, 다목표 달성도, 학생에의 타당성 등의 준거를 제시하고 있다(서울대학교 교육연구소, 1998. 재인용). 그 밖에 J. D. McNeil, M. Print, 이성호 등 교육과정을 연구하는 많은 연구자들은 매우 다양한 선정준거를 제시하고 있는데, 이들 내용을 정리하면 <표 6-1>과 같다.

〈표 6-1〉 교수·학습경험의 선정준거

연구자	선 정 준 거
Tyler(1949)	① 기회 ② 만족 ③ 가능성 ④ 다목적 다경험 ⑤ 동경험 다목적
Smith 등(1957)	① 중요성 ② 생존 ③ 유용성 ④ 흥미 ⑤ 사회발전
Taba(1962)	① 타당성과 유의미성 ② 폭과 깊이의 균형 ③ 사회적 실재와의 일치 ④ 광범위한 목적을 위한 대책 ⑤ 학생들의 경험에 대한 적응력과 학습능력 ⑥ 학생의 욕구 및 흥미에의 적절성
Schubert(1985)	① 사회적 욕구 ② 생존의 검증 ③ 학문의 구조 ④ 유용성 ⑤ 출판업자의 결정 ⑥ 정치적 압력 ⑦ 학습자의 흥미 ⑧ 민주적 행위
McNeil(1985)	① 철학적 ② 심리학적 ③ 공학적 ④ 정치적 ⑤ 실용성
Ornstein & Hunkins(1988)	① 자급자족 ② 유용성 ③ 타당성 ④ 흥미 ⑤ 효용성 ⑥ 실행 가능성
Print(1993)	① 중요성 ② 타당성 ③ 사회적 관련성 ④ 유용성 ⑤ 학습 가능성 ⑥ 흥미
이성호(1985)	① 타당성과 유의미성 ② 유용성 ③ 학습 가능성 ④ 내·외적 관련성 ⑤ 인간발달
이영덕(1990)	① 교육목표와의 일관성 ② 지식의 참신성과 신뢰성 ③ 내용의 전이가치 혹은 활용범위 ④ 탐구정신 및 방법의 반영도 ⑤ 넓이와 깊이의 균형성 ⑥ 다목표 달성도 ⑦ 학생에의 타당성
이경섭(1993)	① 기초적인 것 ② 학문의 구조 ③ 탐구방법 ④ 경제성 ⑤ 교육목표와의 관련성 ⑥ 학습자의 학습가능성 ⑦ 사회에의 적합성

*자료 : 서울대학교 교육연구소(1998). 교육학 대백과사전. 제1권. 춘천 : 하우동설. p.585. 재인용.

위의 여러 가지 준거 중에서 ① 중요성 ② 타당성 ③ 유용성 ④ 학습

가능성 ⑤ 사회적 관련성 등은 공통적으로 수락되는 기준이라고 할 수 있는데, 이러한 선정준거에 대해서 구체적으로 살펴보면 다음과 같다.

첫째, 내용의 중요성이다. 이 준거는 선정될 내용이 해당 학문영역에서 어떤 위치를 점유하는지를 판단하는 데에 적용된다. 이 기준에 따라 가장 가치 있다고 인정되는 내용이 선정된다. 또한 더 정교화 및 전문화된 내용을 습득하기 위해서 요구되는 가장 기초적인 내용도 이 기준에 의하여 선정될 것이다. 어떤 교과를 구성하고 있는 '지식의 기본 구조'가 선정되면 학습자는 해당 교과의 교육내용을 능률적으로 학습할 수 있고, 또 다른 교과영역에도 쉽게 적용할 수 있게 된다. 중요성의 준거는 교과 중심 교육과정에서 교수 · 학습경험 선정의 핵심적인 준거가 되었으며, 1960년대 학문중심 교육과정이 출현하면서 매우 합리적인 기준으로 부각되었다. 이후에 이 준거는 교육과정에 어떤 내용을 포함할 것인가를 결정할 때에 많이 적용되고 있다.

둘째, 내용의 타당성이다. 이 기준은 교육내용이 교육목표 달성과 관련하여 참되고 진실한 것인지를 결정한다. 특히 급변하는 현대사회에서는 교육내용의 타당성 문제가 심각하다. 어떤 분야의 교육내용은 그것이 학습자의 손에 닿기 전에 무의미하게 되는 경우도 있다. 이러한 타당성의 기준은 교육과정 내용을 선정할 당시에 검증되어야 한다. 그러나 원래 타당하다고 판단된 내용이 그 타당성을 계속해서 유지하고 있는지를 결정하기 위해서는 규칙적으로 그 내용의 타당성을 검증해 볼 필요가 있다. 또한 이 준거는 내용과 목표 간의 관계성에 의해서 측정될 수 있다. 즉 선정된 내용은 교육과정의 목표와 일치하는 정도에 따라서 타당하다고 할 수 있다.

셋째, 내용의 유용성이다. '사회적 효율성 준거'라고도 하는 이 준거는 학습자가 자신의 실제 생활을 효과적으로 영위하기 위해서 어떤 내용을 알아야 할 필요가 있는가를 결정하는 준거이다. 선정될 교수 · 학습경험은 학습자 현재의 요구 혹은 미래의 성인활동 수행에 유용해야 한다. 유용성 준거는 사회적 관련성 준거와 다소 유사하지만, 학습자 측면에서의 유용성을 강조한다는 점에서 사회적 관련성 준거와 구별된다.

유용성은 교육과정 개발자들이 유용성을 어떻게 정의하느냐에 따라 교육과정 설계에 많은 영향을 미치게 된다. 이에 대하여 A. C. Ornstein & F. P. Hunkins(1988)는 교과 중심의 설계를 주장하는 사람들에게 있어서 유용성이란 학생들이 학습할 내용과 그 이후의 직무상황 혹은 성인활동 간의 관계에 근거하여 학습한 내용을 이용할 수 있는 것과 관계가 있다고 보았다. 또 학습자 중심의 설계를 주장하는 사람들에게 있어서의 유용성은 학습내용이 개인에게 자신의 생활에 의미 있도록 하는 방법과 관계가 있으며, 문제 중심의 설계를 주장하는 사람들에게 있어서의 유용성은 내용이 현재 진행 중인 생활과 사회적·정치적 논제 등에 직접적으로 적용할 수 있는 것이라고 주장한 바 있다.

넷째, 내용의 학습 가능성이다. 이 기준은 교육내용이나 학습경험을 선정함에 있어서 학습자가 학습할 수 있는 내용을 선정해야 한다는 것을 의미한다. 즉 학습자에게 학습이 가능한 내용이어야 한다는 것이다. 학습자는 교육내용을 직접 학습할 대상이므로 그들의 학습준비도, 경험, 욕구, 흥미 등이 반영된 교수·학습경험이 선정되어야 하는 것은 당연하다. 그러나 지나치게 교수·학습경험이 학습자 중심으로 선정될 경우에는 중요성이나 타당성 준거와 상충될 수 있다는 점을 주의해야 한다.

다섯째, 내용의 사회적 관련성이다. 이 준거는 '사회적 가치', '사회발전', '인간발달' 등으로 표현되기도 한다. 학교의 기능 중의 하나는 사회의 다양한 요구를 충족시키는 일인데, 사회적 관련성 준거에 따라 사회의 모든 영역에 적합한 내용이 교수·학습경험에 선정되어야 한다. 즉 사회를 유지하고 변화시키는 데 가치가 있다고 생각되는 사회문제, 제도, 인간의 정서, 도덕적 가치 그리고 민주주의의 원리와 가치 등과 관련된 내용이 교수·학습경험에 반영되어야 한다. 그러나 이 준거는 학교의 기능이 사회질서의 유지 및 창조에만 있음을 의미하지는 않는다.

이상에서 논의한 교수·학습경험 선정준거들은 교육과정 개발과정에서 반드시 적용되어야 할 준거들이다. 물론 교과특성에 따라 그 나름대로의 독특한 교수·학습경험 선정의 준거가 있겠지만, 위에서 제시한 준거들은 교수·학습경험의 선정과 평가의 방향을 안내해 줄 수 있으며 일반적으로 적용 가능한 준거들이다.

교수·학습경험의 다섯 가지 선정준거 가운데 특별한 관심이 요구되는 준거 2가지가 있다. 첫 번째는 내용의 타당성 준거이다. 지식의 폭발 시대로 표현되는 현대사회에서 제공되는 지식과 경험이 의도한 교육목표에 타당한지를 엄밀히 검증할 필요가 있는 것이다. 이 준거의 역할은 더 이상 타당하지 못한 내용을 제외시키고 타당성이 입증된 새로운 내용을 첨가시키는 데에 있다. 두 번째는 사회적 관련성 준거이다. 사회의 기능이 팽창해 감에 따라 사회 각계각층에서 학교에 요구하는 사항도 많아졌다. 그 결과, 특정 집단의 압력이 교수·학습경험의 선정에 작용되는 경우가 많다. 따라서 이 준거는 교수·학습경험에 특정한 가치가 부당하게 주입되거나 과장 및 왜곡되어 선정되는 것을 방지하는 기준이 될 것이다.

2) 교수 · 학습경험 선정의 내재적 기준과 외재적 기준

학생들에게 학습경험을 제공하기 위해 교과에 담는 내용이 이미 설정해 놓은 교육목표의 달성에 가장 효과적인 것이어야 한다는 점은 여러 번 강조되어 왔다. 교수·학습경험의 내용은 목표달성을 위한 최선의 수단이 될 수 있어야 한다. 이 경우에 교과의 가치는 교육목표의 달성 여부에 있다. 따라서 교수·학습경험의 내용은 그 자체로서 가치 있다기보다는 그것이 목표달성에 얼마나 유용한가에 달려 있다. 이것은 교과내용의 가치를 교과 외적인 것, 즉 학습자의 흥미나 필요, 사회적 요구 등을 조사하여 정해진 목표 달성의 수단으로서 적절한가에 두기 때문에 교수·학습경험 선정의 외재적 기준이라고 한다.

그러나 이와는 다르게 교과가 그 자체로서 가르칠 만한 가치가 있기 때문에 가르쳐야 한다고 하는 주장도 있다. 이때의 교과는 미리 제시된 교육목표를 달성하기 위한 효과적인 수단으로 가치 있는 것이 아니라, 그 자체로서의 내재적인 가치를 갖는다는 것이다. 이 경우에 교과는 지식 그 자체의 성격이나 본질에 충실해서 선택되는데, 이를 가리켜 교수·학습경험 선정의 내재적 기준이라고 한다.

이와 같이 가르칠 내용에 대한 선정기준에는 서로 대립되는 두 가지가 있다. 첫 번째는 일단 교육목적이 설정되고 나면 그 목적을 달성하기 위한 가장 효과적인 내용을 선정해야 한다는 주장이다. 이와는 달리 두 번째 주장은 가르칠 내용이 어떤 목적을 달성하기 위한 수단으로 선택되는 것이 아니라, 그 자체가 가치 있는 것이기 때문에 선택되어야 한다는 주장이다. 전자는 교과를 도구적·수단적으로 정당화하는 입장으로서 이들은 외재적 기준에 의해 교과내용을 선정한다. 반면에 후자는 교과의 내용을 내재적으로 정당화하는 입장이며, 이들은 교과의 내용이 되는 학문의 내재적 기준에 의해 교과내용을 선정한다. 이홍우(1997)는 이를 교육과정의 목표모형과 내용모형으로 구분하여 설명한 바 있다. 전자는 R. W. Tyler의 교육내용관이 대표적이며, 후자는 학문 중심 교육과정에서의 교육내용관이 대표적이다. 이 두 입장에서의 교과내용에 대한 선정기준은 서로 대립된다. 후자의 입장에서 교과내용에 대한 선정기준을 제한 학자로는 학문 중심 교육과정을 대표하는 Bruner, Peters, Hirst 등이 있다. 특히 Hirst는 학문 자체에 대한 논리적인 분석을 토대로 교과의 내용을 선정해야 한다고 주장하였다.

한편, 교과의 내용선정에서 외재적 기준을 적용하는 R. W. Tyler의 경우에는 교과의 내용을 선정하기 위해서는 무엇보다도 목표에 대한 상세화가 필요하며, 이것을 근거로 교수·학습경험이 선정된다고 하였다. 그는 교육내용, 즉 학습경험의 선정문제는 정해진 교육목표를 달성하기 위하여 학습경험을 결정하는 일과 학생들의 학습경험을 유도할 수 있는 외적 조건을 형성하는 일이라고 하였다. 그에게 있어서 교수·학습경험의 선정은 정해진 목표를 달성하기 위한 수단의 선택문제이다. 따라서 교수·학습경험 선정에 있어서는 지식의 본질에 관한 탐구보다 교육목표의 설정이 더욱 중요하다.

교수·학습경험의 선정은 목표가 정해진 후에야 비로소 가능하다. 그러나 학문 중심의 교육과정 학자들은 지식 자체에 대한 분석을 토대로 지식의 성격을 충실히 반영할 수 있는 교수·학습경험을 선정해야 한다고 주장한다. 이러한 두 가지의 대립되는 관점은 교육목적의 정당화에 관한 두 가지 주장, 즉 내재적 정당화와 외재적 정당화와 관련이 있다.

3) 교수·학습경험 선정에서의 유용성

기존의 교과내용은 실생활의 유용성보다는 학문적인 기준에 얼마나 부합되는지가 교수·학습경험 선정에 더 크게 작용하였다. 학문적 가치가 교수·학습경험 선정의 자원이 되는 경우에 교과는 해당 교과만이 가지는 내재적 가치가 주목을 받게 된다.

교수·학습경험의 선정근거가 학문에 있다고 해도 그것을 배우는 학습자 측면에서의 유용성이나 국가·사회적 차원에서의 유용성 등을 고려하지 않을 수 없다. 따라서 교수·학습경험의 선정에 있어서는 교과 자체의 내재적 기준과 함께 유용성의 측면을 고려하게 된다. 특히, 이 중에서도 교육의 수혜자인 학습자 측면에서의 유용성은 교수·학습경험 선정에서의 중요한 기준이 된다. 이에 대하여 이돈희 외 7인(1995)은 교육의 기본 요소에는 교육받는 대상으로서의 학습자와 교육적 가치를 지닌 내용 그리고 대상과 내용 간의 관계가 있다고 하였다. 어떤 지식이나 기술도 그 자체로서 교육적 가치를 지니는 것은 아니다. 교육내용의 교육적 가치는 그 내용이 교육의 대상인 학습자의 유의미한 성장에 적극적으로 관련될 때에 인정받을 수 있다. 따라서 교과의 가치는 존재론적으로 주어지는 것이 아니라 대상과의 관계에서 성립되는 것이라고 할 수 있다.

또한 H. Spencer는 무엇을 가르칠 것인가에 대한 기준으로서의 유용성을 제시하였다. 그는 어떤 지식이 가르칠 만한 가치가 있는가 라는 질문에 대하여 사람이 살아가는 데 유용한 과학적 지식이라고 답한 바 있다. 그의 이러한 대답은 그 당시 지배적인 교과였던 7자유과가 사람이 살아가는 데 있어서 별로 유용하지 않다는 생각에서 나온 것이다(김경배 · 김재건 · 이홍숙, 2001). 이러한 지식은 생활에는 별로 유용하지 않은 장식적인 지식에 불과한 것이다. 따라서 그는 사람이 살아가는 데 유용한 지식을 가르쳐야 한다고 주장하면서 그 예로 다음과 같은 내용을 들고 있다.

① 인간의 자기 보존에 직접적으로 관계되는 지식인 생리학
② 생활필수품을 획득하는 데 사용되는 지식으로서 인간의 자기 보존에 간접적으로 관련되는 물리학, 화학, 수학, 사회학
③ 자녀의 양육과 교육에 관계되는 지식으로서의 심리학과 지적 · 도덕적 발달에 관한 지식
④ 적절한 사회 · 정치적 관계를 유지하는 데 필요한 지식으로서의 기술 · 사회학과 역사
⑤ 개인적인 취미와 기호를 만족시키기 위한 여가활동에 관련한 지식으로서의 심미적 문화

한편, 교과의 유용성은 학습자 측면에서의 유용성뿐만 아니라 사회 · 정치적 측면과 교육목적의 측면에서도 고려될 수 있다. 즉 교과의 내용이 교육에 대한 사회적 요구, 의사결정자의 요구나 정책에 얼마나 잘 부합하는지 그리고 학교가 세워놓은 목표에 얼마나 효과적으로 달성될 수 있는지를 따져보아야 한다. 이러한 교육내용의 유용성이 교과내용의 선정에서 중요하게 고려되는 것이다.

4) 교수 · 학습경험 선정의 방법

교육목표를 설정하고 나면 학생으로 하여금 목표에 도달할 수 있도록 하기 위하여 적절한 학습경험을 선정해야 한다. 교수 · 학습경험을 선정하는 종래의 전통적인 방법은 교과목의 분야별로 전문가나 실제 적용에 능한 사람들이 필요하다고 지적하는 기존의 지식을 논리적으로 체계화하여 배열해 온 것이다. 오늘날은 학습경험의 내용이 고정된 기성문화재에만 의존할 수 없을 뿐더러 종래의 방법으로도 만족할 수 없다. 학습경험의 선정이란 학습해야 할 영역 또는 범위(scope)를 말하며, 그 경험을 어떠한 영역으로부터 선정하느냐가 관건이다.

학습범위를 한정해서 학습경험을 선정하는 방법이 미국에서는 여러 가지로 연구되고 있으나, 대체로 다음 두 가지의 대립된 경향을 볼 수 있다. 즉 보편주의적 선정방법과 역사주의적 선정방법이다. 전자의 경우는 아무리 사회변천이 여러 가지 영역에서 다양해도 불변하며 원리적 · 기초적 · 항구적인 내용을 학습경험의 내용으로 삼자는 주장이다. 이에 반하여, 후자는 사회변천에 따른 민감한 역사적 현실의 구체적인 문제를 학습경험의 내용으로 삼자는 주장이다. 전자가 학문탐구 중심이나 교과지식 중심으로 본질주의(Essentialism)에 터하고 있다면, 후자는 경험 중심이나 생활 중심을 강조하는 영역으로서 경험주의(Experimentalism)에 근거한 견해라고 할 수 있다. 이상의 두 가지 방법 중에서 어느 것이 옳으냐에 관해서는 단정적으로 말할 수 없다. 그 이유는 교육에 관한 세계적인 사조와 각 국가의 당면과제 및 이념에 따라 다를 수 있기 때문이다. 다만 사회발전의 추세로 보건대 양자를 적절히 구사해서 선정할 필요가 있다.

앞서 밝힌 미국에서 학습범위를 한정하여 선정한 방법으로는 기성문화를 유일한 자원으로 한 '교과서법'을 비롯하여 1920~30년대에 F. Bobbitt, W. W. Charters 그리고 H. Harap 등이 중심이 되어 활발히 연구되었던 '활동분석법'을 들 수 있다. 이것은 인간의 생활활동을 과학적으로 분석해서 그 활동영역을 내용으로 삼자는 것이다. 그러나 이 방법은 H. Alberty의 비판에 의해 모순이 지적되었고, 그 후에 Peabody 사범대학의 교수였던 H. L. Caswell을 비롯한 D. S. Campbell, J. C. Chapman, G. C. Counts 등의 연구로 '사회기능법'이 등장하였다. 이는 사회성원으로서 인간의 필요를 논리적으로 분석하고 실태조사를 통해 얻은 문제를 토대로 학습경험을 선정하자는 방법이다.

그러나 이상의 방법들은 성인 중심 경향이다. 그리하여 1940년대 즉 제2차 세계대전 초기부터 전쟁 후까지 계속 연구되어 온 것이 L. T. Hopkins를 대표하는 '청소년욕구법'이다. Hopkins는 "경험은 학습자가 정말 필요하다고 느낄 때에 비로소 계속적인 성장이 있으며, 개인은 자기 자신의 사회성, 통합, 계속적인 발전, 창조와 같은 경험을 성취시킬 필요에서 활동하는 것이다."라고 주장했다. 즉, 학습자의 필요, 흥미, 관심 등의 욕구를 중심으로 학습경험이 선정되어야 함을 의미한다. 이는 종래의 방법이 지식문화나 성인 중심의 사회관에 편중한 나머지 학생들에게 학습효과의 부진을 초래하였다는 반성에서 연구되었다.

이상에서 설명한 교과서법, 활동분석법, 사회기능법 그리고 청소년욕구법 등은 대체로 문화적인 지식에서 출발하여 현실적인 사회에서의 사회와 인간과의 유기적 기능으로 그리고 다시 아동 중심의 원리로 변천되어 왔음을 볼 수 있다. 결과적으로 개인과 사회라는 양면에서 학습경험이 마련되어야 한다는 경향으로 발전해 온 셈이다. 그러나 개인을 중심으로 한 교육과정이나 사회를 중심으로 한 교육과정 모두 현대교육에서 바라는 인간상으로의 형성계획으로는 결함이 있다.

이에, 인간을 사회적인 개인이라는 견지에서 보다 종합적인 생활문제를 중심으로 학습경험을 선정하려는 노력이 대두되었는데, 바로 1945년 이후에 H. Alberty와 H. L. Forkner 등에 의하여 연구된 '문제영역법'이다. 이는 '인간의 항상적 생활국면'의 분석에 의한 것으로서 개인의 성장과 발달이 환경과의 상호작용에서 이루어지는 이상, 이러한 상호작용을 이루는 장이 곧 학습자가 성장하는 장이며, 거기에서 경험의 자료를 선정해야 한다는 것이다.

3. 교과교육에서의 교수 · 학습경험의 조직

1) 교수 · 학습경험 조직의 일반적인 준거

교수 · 학습경험의 선정준거에 따라 교수 · 학습경험이 결정되면, 교육목표 달성을 위해 효율적인 방법으로 학습경험이 조직되어야 한다. 교수 · 학습경험을 조직하는 궁극적인 목적은 학습자가 보다 쉽게 교수 · 학습경험에 접근해서 의도한 교육목표를 성취하는 데 있다. 몇몇 연구자들이 제안한 준거를 살펴보면 <표 6-2>와 같다.

〈표 6-2〉 교수 · 학습경험의 조직준거

연구자	조직준거
Tyler(1949)	계속성, 계열성, 통합성
Briggs(1967)	수직구조, 위계구조, 평면구조
Anderson(1971)	공통성, 진보성
Schrader(1972)	계속성, 나선성, 일관성, 통합성
이성호(1985)	계열성, 계속성, 범위, 통합성, 균형성
이경섭(1996)	위계화, 계열화, 통합화

*자료 : 이경섭(1996). "교육과정 내용조직에 있어서의 주요 쟁점." 교육과정연구. 14(1). 212-234. 서울 : 한국교육과정학회. 재인용.

<표 6-2>에서 보듯이, 많은 연구자들이 제안한 교수 · 학습경험의 조직준거는 대부분 R. W. Tyler의 준거를 바탕으로 하고 있다. Tyler가 제시한 준거는 하나의 법칙처럼 교육과정 연구자들 사이에서 널리 통용되고 있는데, 여기에서는 계속성, 계열성 그리고 통합성 준거를 중심으로 살펴보겠다.

첫째, 계속성의 준거이다. 이는 교수 · 학습경험의 조직준거 중 수직적인 측면에 해당하는 기준으로서, 교육목표를 달성하기 위해서는 교수 · 학습경험의 여러 요소가 계속해서 반복되어야 한다는 것이다. 즉 중요한 개념이나 원리는 일회적 경험으로는 의미 있는 학습효과를 기대하기 어렵기 때문에 반복적인 제시를 통해서 누적적인 효과를 얻고자 한다. 그러나 어떤 내용을 어느 정도 계속할 것인가의 문제를 결정해야만 한다. 계속성의 준거를 적용하는 데에는 다음과 같은 세 가지 방식을 고려해 볼 수 있다.

- 교과내용 분야에서 계속성을 꾀하는 일
- 각급학교 수준과 동일한 수준에서의 교과목 상호 간에 계속성을 기하는 일
- 개개 학습자의 경험 속에서 계속성을 꾀하는 것

둘째, 계열성의 준거이다. 교수 · 학습경험의 조직준거에 있어서 계속성의 준거와 함께 수직적인 측면에 해당하는 준거이다. 이는 교육목표를 달성하기 위해서 교수 · 학습경험이 단순히 반복적으로 제시되어야 하는 것이 아니라, 선수학습 혹은 인지발달 단계와 관련하여 이전 내용보다 깊이와 넓이가 더 심화 · 확대되어야 한다는 것을 의미한다.

계열성을 바탕으로 한 교수 · 학습경험의 조직에는 두 가지 접근 방법이 있다. 그 하나는 선수학습관(prerequisite learnings)에 따른 내용의 조직으로서 교육내용을 학문의 구조나 본질에 의하여 순차적으로 계열화시킨 후에 귀납적 혹은 연역적 방법으로 학습하도록 하는 방법이다. 이 준거는 물리학이나 기하학과 같이 주로 법칙이나 원리로 되어 있는 교과에 적용된다. R. M. Gagné(1985)의 학습위계, Bruner(1960)의 나선형 교육과정 그리고 L. J.

Briggs(1968)의 위계구조 등이 대표적인 예이다. 그러나 이러한 방법은 학습 위계의 존재 여부나 학습단계의 기술 가능성에 그 성패가 달려 있다. 또 하나는 학습자의 인지발달 단계에 따라 내용을 조직하는 방법이다. 학습자의 다양한 발달단계를 고려해 볼 때, 교육내용 조직의 계열성 준거를 학문 혹은 교과구조의 본질에 국한시킬 수 없다는 주장이다. 즉 학습자의 발달단계에 알맞은 교육과정을 구성하여 인간발달의 계열성과 상호 관련시켜 조직하는 원리이다. 그러나 교육내용을 계열화하여 조직하는 데 있어서 J. Piaget와 L. A. Kohlberg의 발달이론을 구체적으로 어떻게 관련시킬 것인지에 대한 연구는 미흡한 상태이다.

지금까지 살펴 본 바와 같이 전통적인 선수학습관에 따른 계열성과 인지발달에 따른 계열성은 그 가정과 목적 그리고 기대하는 결과에 이르기까지 서로 다르다. 그런데 이 두 가지 계열화에 대한 체계적인 후속연구가 많이 발표되지 않고 있음과 아울러, 이들 두 계열화를 실천을 통해 평가한 연구도 거의 발견되지 않고 있어서 그 효과 역시 어느 방식이 우위에 있는지를 알 수 없는 실정이다.

셋째, 통합성의 준거이다. 교육과정 조직의 수평적인 측면에 해당하는 것으로서, 개념이나 기술 등과 같은 여러 가지 교육내용 구성요소가 상호 보강될 수 있도록 밀접하게 관계 짓는 것을 말한다. 즉 개별교과에 따라 각기 고립된 교육내용의 세공을 지양하고, 학습자에게 통합된 교육내용을 제공함으로써 학습자의 발달에 기여하고자 함이다. 그러나 동일교과 내의 내용이나 경험들을 관련시키는 문제, 교과들 간의 관계성, 심지어 학교 내의 교육경험을 외부세계와 어떻게 상호 관련시키느냐의 문제가 있다.

교육과정의 내용을 통합하려는 움직임은 진보주의 교육운동에 영향을 받았다. 그들이 시도했던 통합방향은 상관형, 융합형, 광역형, 중핵형 등이다. 그러나 1960년대 이후에는 교과목이나 학습경험의 공통 요소에 의한 통합이 아니라 학문에서의 통합을 강조하였다. 우리나라에서는 김재복(1980) 등이 주도한 통합준거에 따른 교육과정을 제5차 교육과정부터 초등학교 수준에서 적용·운영하고 있다.

이경섭(1996)은 통합성을 꾀하는 데 불러일으킬 수 있는 주요 쟁점들을 교육과정 내용통합의 의도, 통합내용, 통합수준별로 나누어 다음과 같이 밝히고 있다. 첫째는 교육과정 내용을 통합하는 의도가 개체의 인격, 행동, 경험의 통합에 있느냐 또는 일정 내용을 일정 준거에 따라 통합하는 내용 자체의 통합인가 하는 점이다. 둘째는 교과과정 내용의 전체 통합을 지향하느냐 혹은 광역 내 내용만의 통합을 지향하느냐이다. 셋째는 내용통합의 수준을 간(間)학문적(inter-disciplinary), 다(多)학문적(multi-disciplinary), 관(貫)학문적(cross-disciplinary), 초(超)학문적(trans-disciplinary)인 것 중에서 어느 것으로 하느냐의 문제이다.

지금까지 살펴 본 교육내용의 세 가지 조직준거는 수직적인 조직차원과 수평적인 조직차원을 나타낸 것이다. 교육내용은 이 두 조직차원이 상호 조화와 균형을 유지하도록 조직되었을 때에 그 효과를 극대화할 수 있다. 이러한 조화와 균형은 교육내용의 실질적인 수혜자라고 할 수 있는 학습자 측면을 고려해서 조직되지 않고 교수자나 학문의 체계만을 중심으로 조직된다면 유지되기 어려울 것이다. 그러므로 학습자의 학습준비도, 발달단계, 동기수준 등이 최대한으로 반영되도록 조직되어야 한다.

2) 교수·학습경험의 통합적인 조직

한국의 교육과정에서 교수·학습경험의 통합적인 조직이 이루어진 것은 1981년의 제4차 교육과정기부터이다. 초등학교 1학년의 3월 교재인 《우리들은 1학년》과 1, 2학년의 《바른 생활》, 《슬기로운 생활》 그리고 《즐거운 생활》이 바로 그것이다. 초등학교 1, 2학년의 교과는 이전의 8개 교과를 이 3권의 교과로 통합하였다. 중학교와 고등학교 교과서에서도 역시 교과

간의 통합적 조직을 살펴볼 수 있는데, 과학이나 사회 등의 교과가 그러하다. 이것은 통합의 정도에서 볼 때에 가장 약한 의미의 통합이다(김경배 · 김재건 · 이홍숙, 2001).

근래에 들어서 강조되는 교과에 대한 통합적인 조직의 경향성은 평가에도 반영되고 있어서 교과 간의 통합적인 문제가 출제되기도 한다. 이러한 문제를 해결하기 위해서는 여러 교과에서의 지식을 동원해야 한다. 따라서 학교에서는 교과 간의 통합적인 이해를 위한 통합적인 조직이나 교수가 필요하다.

교과의 조직은 교과의 다른 운영 원리와 마찬가지로 교과교육의 목적이나 교육과정관에 영향을 받는다. 즉 교과를 어떻게 조직할 것인가는 교육과정이 제시하는 교육목적을 실현하기 위한 하나의 방안으로 채택되는 것이라고 할 수 있다. 따라서 교과의 통합적 조직은 인간의 통합지향적 경향성이나 통합적 안목이라는 교육목적의 실현을 위한 것이다. 교과의 통합적 조직을 요청하는 통합지향적 경향성의 실현은 학습자에 대한 새로운 이해와 시각에서부터 출발한다. 이는 그동안 학문 중심적인 배경에서 분과주의적인 교과를 채택하던 것에서 인간 중심 즉 학습자 중심 교육으로 교육적 시각이 전환되면서 채택되는 교과조직의 형태이다.

교과의 통합적 조직을 핵심내용으로 하는 통합 교육과정은 학생들이 학교생활을 하는 동안에 겪는 각기 다른 학습경험들을 상호 관련지어서 의미있는 전체로서의 학습이 이루어지도록 하는 것이다. 이와 같은 의미에서 볼 때 교과를 통합적으로 조직한다는 것은 우선 시간상 먼저 배운 것과 나중에 배운 것을 통합한다는 의미를 가지며, 둘째로는 학교에서 배운 내용을 생활 속의 경험과 통합한다는 의미를 갖는다. 그리고 마지막으로 교과와 교과 간 또는 한 교과 내에서의 서로 다른 내용들 간의 통합을 의미한다. 이러한 통합을 통해서 전체적 · 인격적인 통합을 기하고자 한다.

이와 같은 의미의 통합적 조직은 전통적인 학문과 지식의 체계에 따라

분과주의적으로 교과를 구성하고 교과 중심으로 교육내용을 선정・조직하던 것에서 탈피하여, 교과 간의 엄격한 구분을 고려하지 않고 각 교과의 지식이나 경험을 필요한대로 재구성함으로써 학생의 흥미와 문제 중심으로 구성한다. 이는 지식을 조직함에 있어서 지식 자체에 대한 이해보다 그 지식이 사회적으로나 학생 개개인에게 의미 있도록 조직하는 것이다. 즉 학문이나 지식을 학생의 필요와 생활의 장면에 비추어 전체적으로 재구성하는 것이다.

학문이나 지식을 학습자의 필요와 생활장면을 고려하여 재구성하는 교과의 통합적 조직에는 여러 가지 유형이 있다(김경배・김재건・이홍숙, 2001). 최근에 UNESCO/방콕의 공동연구팀은 통합의 방법으로 부분통합과 완전통합의 두 가지 형태를 구분하였다. 부분통합이란 상호 관련성이 있는 둘 또는 그 이상의 교과를 좀 더 광역화된 영역으로 묶는 것이다. 예를 들면, 사회 또는 과학 등의 교과나 현행 교육과정상의 교과 중심 체제를 유지하면서 학습지도상에서의 통합적인 학습이 이루어지도록 하는 조직방법을 말한다. 반면에, 완전통합은 제재나 문제 중심으로 교수・학습 프로그램을 구성하고 여기에 교과를 완전히 종속시키는 형태를 말한다. 여기에서는 교과의 독립성이 인정되지 않는다.

이 외에도 M. Skilbeck(1976)은 다음과 같은 세 가지 수준의 통합이 있다고 하였다. 첫째는 교과 수준에서의 통합이다. 교과 자체는 사고의 통합체제일 뿐만 아니라 다른 교과와 더불어 관련지을 수 있는 자원이 된다. 둘째는 개별 학문영역의 논리성이 존중되는 간(間)학문적인 협력 수준에서의 통합이다. 예를 들면 지리, 역사, 과학으로 구성된 환경교육 프로그램 같은 것이다. 셋째는 학문의 독자성을 고려하지 않고 논리적인 원칙보다 심리적인 원칙을 기준으로 한 새로운 형태로 지식을 조직하는 수준에서의 통합이다.

뿐만 아니라, J. B. Ingram(1979)은 교과의 통합 유형을 구조적 통합과 기능적 통합으로 분류하고 있다. 구조적 통합은 교육과정 내에서 각 교과에 해당하는 지식의 구조를 재구조화하는 것으로서, 논리적 · 인식론적인 측면이 고려되면서 당해 교과를 가르칠 교사 중심 또는 해당 교과의 지식체계를 중심으로 한 통합이다. 반면에, 기능적 통합은 지식을 학습자의 통합적 경험을 촉진하기 위해 사용함으로써 심리적 · 사회적 고려에 의한 통합을 이루어 명실상부한 학습자 중심 통합이 이루어진다. Ingram이 제시한 구조적 통합과 기능적 통합의 주요 내용을 요약 · 정리하면 <표 6-3>과 같다.

〈표 6-3〉 교과의 구조적 통합과 기능적 통합

분류			내용
대	중	소	
구조적 통합	양적 통합	합산적 통합	둘 이상의 교과를 하나로 묶어서 단일 명칭을 사용하는 통합 (예 : 생물, 물리, 화학, 지구과학을 '과학'으로 묶음)
		기여적 통합	합산적 통합보다는 더 많은 정도의 통합으로서 교과 간에 서로 기여할 수 있는 공통의 요소를 찾아내어 통합 (예 : 공자에 관한 지도를 하는 윤리교사가 공자가 살았던 시대적 배경에 대한 이해를 돕기 위해 세계사 담당교사로부터 도움을 받음)
	질적 통합	융합적 통합	교과들 간에 중복되는 원리, 공통적인 문제나 관심사에 기초해서 프로그램을 완전히 재구성—교과 간의 병렬적 통합이 아닌 교과의 뒤섞음을 의미 (예 : 자본주의 체제하에서 정치, 경제 교과가 융합되어 제시 가능)
		종합적 통합	교과들 간의 공통적인 개념의 확인, 공유되고 있는 의미의 탐색, 서로 다른 앎의 방식 비교, 현실 접근 방식들의 해석, 서로 다른 가치 판단에 대한 평가 그리고 이미 알려진 사실들의 발견방식 평가 등을 포함

<table>
<tr><th colspan="3">분 류</th><th rowspan="2">내 용</th></tr>
<tr><th>대</th><th>중</th><th>소</th></tr>
<tr><td rowspan="6">기능적 통합</td><td rowspan="4">내재적 접근</td><td>필요와 흥미를 통한 통합</td><td>교과의 내용보다는 학습자의 직접적인 경험에 기초를 두고 학습자의 필요나 흥미를 중심으로 조직</td></tr>
<tr><td>활동을 통한 통합</td><td>학습자를 수동적인 지식 수용자로 여기지 않고, 자신의 인지구조를 계속해서 재구성해 가는 능동적인 존재라는 가정에 근거를 두는 한편, 구안학습법을 채택</td></tr>
<tr><td>탐구를 통한 통합</td><td>이미 완성된 지식의 구조를 수용하기보다는 역동적 인지과정을 통해 학생 자신의 탐구활동을 조장할 수 있도록 통합</td></tr>
<tr><td>경험을 통한 통합</td><td>학교와 지역사회를 연결하거나 학생을 실제적인 활동에 참가하게 함으로써 지식과 현실과의 간격을 메울 수 있는 방법을 강구</td></tr>
<tr><td rowspan="2">외재적 접근</td><td>문제 중심 접근</td><td>특정한 사회문제에 대한 이해와 해결을 위한 간학문적인 협력을 강조 (예 : 환경오염, 결식아동, 성폭력, 취업 등)</td></tr>
<tr><td>목적론적 접근</td><td>특정의 이데올로기나 신념을 부각시킨 교육과정에서 발견할 수 있는 통합 (예 : 특정의 종교를 전파하기 위한 학교의 교육과정)</td></tr>
</table>

*Ingram이 제시한 교과의 구조적 통합과 기능적 통합에 관한 내용을 저자가 표로 재구성.

3) 교수 · 학습경험 조직의 방법

교수 · 학습경험의 선정 이후에는 학습자에게 어떤 형태로 학습경험을 제공할 것인지가 문제가 된다. 전술한 바 있는 일반적인 준거나 통합적인 조직이론에 근거하여 교수 · 학습경험을 조직하게 되는데, 보다 구체적인 조직방법은 교과나 학문의 논리적인 구조를 따르거나 혹은 학습자의 심리적 제특성을 고려하는 것이다. 그리고 논리적 방법과 심리적 방법을 절충하는 방법도 있는데(박병학 · 신윤철 · 한각수, 1998), 이를 보다 자세히 살펴보고자 한다.

(1) 논리적 방법

논리적 방법은 교육내용을 조직함에 있어서 교과나 학문의 논리적 구조에 따라 조직하는 방법이다. 여기에 적용되는 원칙은 쉬운 것에서 어려운 것으로, 단순한 것에서 복잡한 것으로 또는 구체적인 것에서 추상적인 것으로의 순서로 배열하는 것이다. 이 방법은 교과 중심 또는 학문을 중심으로 한 교육과정 구성에 적용되는 방법이다. 학문 중심 교육과정에서 교육내용을 학습자의 모든 발달단계를 고려하지 않고 그 학문의 기본 구조나 개념을 중심으로 교육내용을 조직하려는 의도가 곧 논리적 방법이라고 하겠다. 논리적인 방법으로 조직된 교육내용은 대체로 교과의 논리적 순서가 학습자에게 제공되는 학습내용의 배열순이 된다.

(2) 심리적 방법

심리적 방법은 교육내용을 배열함에 있어서 학습자의 심리적인 제 특성을 토대로 하는 방법이다. 따라서 학습자의 성별이나 성장발달의 특징, 심리적 · 정신적인 경험의 민감성, 흥미와 필요 또는 관심학습의 곤란도 그리고 성공이나 실패가 학습에 미치는 영향 등을 연구하여 교육내용을 조직하려는 방법이다.

이러한 방법은 주로 학습자의 심리적 특성이 토대가 된다는 점에서 논리적 방법에 비해 보다 진보적인 방법이긴 하지만, 여기에는 다른 난점이 있다. 즉, 교육현장에서 학습자 집단의 실태에는 각자의 능력, 흥미, 관심, 취미 등이 다양하고 또 변화가 많으며, 서로의 환경이나 시행경험들이 상이하여 개인차를 최대한으로 고려하지 않을 때에는 많은 문제가 제기되는 것이다. 어떤 동일한 문제라도 학습자 개인차에 따라 적절할 수도 있고 그렇지 못할 수도 있기 때문이다.

(3) 절충적 방법

절충적 방법은 앞의 두 가지 방법을 절충한 것으로서, 학습자의 심리적 특성을 최대한 살리면서 한편으로는 교재의 논리적 순서와 그 발전이 보장되도록 배열하는 방법이다. 위에서 살펴본 논리적 방법이나 심리적 방법 역시 다 같이 동일한 내용을 서로 다른 측면에서 강조한 것이나, 실제에 있어서는 양자의 극단보다도 통합, 조화적인 견지에서 연구되어야 한다는 입장에서 이 방법이 제안되었다. 절충적 방법을 주장하는 학자들은 학습자의 활동에는 논리적으로 발전의 순서가 있으며, 또 논리적인 교재에도 그 학습의 특유한 심리적 요소가 있다는 것을 인정하고, 학습자의 발달순서와 교재의 논리적 발전을 조화적으로 취하는 방법을 제안한다.

현대 교육과정의 경향이 특히 1960년대 이후에 학문 중심 교육과정으로 발전하면서 과거의 교과 중심 교육과정과 다르긴 하지만, 학문의 기본 구조나 기본 개념 및 학습자의 지적 과정 등만을 주로 강조하는 경향을 보이고 있고, 학습자의 사회적 · 정신적 · 심리적 측면을 소홀히 하는 데에서 문제점이 드러나고 있다. 이는 학문 중심 교육과정의 대표자인 Bruner 자신도 고백하였듯이, 교육내용의 조직방법에서 한 측면만을 위주로 하다보면 무리가 따를 수 있음을 보여주는 것이다. Bruner(1971)가 학문의 구조를 강조하였다가 10년만에 앞으로의 교육과정은 "우리가 당면하고 있는 여러 가지 사회적 문제와의 관련에서 교육과정을 다루게 될 것"이라고 고백한 것은 교육내용 조직에서 어느 한 측면만을 중시할 수 없음을 보여주는 좋은 예라고 하겠다. 따라서 교육내용을 조직함에 있어서는 각 교과의 학문적 논리성과 학습자의 심리적 제 특성을 함께 고려하면서 양자의 조화를 꾀함이 바람직하다.

제7장 교수 · 학습활동과 교과교육

학습자가 교육목표에 도달할 수 있도록 경험들을 계획하고 나면, 실제로 학습자가 그런 경험을 할 수 있는 단계가 있어야 한다. 학생들로 하여금 교육목표의 설정 단계에서 기대한 행동의 변화를 유발시킬 교수 · 학습활동이 실제로 이루어지는 것이다. 이 단계야말로 교과지도와 관련해 볼 때에 학교교육의 중핵이다. 제7장에서는 교수와 학습의 개념, 교수 · 학습의 이론과 유형, 교재연구와 학습지도안 그리고 교과교육에서의 교수 · 학습활동의 실제에 관하여 자세히 살펴본다.

1. 교수와 학습의 개념

1) 교수의 의미

교수(敎授 : teaching, instruction)는 교사가 언어, 과학, 기술, 예술 그리고 세계관 등의 문화내용을 매개로 하여 학생들에게 지식이나 기능의 향상을 도모하기 위하여 실천하는 간접적인 형성작용(남억우 외 7, 1988)이다.

N. L. Gage, R. M. Gagné 그리고 S. M. Corey 등 많은 학자들은 교수를 매우 포괄적인 총칭적 개념으로 보고 있는 것으로 파악(김순택 외 6, 1983)한다. 그러나 P. L. Hosford(1973)는 교수를 교사와 학생 간의 상호작용을 통해 학습자의 학습목표 달성에 영향을 주려는 시도로, 수업을 학습자의 학습목표 달성에 영향을 주는 과정이라고 정의하면서, 교수는 수업의 중심적인 행위로 보며, 수업이 교수보다 더 포괄성이 높은 개념으로 규정하고 있다. 이런 까닭에 교수와 수업은 개념상의 혼선을 빚고 있다.

어떤 사람은 수업과 교수를 같은 개념으로 보고 어떤 사람은 교수라는 용어를 즐겨 쓰며 또 다른 사람은 수업이라는 용어를 사용한다. 그런가 하면 교수와 수업을 개념상으로 구별해서 사용하는 사람도 있다. 또 수업과 교수가 개념상 다르다고 보는 경우에도 사람에 따라서는 수업과 교수를 서로 거꾸로 사용하는 것을 볼 수 있다. 영어의 teaching이 교수로 번역되기도 하고 수업으로 번역되기도 하며, instruction에 대해서도 마찬가지 현상을 발견하게 된다. 영어 자체까지도 우리말의 교수와 수업과 같은 혼동이 있다. 그러나 이 두 용어를 개념상 구별하여 사용하려는 노력이 강하게 대두되고 있으며, 또 마땅히 구별하여야 한다.

교수와 수업이 갖는 국어학적 어의는 다소 미묘한 점이 있기는 하지만 김순택(1978)의 개념 구분을 통하여 teaching을 교수로, instruction을 수업으로 번역하고 그 의미를 명확히 하고자 한다.

첫째, 교수는 학습자에게 전달하려는 '내용의 성질'이라고 규정할 수 있지만, 자극하려는 '학습자의 제 특성'의 종류면에서 수업보다 포괄적이다. 즉 수업은 학습자의 지적·탐구적 특성을 주로 자극하는 내용을 전달하는 것이지만, 교수는 학습자의 모든 능력을 자극하는 포괄적인 내용 전달을 의미한다.

둘째, 교수는 학습자가 보인 변화 중에서 의도적인 것과 비의도적인 것을 모두 포함한다는 점에서 수업보다 포괄적이다. 이는 수업이 교수보다 의도적인 목표달성을 계획한다는 뜻이다.

셋째, 교수는 교사와 학생 간의 인격적인 상호작용을 전제하고 있는데 비하여, 수업은 반드시 인격적인 상호작용을 전제로 하지는 않는다. 이런 점에서 교수는 수업보다 덜 포괄적이다.

교수는 교사에 의한 수업이라는 의미로 해석될 때에 교사와 학생 간의 인간적인 교류를 전제로 하는 수업이다. 그리고 Gage(1964)의 주장과 같이 교사의 자격으로서 교사가 행하는 모든 것이 교수라고 하면 학습지도, 생활

지도, 학급경영 등 모든 활동이 포함되므로 단일하게 통일된 현상이 아닌 매우 포괄적인 개념이다.

이에 비하여 수업은 교수처럼 반드시 교사를 전제로 하지 않는다. 교사가 수업을 할 수도 있으나 프로그램 자료, 시청각 매체 및 전산기 등도 학습자의 학습목표가 달성될 수 있도록 수업할 수 있다는 것이다. 그렇기 때문에 수업은 생활지도나 학급경영과 같은 내용이 포함될 수 없고, 수업의 목표도 교수보다 한정되며, 수업의 설계는 보다 의도적이고 계획적인 성격을 띠게 된다.

2) 학습의 의미

교수와 함께 용어의 의미를 명확하게 정의하지 못하는 것 중의 하나가 학습이다. 모든 학문의 성립과 발전을 위하여 필요불가결한 전제조건이 용어의 정확한 의미 규정이지만, 아직까지도 학습에 관한 명확한 개념 정의가 미흡한 상태이다.

교육에서 말하는 학습은 흥미, 지식 및 기술의 성장과 감퇴 그리고 이러한 흥미와 지식과 기능이 새로운 상황에서 이용되는 전이를 뜻한다. 실험심리학에서의 학습은 여러 가지 의미들을 가지고 있지만, 이 의미들은 심리학 내에서도 서로 다를 뿐만 아니라 교육자들이 가지고 있는 의미와도 다르다.

장(場 : Gestalt) 이론 또는 장·형태설의 견해를 가지고 있는 심리학자들은 학습을 개인의 인지와 목적의 변화라고 정의한다. 그러나 미국의 기능주의적 전통을 따르는 심리학자들은 개념을 측정방법에 의하여 정의하려고 하기 때문에 학습은 실행(performance)의 개선이며, 따라서 개선의 준거들이 있는 만큼이 많은 학습들이 있다고 간주한다. 한편, S-R이론이나 행동이론을 따르는 심리학자들은 학습을 자극과 반응 간의 관찰된 상관관계에서 일어나는 체계적인 변화라고 정의한다.

학습에 대한 또 다른 정의로는 학습자의 내면세계를 중시하는 측면도 있다. "학습은 성숙이나 피로에 기인하지 않는 행동의 변화가 일어날 때면 어느 때나 상반되어 일어난다고 상정되는 내부적인 신경적 과정"(Gagné, R. M. & Fleishman, E. A., 1959 ; 이용걸, 1977. 재인용)이라는 것이다.

이와 같이 학습의 정의에 대한 견해는 학습을 무엇으로 보느냐에 따라 관점이 다양하지만 그 가운데에서도 하나의 공통점을 발견할 수 있는데, 이 공통점은 바로 변화이다. 성장, 감퇴 및 개선 등의 말들도 따지고 보면 모두가 변화라는 뜻을 내포하고 있다. 학습은 우선 개인의 변화와 관련되어 있다.

학습을 변화라는 관점에서 파악하려고 하면, 이번에는 무엇이 어떻게 변화하느냐의 문제가 일어나게 된다. 유아에서 성인에 이르는 성장과정을 관찰할 때에 우리는 여러 가지 변화들을 찾아볼 수 있다. 걷고 뛰며, 말하고 노래하며, 읽고 쓰고 셈하며, 만들고 부수며, 기뻐하고 슬퍼하며, 좋아하고 싫어하며, 찬성하고 반대하는 등 많은 변화가 일어난다. 우리는 이 다양한 변화들을 정리하기 위해서 지식, 기능, 태도 및 가치 등으로 크게 묶을 수도 있고 또 인지, 정의 및 행동 등의 영역으로 분류할 수도 있다.

그러나 개인의 성장과정에서 일어나는 모든 변화들을 똑같이 학습이라고 간주하면 어려운 점이 생긴다. 위에서 열거한 변화의 예들 가운데 걷고 뛰게 되는 변화와 글을 읽고 쓰게 되는 변화는 그 성질이 서로 다르다. 정상적인 어린이의 경우에는 일정 기간이 지나면 저절로 걷고 뛰게 되지만, 글을 읽고 쓰기 위해서는 특별한 노력이 필요하다. 즉 전자는 배우지 않아도 일어나는 변화라고 볼 수 있으나, 후자는 배워야만 일어나는 변화인 것이다. 생후 약 1년이 가깝도록 유아들이 걷지 못하는 이유는 다리의 근육과 연결되는 신경이 충분히 발달되지 못했기 때문이다. 그러나 이 신경세포들의 축색을 둘러싸는 또 다른 세포들이 완성됨에 따라 어린이는 누가 가르치지 않아도 저절로 걸을 수 있게 된다.

학습을 변화라는 준거에 의하여 정의하려고 할 때에 우리는 이 변화의 의미를 제한해야 한다. 즉 신경계통의 발달이나 성숙에 의하여 일어나는 변화들은 학습에서 제외되어야 한다. 그렇다면 알코올이나 그 밖의 약물들 또는 피로 때문에 일어나는 일시적인 변화들은 어떻게 취급되어야 할 것인가. 예컨대 어떤 사람이 음주 후에 바둑을 둠으로써 늘 이기던 상대에게 졌을 경우에 이러한 변화도 학습이라고 보아야 하는가. 이러한 변화들은 지속적이지 못하며 약물의 효과나 피로의 영향이 없어지면 원상태로 되돌아간다. 학습이라는 개념이 혼잡해지는 것을 막기 위해서는 특수한 생리적 또는 심리적 조건에 의하여 일시적으로 일어나는 변화들은 마땅히 제외되어야 할 것이다.

학습적인 변화와 비학습적인 변화를 구별하기 위한 지금까지의 설명에서 시사되고 있는 바와 같이, 학습은 선천적으로 결정된 것이 아니라 후천적으로 성취된다. 선천적인 구조에 의하여 탄생 시부터 할 수 있는 호흡, 흡유 및 배설 등의 기능들은 학습된 것이 아니다. 학습이 성취되기 위해서는 후천적인 조건들이 반드시 필요하다. 그러나 우리는 학습을 하는 데 필요한 어떠한 잠재능력이 선천적으로 주어져 있다는 전제에서부터 출발해야 한다. 그렇지 않으면 무에서 유가 생성된다는 신비론에 빠지고 만다. 물론 이러한 선천적인 능력은 어디까지나 가능성이고, 일정한 학습으로 구현되기 위해서는 개인이 환경과 상호작용을 하는 과정에서 얻어지는 후천적인 경험이 있어야 한다. 이런 뜻에서 학습은 경험을 통해 후천적으로 성취되는 것이라고 하겠다.

지금까지 학습에 대한 여러 가지 다른 정의들 밑에 가로 놓여 있는 공통점을 찾아보았다. 그 결과를 요약하면, 학습은 개인이 환경과 상호작용하는 과정에서 일어나는 여러 가지 형태의 지속적인 변화들이다. 따라서 선천적으로 이미 형성되어 있는 행동과 신경계통의 성숙으로 말미암아 자연적으로 일어나는 변화 또는 피로나 약물 등의 효과에 의한 일시적인 변화들은 학습에서 제외되어야 한다.

2. 교수 · 학습의 이론과 유형

1) 교수 · 학습이론 및 모형

교수 · 학습활동을 교사의 입장에서 논의할 때에는 일반적으로 수업이라는 용어를 사용한다. 수업이 '가르쳐 주는 것'임을 지칭할 때에 교사에게는 보다 잘 가르치려는 노력이 요구된다. 교수 · 학습활동이 원활하게 이루어지는 데에는 교사의 오랜 경험이 긍정적인 기여를 하지만, 학습제재에 어울리는 교수 · 학습이론과 모형을 익히 알고 있는 것도 큰 자산이다.

이에, Bruner의 수업이론, 구성주의 학습이론, Glaser의 수업모형, Gagné의 수업모형, Bloom의 완전학습 모형, Ausubel의 유의미학습 모형, Parker와 Rubin의 수업모형, EDPS 수업모형, 한국교육개발원(KEDI)의 수업과정 모형, 탐구적 수업모형, 발견적 수업모형 그리고 가치갈등 분석모형의 내용을 간략하게 살펴보면 <표 7-1>과 같다.

〈표 7-1〉 교수 · 학습이론 및 모형

이론 · 모형	내 용 개 관
Bruner의 수업이론	• 교수이론은 처방적(prescriptive)이고 규범적(normative)이어야 함 • 기본명제 : ① 선행경향성 ② 지식의 구조 ③ 계열성 ④ 강화
구성주의 학습이론	• 학생과 교사들에 의해 구성된, 살아있는 경험으로서 교육과정 • 의사결정의 결과로서의 교육과정 • 학생들이 이해하고 해석한 것으로서의 교육과정 • 학생과 교사의 창의력, 지력, 정서 등을 자극하는 수단으로서의 교육과정
Glaser의 수업모형	• 4단계 교수과정 교수목표 → 출발점 행동 → 교수절차 → 학습성과의 평가 ↑_____↑_____↑_____┘ 피드백(feedback)

이론 · 모형	내 용 개 관
Gagné의 수업모형	• 학습의 위계설을 주장 • 8가지 학습유형 : ① 신호학습 ② 자극-반응학습 ③ 연쇄 ④ 언어연합 ⑤ 중다변별 ⑥ 개념학습 ⑦ 원리학습 ⑧ 문제해결 • 과제분석(task analysis) : 위계에 따라 어떤 학습과제를 그 과제의 선행요건으로 학습하기보다 단순한 능력으로 분석해 나아감
Bloom의 완전학습 모형	• 학급 안의 약 95%의 학생들이 주어진 학습과제의 약 90% 이상을 완전히 학습해 내는 것 • 완전학습과 불완전학습의 관계 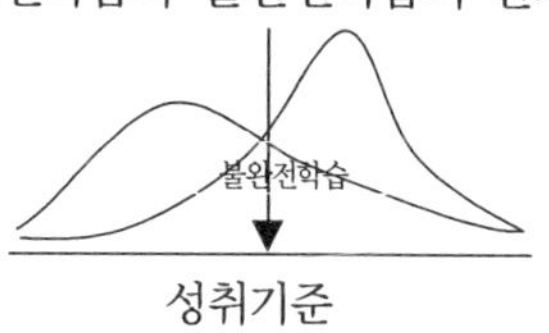
Ausubel의 유의미학습 모형	• 학습할 새로운 지식이나 과제가 학습자의 인지구조와 관련을 맺어 정착되고, 그것이 학습자에게 새로운 심리적 의미를 부여해 주어야 함 • 선행요건 : 논리적 의미성을 지닌 학습과제, 과제와 관련을 맺을 수 있는 정착지식, 유의미한 학습태세
Parker와 Rubin의 수업모형	• 교수과정의 3모형 : ① 수업계열을 중심으로 한 모형 ② 실행단계를 중심으로 한 모형 ③ 교과 간 협력관계를 중심으로 한 모형
EDPS 수업모형	• 컴퓨터에 의한 자료처리 시스템으로서 프로그램 작성기법을 학습지도과정에 도입함 • 지도과정의 여러 요소 간의 관련과 그 계열의 전과정을 일정한 기호로 나타낸 것이 특징임
KEDI의 수업과정 모형	• 수업과정의 일반모형 계획단계 → 진단단계 → 지도단계 → 발전단계 → 평가단계 • KEDI가 개발한 교수 · 학습자료의 활용과 교육용 텔레비전 프로그램 등의 교육공학적인 활동을 전제로 함
탐구적 수업모형	• 사실과 가치의 문제를 인식하고, 이들을 그 기초가 되는 가정에 비추어 평가하며, 또 어떤 평가기준에 의하여 이를 입증하는 과정 • 탐구과정은 Dewey의 반성적 사고(reflective thinking)에 기초를 둠

이론 · 모형	내 용 개 관
발견적 수업모형	• 기본 교재를 내용으로 하며, 발견적 과정을 통하여 습득해 가는 학습방법 • 탐구적 사고방법의 형성을 목표로 함
가치갈등 분석모형	• 도덕과 수업과정에서 많이 사용 • 4단계 : 갈등사태의 제시 → 문제사태의 규정 → 자기 입장의 선택 → 자기 입장의 수정 및 대안 찾기 • 도덕적 판단력과 사고력을 높이기 위한 방법

*자료 : 김학수, 1981; 이승익, 1983; 영남대학교 사범대학 교육학과 연구실, 1997; 박인학, 2002; 이화진, 2002의 내용을 저자가 표로 재구성.

2) 교수 · 학습활동의 유형

교수·학습활동은 교육과정에 내포된 내용과 행동을 가르치고 배우는 과정이다. 그러므로 교과지도와 관련한 학교현장의 관심은 '어떻게 하면 보다 잘 가르치고 또 잘 배울 수 있게 하느냐'이다. 보다 잘 가르치고 잘 배울 수 있는 틀을 구축하기 위하여 주장을 펼친 것이 교수·학습이론이라고 한다면, 교수·학습활동의 유형은 가르치고 배우는 방법의 실제라고 할 수 있다. 물론, 이론과 활동의 유형으로 구분하는 이 경우에도 경계를 넘나드는 이론과 유형이 있다. 하지만, 선행 연구자들의 대체적인 분류기준을 그대로 수용하여 10여 가지의 교수·학습활동 유형－강의법, 문답법, 토의법, 문제해결학습, 구안학습, 집단학습, BUZZ학습, 협동교수, 계통학습, 범례학습, 시청각교수법, 프로그램 학습－에 대한 내용을 간단히 살펴보면 <표 7-2>와 같다.

〈표 7-2〉 교수 · 학습활동의 유형

유 형	내 용 개 관
강의법	• 설명과 강화를 통한 내용이해에 활용 • 교육사적 측면에서 가장 오래되고, 가장 널리 사용하는 지도방법 • 활용하기에 따라서는 효과적인 교수 · 학습방법이 될 수 있음
문답법	• 구두질문에 대한 답을 하도록 함으로써 학습을 진전시켜 나아가는 방법 • 가장 유명한 예 : Socrates의 산파법 또는 대화법 • 근대에 와서도 필요불가결한 교수방법
토의법	• 학습자 상호 간의 토의를 통해 이루어지는 학습의 한 방법 • Paker에 의해 시작되어 학습현장에 도입 • 민주적인 인간을 기르는 데에 가장 적합
문제해결학습	• Dewey가 체계화하여 진보주의 교육철학의 교수방법으로 제시 • 문제해결과정의 5단계 : 곤란의 감지, 곤란의 확인, 가능한 해결의 시사, 추리에 의한 발표, 행위에 의한 가설의 검증 • 반성적 사고과정(reflective thinking)으로 사고능력을 개발
구안학습	• 문제해결학습의 단점을 보완하기 위하여 고안 • 교사의 지도와 동시에 학생이 생활에 가치 있다고 생각되는 문제를 설정 · 계획하고 문제를 해결해 가는 학습방법 • 장점 : 학생 중심의 교육활동이 보장되고, 이상과 현실을 연결해 주며, 융통성 있는 학습지도의 장려 가능
집단학습	• 분단학습과 공동학습으로 구분 가능 - 분단학습 : 학습의 능률과 기능적 편리를 위하여 학생들의 집단을 몇 개의 소집단으로 나누어 학습하게 하는 형태 - 공동학습 : 공통의 목적을 설정하고 모든 성원이 각기 그 일을 분담하고 각자의 흥미, 특기 그리고 능력에 알맞은 부분을 담당하여 일하면서 배우는 형태
BUZZ학습	• 한 학급의 학생들을 7~8명씩 집단으로 나누어 학습하도록 하는 방법 • 의의 : 다인수의 토의에서 몇몇 학생만이 토의를 좌우함으로써 발생하는 폐단을 없애고, 참가자 전원이 자아관여를 체험하게 하여 적극적인 태도로 토의에 참여하게 함
협동교수	• 교사가 교수효과를 올리기 위하여 또는 적은 경비를 들이고 많은 효과를 올리기 위하여 교사나 직원을 효과적으로 구성하여 교수하는 형태

유 형	내 용 개 관
계통학습	• 일정한 조직체계 즉 계통을 갖춘 교재를 토대로 학습자에게 통합적인 지식을 가르치는 교수·학습 지도방법 • 교사의 지도성이 강조되고, 교재의 논리적 조직을 중시하며 체계적인 지식을 확실하게 획득할 것을 강조
범례학습	• 범례 : 기초적인 것에서 다른 것 또는 그 이상의 것을 향하여 이해되어 가는 것을 의미 • 백과사전주의적인 지식을 전부 교수하는 것을 의식적으로 피하며 기본적인 것을 택하여 이것을 범례로써 학습시키고, 이와 유사한 다른 사실을 유형적으로 파악시키려고 하는 방법
시청각 교수법	• 시청각적 대중매체를 이용하여 학습효과를 향상시키려고 하는 교육방법 • 의미나 개념을 파악하는 사고활동을 촉진하며 문제해결학습을 능률화할 뿐만 아니라, 동기유발이나 태도의 형성 및 변용에 큰 영향을 줌
프로그램 학습	• 학습자로 하여금 달성해야 할 학습목표를 향해 점진적으로 접근할 수 있도록 학습자의 일련의 경험을 계획적으로 서열화하는 학습방법 • 이론적인 근거 : Skinner의 강화이론 • 학습자 자신이 행동 혹은 조작함으로써 성립되며, 주어진 학습자료를 학습자 스스로의 활동에 의해 진행해 가면서 학습결과에 대한 정오의 즉각적인 피드백이 가능

*자료 : 김학수, 1981; 김순택 외 6, 1983; 이승익, 1983; 영남대학교 사범대학 교육학과 연구실, 1997; 박인학, 2002의 내용을 저자가 표로 재구성.

3. 교재연구와 학습지도안

1) 교재연구의 필요성과 절차

학교현장에서는 교과지도에 앞서 단위시간의 수업목표를 설정하게 되는데, 이 경우에 가장 중요한 것은 교사의 올바른 교재관(敎材觀)이다. 교사는 지도하고자 하는 단원이나 학습제재가 국가수준에서 기준으로 제시한 교육과정과 시·도교육청의 편성·운영지침 중에서 어디쯤에 자리하고 있는지에서부터 시작하여 교수·학습경험을 제공할 내용과 방법에 이르기까지 교재에 대하여 정통해야 하는데, 이를 위한 일련의 활동이 교재연구이다.

교수·학습활동의 기본 조건이면서 수업 이전 단계에서 철저히 이루어져야 하는 교재연구는 일정한 절차와 방법에 의해 이루어져야 한다는 주장이 설득력을 갖는다. 심재형·고영희(1998)는 교재연구의 절차와 방법을 다음 5단계로 제시하고 있다.

(1) 제1단계 : 교재의 구조적 파악 단계

수업목표는 정확하게 기대되는 구체적인 행동의 상(像)을 추출하고 교재의 중심개념과 기본 요소를 정선하는 교재의 본질적 연구이다.

① 교재분석을 통해 교재의 가치를 확인하고, 구체적이며 실현 가능한 목표를 설정한다.
② 교재분석을 통해 교재의 중심개념을 규명하고, 그에 따른 기본요소를 파악·정선한다.
③ 목표와 중심개념 및 기본 요소의 일관성을 재검토하고, 학습할 기본사상까지 밝혀서 교재의 구조화를 시도한다.
④ 기본 요소나 학습내용별 소요시간을 배정한다.

(2) 제2단계 : 학생의 실태파악 단계

학생의 실태와 현실적인 요구를 파악하고 교재의 계열과 학생의 인식과정을 통합할 필요에서 학생의 입장을 연구한다.

① 학생의 실태파악에 의해 필요하고 적절한 자료의 정선과 활용방법을 구상한다.

② 자료의 수집방법을 구상한다.
③ 학생의 기성경험, 즉 교재에 의한 과거의 경험이나 일상생활에서의 경험 상황을 파악한다.
④ 학생의 능력, 흥미, 개인차, 필요성, 요구 및 발달의 특징을 파악하고, 교재와의 방법적인 통합을 시도한다.

(3) 제3단계 : 방법적인 구조의 파악 단계

합리적 · 능률적인 형태나 기술을 구상하여 수업의 전체적인 구조를 시도하는 것으로서 지도방법의 연구 단계이다.

① 학생의 심리적 조건과 그의 활동을 최대한으로 보장할 수 있으며, 교재의 성격이나 지도 의도에 따른 교수 · 학습과정과 형태를 선택한다.
② 학습활동의 평가 및 확인의 요령을 구상한다.
③ 판서의 요령을 계획한다.
④ 사전에 차시학습을 위한 과제제출의 요령을 세운다.
⑤ 목적에 따라 자료제출의 시기와 요령을 구상한다.
⑥ 방법적인 구조를 파악한다.

(4) 제4단계 : 수업의 구조적 파악 단계

일반적으로 수업을 교재, 학생, 교사, 환경의 4개 요인의 함수라고 한다. 이 4개 요인의 기능적인 함수관계를 합리적 · 체계적 · 종합적으로 조직화하는 것이 수업의 구조화이다. 즉, 학생의 실태 위에서 교재의 구조와 방법의 구조를 통합하는 것이다. 요약하면 수업의 구조는 수업의 목표내용(무엇을), 수업의 과정(어떤 순서로), 수업의 방법(어떤 수단으로) 등의 세 입장을 바르게 구조화하고, 다시 유기적으로 관계를 맺어 통일화하는 등 수업전개를 위한 조직을 일컫는다.

(5) 제5단계 : 교수 · 학습과정안 작성 단계

교재연구 결과를 융통성 있는 형식과 기술방법에 의해 교수·학습과정의 예상안 또는 수업가설로서 면밀하게 작성한다.

2) 학습지도안 작성

학습지도안은 수업을 참관하는 사람에게 보이기 위한 안내서의 성격이 있기는 하지만, 그보다 더 우선하는 것은 수업장면이나 전개방향을 염두에 두고 수업전개의 설계를 마련하는 작업이다. 학습지도안이 수업장면과 전개 방향을 고려하여 사전에 그리는 밑그림이기 때문에 실제 수업장면에서는 여러 가지 상황에 알맞은 활동으로 부분적인 수정은 가능하다. 그러나 상세하고도 면밀한 학습지도안을 작성하게 되면 교수·학습활동 과정에서 발생할 수 있는 시행착오를 최소화할 수 있기 때문에 매우 중요하다.

이에, 학습지도안의 의의와 필요성, 학습지도안의 형식과 내용을 고승덕(1997)의 연구결과를 중심으로 구명한 후에, 끝으로 학습지도안의 실제에 대하여 논의하고자 한다.

(1) 학습지도안의 의의와 필요성

교육은 목적이 있는 활동이기 때문에 목적을 효과적으로 달성하기 위해서는 치밀한 계획을 세워야 한다. 학습지도안은 교사의 교수활동과 학습자의 학습활동을 효과적으로 진행하기 위한 조직적이고 구체적인 수업 진행 계획을 의미한다. 학습지도안은 한 시간 동안에 이루어지는 수업활동의 구체적인 계획으로서, 수업의 효과를 좌우하는 중요한 계획이다. 그러므로 교사는 학습지도안을 작성함에 있어서 가르칠 교과내용에 먼저 정통해 있어야 하고, 학습자의 능력 · 흥미 · 요구 등을 명확히 파악하여야 한다.

학습지도안이 일정한 교재를 정해진 시간 안에 학습시키기 위해 어떤 목표를 세우고 어떠한 방법으로 지도해야 할 것인가를 제시해 준다는 점에서 그 유용성은 매우 크다고 할 수 있다. 학습지도안의 필요성을 살펴보면 다음과 같다.

① 그때 그때의 지도목표와 그 달성을 위한 구체적인 절차나 방법・수단 등을 제시해 준다.
② 교재에 바탕을 둔 지도내용을 명료하게 조직・제시해 준다.
③ 학습지도의 효율성을 높이고 교육의 성과를 극대화시켜 준다.
④ 계획적이고 체계적인 학습지도뿐만 아니라 지도를 용이하게 해 준다.
⑤ 잘 짜인 학습지도안은 학습의 내용을 풍부하게 해 주고 학습자의 학습을 용이하게 해 주기도 한다.

(2) 학습지도안의 형식과 내용

학습지도안은 어떠한 내용을 어떠한 교재를 사용하여 어떠한 방법으로 가르치려고 하는가를 구체적으로 제시하는 것이다. 따라서 그 양식에 일정한 틀이 있는 것이 아니라, 교사가 자기의 교육관에 비추어 개별적으로 작성해 나아가는 것이다.

학습지도안의 형식은 교과나 단원의 특성 또는 담당교사의 창의성에 따라 다양하게 작성될 수 있다. 다시 말하면, 모든 교과나 단원 또는 교사에게 공통적으로 활용될 수 있는 표준적인 학습지도안의 형식은 있을 수 없다. 학습지도안에 포함되어야 할 내용은 교과나 단원의 특성 및 교사의 독창성에 따라 서로 다르다. 학교 나름대로 개발되어 제시되는 학습지도안의 형식과 내용에 교사의 독창성이 가미되어 작성되는 것이 일반적이다. 그러므로 학습지도안이야말로 교사 자신의 독창적인 아이디어가 가장 많이 반영될 수 있고 또 반영되어야 하는 것이기도 하다.

그러나 아무리 학습지도안의 형식과 내용에 정형이 없고 독창성이 강조된다고 해도 학습지도나 학습목적 본연의 궤도에서 이탈해서는 곤란하다.

그러므로 교사는 여러 학자들의 견해를 종합적으로 고찰하여 학습지도안이 갖추어야 할 최소한의 필수적인 내용들을 포함시킨 뒤에 자신의 독창성을 가미해야 한다. 독창성이란 주로 내용상의 것을 말하는 것이고 지도안의 형식은 교과나 단원에 따라 크게 다를 수 없는 것인데, 일반적으로 다음과 같은 형식이 있다.

① 교재 및 단원

단원의 제목을 쓴다. 교재는 일반적으로 교과서인 경우가 대부분이며 단원은 대단원과 본시단원을 함께 작성한다.

② 단원지도의 기초

여기서는 '단원의 성격'과 '지도의 기초'라는 두 항목으로 나누어 기술한다. 단원의 성격에서는 단원 전체를 개관하면서 그 성격이나 중요성·가치성 등을 진술하고, 지도의 기초에서는 과제분석의 결과를 제시하는 교재관, 학생에 대한 다양한 정보를 제시하는 학생관 그리고 교재관과 학생관을 기초로 한 지도관을 진술하는 것이 바람직하다. 여기에는 다양한 그림과 표를 제시하고 이에 대한 적절한 해석이 덧붙여져야 한다.

③ 단원의 목표(교재관)

교재에 대한 교사의 견해와 수용방법을 쓴다. 단원은 대단원을 말하고 목표는 지식, 이해, 적용 등으로 나누어 진술할 수도 있다. 진술의 형식은 본시단원의 목표와는 다르게 어느 정도의 일반성과 추상성을 가진 용어를 사용하는 것이 바람직하다. 목표는 10~12개 정도가 적합하다.

④ 단원의 지도계획

지도계획은 가르치고 싶은 내용의 요소로 구조화하고 시간배당을 하는 것이다. 여기서는 하나의 대단원을 이루고 있는 중·소단원별 지도계획을 말한다. 차시별 주요내용, 수업방법 그리고 주요매체 등을 요약해서 하나의 표로 제시하는 것이 바람직하다. 이 경우에 본시단원도 함께 제시함으로써 대단원에서 차지하는 본시단원의 위치를 알게 해야 한다.

⑤ 본시의 목표

그 시간에 어떻게 해서라도 이해시키고 싶은 것과 이를 위한 수업의 방향성 등에 대하여 작성한다.

⑥ 관련 단원

본시수업과 관련된 단원을 페이지까지 구체적으로 표시한다. 관련 단원은 주로 동일 교과인 경우가 대부분이겠지만, 경우에 따라서는 간혹 다른 교과의 단원일 수도 있다.

⑦ 본시의 지도계획

한 시간의 수업을 전개해 나가는 데 있어서 본시내용의 핵심이 되는 것을 주제별로 작성한다.

⑧ 지도시 유의점

수업에 관련된 내용과 관련하여 학생들이 어떠한 사전지식이 있고, 어떠한 관심이나 반응을 나타내는가 등 학생파악이나 지도 시의 유의점에 대하여 기록한다.

⑨ 수업의 지도계획표

여기에서는 먼저 본시수업의 목표로부터 진술해야 하는데, 대단원과는 달리 구체적이고 행동적인 용어를 사용하여 2~3개의 명세적 목표를 제시하는 것이 바람직하다. 그리고 수업활동은 교사의 활동과 학생의 활동으로 나누어서 작성하고 각 단계별 유의점도 제시한다.

- 주된 학습내용 : 수업을 해 나아갈 경우에 그 내용적인 핵심이 될 만한 것을 기록한다.
- 교사의 활동 : 내용적인 핵심에 학습자들을 끌어내어 집중 · 접근시키기 위하여 교사가 어떠한 작용을 하는가에 대하여 기술한다. 주요 질문이나 과제제시의 내용 및 그의 진행방법을 구체적으로 작성한다.
- 학습자의 예상되는 반응 : 교사의 작용에 대한 학습자의 예상되는 반응이나 가능성에 대하여 작성한다.
- 예상되는 문제점 : 학습자의 반응으로부터 예상되는 실패나 문제점 등을 서술한다.

⑩ 판서계획

판서계획은 본시수업의 전개과정에 포함시킬 수도 있겠지만, 학습의 요점만을 간단하게 구조화시켜 판서하기 위해서는 별도의 항목으로 독립시켜 계획하는 것도 바람직하다.

⑪ 형성평가 계획

형성평가의 문항도 미리 학습지도안에 작성해 두는 것이 바람직하다. 주관식일 수도 있고 객관식일 수도 있겠지만, 어느 경우든지 단순한 기억이나 재생을 요구하는 문항은 바람직하지 못하다. 적어도 10분 이내에 끝낼 수 있도록 문항수를 조정해야 한다.

(3) 학습지도안의 실제

학습지도안의 형식은 전술한 바와 같이 교재 및 단원명부터 시작하여 단위시간의 지도계획을 상세히 설계한다.

4. 교과교육에서의 교수·학습활동의 실제

1) 교과교육의 수업단계

교과지도에서 교재연구와 학습지도안 작성이 이루어지고 나면, 그 다음 단계는 교수·학습활동을 진행하는 일이다. 전 단계에서 교수·학습경험의 선정과 조직을 거쳤으므로 교사는 교수경험을, 학생은 학습경험을 하는 단계인 것이다. 이 단계는 정해진 시간에 이루어지는 교수·학습활동이기 때문에 학습자로 하여금 학습목표에 도달할 수 있게 하느냐 못하느냐가 성공적인 수업여부를 판단하는 관건이다. 따라서 교사는 성공적인 수업전개를 위해서 대체적인 절차를 참고할 필요가 있다.

한편, 오늘날 교수·학습활동의 정형화된 틀을 깨자는 주장과 함께, 교과나 학습제재의 특성을 고려하여 한 시간의 수업마저도 신축적·탄력적으로 운용하는 융통성을 강조하고 있는 것이 사실이다. 그래서 기존의 교수단계설을 주장하는 것처럼 일정불변한 형식을 밟을 필요는 없다. 오늘날의 단원학습은 학습자의 활동경험에 기초를 두는 동적인 것이므로, 학습지도의 진행순서에 획일적·결정적인 표준이나 방식은 있을 리가 없다. 그 이유는 학습의 목적, 단원내용의 성격, 환경이나 교재교구의 조건, 학습자의 자질, 교사의 능력 등에 의해서 얼마든지 달라질 수 있기 때문이다. 그러나 이와 같이 동적이고 다양하기는 하나, 어느 정도 대체적인 단계를 통해 학습을 진행시키는 것은 양적, 질적 그리고 시간적으로 학습효과를 올릴 수 있는 데 필요하다.

학습효과를 높이기 위해 요구되는 대체적인 절차를 이승익(1983)은 도입, 전개, 정리 그리고 평가 등 4단계로 주장하였고, 박인학(2002)은 계획, 도입, 전개, 정리 그리고 발전 등 5단계로 제시한 바 있다. 그러나 이런 주장들은 실제로 수업이 이루어지기 이전의 활동까지를 포함하느냐 포함하지 않느냐의 차이와, 각 단계에 대한 명칭을 어떻게 부여하느냐의 문제에 기인한 것이라고 하겠다. 이에, 본 연구에서는 전자의 주장을 중심으로 각 단계에서 이루어지는 활동내용을 살펴본다.

(1) 도입단계

도입(introduction) 단계는 동기유발(motivation), 개시(initiation), 접근(approaches) 또는 방향주기(orientation), 준비(preparation) 등의 단계를 내포한다. 즉 어떤 교육내용을 전개하고자 할 때에 되도록이면 학습자의 자주적인 활동에 의해 그 다음의 중심학습에 이행될 수 있도록 학습의욕을 환기시키고 충분한 계획과 준비를 시기는 단계이다. 학습목표를 인정하는 것부터 시작해서 학습이 끝날 때까지의 일체 활동을 강력히 추진시키는 의욕을 불러일으킴으로써 학습지도를 효과적으로 이끌어 나아가는 중요한 활동인 것이다.

이러한 활동을 종래의 교육학에서는 흥미 또는 자발활동이라고 했는데, 오늘날에 와서는 동기유발(motivation)이라고 한다. 요컨대, 이 단계에서는 학습자에게 충분한 학습 준비태세가 갖추어져 있으면 된다. 한 시간의 수업을 성공적으로 이끌 수 있느냐 없느냐는 이 도입단계의 운영이 잘 되었느냐 못 되었느냐에 달려 있다고 할 정도로 중요하다. 이 도입단계의 전개에는 학습동기의 환기와 학습계획 혹은 목적수립의 두 가지 분야를 포함하는 경우도 있고, 학습동기의 환기만을 다루고 별도로 목적설정 단계 또는 학습계획 수립의 단계를 설정하는 경우도 있다.

(2) 전개단계

전개(developing) 단계는 학습동기가 유발되어 목표가 명확히 인식된 도입단계에서 세워진 학습계획에 의해 실제 학습을 진행시키는 학습의 중심부분이다. 즉 학습활동은 거의 이 단계에서 이루어진다. 전개단계는 작업, 통합, 실험, 연구, 분담수행의 단계 등으로 부르며, 학습시간의 대부분을 여기에서 충당하는 중요한 단계이다.

이 단계의 특징은 현대교육이 경험에 의한 생활교육을 표방하기 때문에 인간의 종합적인 활동에 의해서 학습이 전개되어야 한다는 점이다. 즉 자료를 수집하며, 서적을 읽고, 사전을 찾으며, 라디오를 듣고, 견학·소풍을 가며, 토의를 하고, 환등이나 영화 및 지도 등을 보며, 연구보고나 팸플릿을 만들고, 도표나 그래프를 작성하며, 위원회에서 그 책임분담을 연구한다.

이와 같은 활동을 통해 많은 분야의 교과를 완전한 통일된 전체로 조직하고 결합한다. 여기에서는 서적을 통해 지식을 얻는 것뿐만 아니라, 여러 가지 실험을 하면서 현미경과 같은 과학적인 설비·기구를 사용한다. 또한 그림을 그리고 모형을 만들며 무대장치를 만들기 위해 창작활동을 하고 집합장으로 사용하기 위해 교실을 장식하는 등 다방면의 활동이 행해진다. 이 단계에서 교사가 해야 할 임무는 다음과 같다.

① 교재의 성질에 의해 학습활동의 형태를 적당히 선택한다.

② 우수아 또는 지진아 등의 개별지도에 유의한다.

③ 언제나 활동의 진행에 주의해서 격려해 준다.

특히, 교사는 학생의 학습방향이 잘못되었으면 이를 바로 잡아 주어야 하는데, 그룹학습의 경우에는 그 구성원들이 각기 책임과 협력을 존중해서 학습을 유기적으로 진행하도록 해야 한다.

(3) 정리단계

정리(culmination) 단계는 전 단계에서 학습한 것을 총괄하고 조직하며 결론을 짓는 총결산의 단계이다. culmination은 정점 또는 절정을 의미하는데, 말하자면 학습활동의 최고조이며 종결의 단계라고 할 수 있다. 이 단계의 목적은 학습자의 연구결과나 각 연구위원회 및 개인의 프로젝트를 학습자 상호 간 또는 사회와 협동하는 것이다.

이 단계에서는 분단이나 개인의 보고가 있고 이와 관련한 토론이 행해진다. 학생들이 만든 도표나 그래프 등의 제작품이 전시되고, 창작이나 미술 작품을 발표하며, 극화 또는 인형극을 하고, 음악회를 열며, 학부모나 지역사회인을 초청해서 연구결과를 보고하는 등의 활동이 포함된다. 교재단원일 경우에는 학습내용과 줄거리를 정리 · 판서하고 각 조항에 간단한 내용을 붙인다. 문답법이나 토의법에 의한 정리도 좋지만, 학습자의 활동이 주가 되어야 한다. 이 경우에 특히 필기하는 기능과 정리요령을 지도한다. 요컨대 이 단계는 학습성과를 개관함으로써 학습한 내용을 한층 더 명확히 하여 종합하는 것이다.

(4) 평가단계

평가(evaluation) 단계는 목표로 한 학습에 얼마나 도달했는지에 대한 학습효과를 평가하기 때문에 비판의 단계라고도 한다. 즉 학습문제의 해결과정에 있어서 학습자가 어느 정도의 학습성과가 있는지를 측정하는 단계이다. 예컨대, 지식 · 이해에 대해서는 선택형이나 서답형 문항 평가 또는 표준화된 학력검사를 한다. 또한 태도 · 감상에 대해서는 토의, 의견발표, 위원회에서의 일들, 교사에 의한 질문지법으로 평가하고, 능력이나 기능에 대해서는 보고서나 전람물 등으로 학습효과를 평가한다.

이와 같은 평가는 학습자의 학습성과를 측정하는 기회가 되고 학습에 대한 흥미와 동기를 유발시키는 기회가 된다. 또한 교사에게 있어서는 지도방법의 적부를 판단하고, 다음 지도를 위해서 치료적 지도를 도모하는 좋은 지침이 될 수 있다.

2) 좋은 수업과 발문

학교에서 교사와 학생이 면 대 면으로 전개하는 교수·학습활동은 교수자와 학습자 간의 언어적인 상호작용에 의해 전개된다. 일찍이 N. A. Flanders는 초·중학교의 교사 약 400명을 대상으로 수업을 관찰한 결과, 수업시간의 67%가 교사나 학생들이 말을 주고받는 데에 사용했음을 확인하였다.

이러한 교사와 학생 간의 언어적인 상호작용은 단순히 지식전달의 수단이 아니라, 학생들의 탐구적인 사고를 높이고 학생 스스로 어떤 문제의 답을 탐색하도록 요구하는 발문에 의해서 교육적인 의미를 갖는다. 그러므로 발문의 질에 의해 수업의 질이 결정된다고 하겠다. 따라서 교사의 발문기술은 교사가 수업을 성공적으로 이끌어가고 실천할 수 있는 가장 중요한 수업의 실천기술이라는 시각에서 고영희(1979)의 연구내용을 중심으로 발문의 의의와 좋은 발문의 기술에 대해 논의한다.

(1) 발문의 의의

교육현장에서는 질문과 발문을 혼용하고 있기도 하다. 이런 현상은 학자들 간에도 질문과 발문을 동일한 의미로 해석하고 사용하는 사례가 있기 때문에 미루어 짐작할 수 있다. 그러나 좋은 발문으로 학습의 효과를 높이기 위해서는 발문과 질문의 차이를 확인하는 일부터 시작해야 한다.

질문은 국어사전에서 "의문이나 이유를 캐어서 물음" 또는 "바로잡아 밝히기 위해서 물음"이라고 밝혀져 있다. 이런 의미에서 볼 때 질문은 의심나거나 어떠한 사건 및 사상의 이유를 캐기 위해, 아니면 어떤 정보를 얻으려고 묻는 것이라고 할 수 있다.

일반적으로 종래에 사용해 왔던 질문이 수업현장에 사용될 때에는 두 가지 의미로 사용되었다. 하나는 교사가 학생들에게 지식이나 정보를 제공해 주기 위해 사용했던 질문이고, 다른 하나는 학생들의 학습을 점검하기 위해 사용했던 질문이라고 보는 것이다. 그러나 발문은 단순히 지식 · 정보를 제공하거나 수준점검의 목적이 아니라, 학생이 학습을 조성해 나아갈 수 있도록 하는 교사의 물음, 즉 수업목표를 향하여 학생의 사고와 논리를 자극 · 유발하고 발전시켜 나가기 위한 문제제기라고 할 수 있다.

따라서 수업과정을 조작하는 과정에 있어서 교사의 발문은 학생의 사고활동의 계기를 마련해 줌으로써 학습과정의 활력소 역할을 함과 동시에 피드백의 수단이 되기도 한다. 문답에 의한 학습지도는 교사 주도의 강의, 학생 중심 또는 교사와 학생 공동의 문답 해결과정, 작업 및 토의 등에서 이루어질 수 있으므로 모든 교과와 영역을 지도할 때에 기본이 되는 수업방법이라고 할 수 있다.

교사와 학생 사이에 오고가는 발문과 대답이 계속되는 가운데 이루어지는 문답에 의한 수업의 이점을 한국교육개발원(1977)에서는 9가지로 제시하고 있다.

첫째, 일련의 학습활동이 끝난 다음에 학습자가 계획되었던 학습목표에 어느 정도 도달하였는가를 확인할 수 있다.

둘째, 학생들이 가지고 있는 사전경험을 학습지도에 결부시킴으로써 본 학습의 내용에 대한 이해를 증진시킬 수 있다.

셋째, 당면한 학습문제에 대해 관심과 흥미를 갖게 하며 문제를 해결하려는 태도와 의욕을 갖게 할 수 있다.

넷째, 학습방법이나 작업방법에 대한 암시를 줌으로써 문제해결 절차에 의해 학생 스스로 답을 구할 수 있게 한다.

다섯째, 이미 학습한 내용을 비판 · 분석 · 평가 · 종합하는 등 소위 고등정신기능을 촉진함으로써 기존의 지식과 기능을 새로운 사태에 적용하는 능력을 신장시킬 수 있다.

여섯째, 제시된 자료 또는 학습과정에서 얻은 결과를 해석 · 정리 · 발표할 수 있는 능력을 기를 수 있다.

일곱째, 가치판단의 힘을 길러 준다.

여덟째, 학생들의 심미안과 감상력을 길러 준다.

아홉째, 교사와 학생들 간의 인간관계를 인격적으로 결부시킴으로써 온화하고 민주적인 수업분위기를 조성할 수 있다.

(2) 좋은 발문의 기술

수업시간의 발문은 교사와 학생의 만남을 매개하는 중요한 변인 중의 하나이다. 그러므로 '무엇을' 그리고 '어떻게' 발문해야 하는지를 늘 염두에 두고 계획적으로 접근해야 한다. 수업과정에서 좋은 발문이 이루어지려면 발문내용의 구성, 발문의 분위기 조성, 발문의 적시성, 발문의 표현 그리고 발문의 처리 등에 주의를 기울여야 하는데, 그 중에서도 특히 주의할 점은 발문의 표현과 발문결과에 대한 처리이다.

발문내용이 학습자에게 충분히 전달되고, 학습자들의 사고를 촉구할 수 있도록 표현되려면 다음의 몇 가지 유의사항이 고려되어야 한다.

첫째, 간단명료한 발문이어야 한다. 발문이 간단명료한 문장으로 이루어지기 위해서는 우선 설명부분과 물음부분이 분명해야 한다. 다음으로 발문의 취지가 분명해야 하며, 끝으로 하나의 발문 속에 두 가지 이상의 물음이 존재하지 않도록 해야 한다.

둘째, 발문은 적절한 어조로 표현되어야 한다. 발문내용이 학생들에게 분명히 이해될 수 있도록 적절한 빠르기와 적절한 프로미넌스(prominence : 강조하기 위해서 특히 그 부분만을 들추어 내세우는 것으로서 학습자들의 주의를 그 부분에 집중시키기 위한 것), 적절한 음의 장단, 악센트, 억양 등을 고려해야 한다.

셋째, 발문 시에는 몸의 자세, 안면 표정, 눈의 표정 등 교사의 비언어적인 행동도 고려하여야 한다. Smith(1961), Beckman(1963), Flanders(1965), Galloway

(1966) 등의 학자들이 연구한 결과를 종합하면, 학생들이 교사의 느낌이나 태도를 확인할 때에 언어적인 전달 못지않게 비언어적인 전달 또한 중요하다는 것이다. 따라서 비언어적인 행동은 교사와 학생 간의 바람직한 관계를 수립하고, 수업활동에 있어서 교사의 정의적인 질을 높이는 데에 중요한 의미를 가진다고 할 수 있다. 그러므로 교사는 자신의 몸차림, 위치, 몸의 움직임, 머리의 움직임, 손의 움직임, 눈의 움직임, 얼굴표정, 촉감의 접근정도를 적절히 조절함으로써 발문의 효과를 더욱 크게 할 수 있다.

넷째, 발문할 때에는 학습자의 수준에 따라 적절한 범위로 세분하고, 이해될 수 있는 용어를 사용하여야 한다. 그리고 양자택일을 하는 발문이나 발문의 중복을 피하는 것이 바람직하다.

다음으로는 발문의 결과에 대한 처리문제를 제기할 수 있다. 발문은 학습자들을 활동시켜서 문제를 해결하도록 하는 것이기 때문에 그의 처리가 중요하다. 따라서 교사가 진심으로 학생의 자유로운 표현과 적극적인 학습활동에의 참여를 원한다면 발문처리는 주의 깊게 다루어져야 한다.

첫째, 성공적인 발문에 대해서는 칭찬과 격려로써 성공감을 갖게 하여 그 다음 문제해결에 자신감을 주도록 한다.

둘째, 틀린 곳을 구체적으로 지적하여 학생 스스로 자기의 결점을 찾게 하고, 그 까닭을 찾으려는 태도와 계속적인 학습활동이 되게 한다.

셋째, 학력이 낮은 학생이나 발표력이 없는 학생 또는 내향적인 학생에게는 한층 주의를 해야 한다.

넷째, 옳지 않은 답이나 건의 · 제의가 올바르지 않더라도 이를 다시 집단사고로 돌려서 각자 생각할 기회를 갖게 해야 한다.

다섯째, 편애의 문제로, 어떤 학생의 발문은 받아들이고 어떤 학생의 발문은 배척하거나 실책 또는 빙긘히는 등의 불공평한 처리는 삼가는 것이 바람직하다.

제8장 학습결과의 평가와 교과교육

학습결과의 평가는 교육의 과정 중에서 마지막 단계에 이루어지는 활동이다. 이 단계는 교육목표의 실천 여부를 점검하고 그 내용과 방법면에 새로운 시사점을 제공해 주는 역할을 한다. 그렇기 때문에 교육현장에서 교육평가에 대한 계획을 올바르게 수립 · 적용하는 일은 교육의 질을 관리하는 유일한 방안이 된다. 제8장에서는 교과교육에서의 평가, 교육평가의 유형, 교육평가의 절차 및 도구, 평가결과의 처리 및 활용 그리고 교과교육 평가의 새로운 접근에 대하여 탐색하고자 한다.

1. 교과교육에서의 평가

1) 교육평가의 개념

교육평가(敎育評價 : educational evaluation)에서의 '평가(evaluation)'는 라틴어의 exvalere에서 유래한 것으로서 가치의 유무를 알아본다는 뜻이다. 이 용어의 사용은 R. W. Tyler에서부터 출발한다 Tyler(1950)는 평가의 과정이란 본질적으로 교육과정 및 수업의 프로그램에 의하여 교육목표가 실제로 어느 정도나 실현되었는지를 밝히는 과정이라고 정의하였다(조용진 외 5, 1993).

J. S. Ahmann과 M. D. Glock(1971)은 교육평가란 교육활동의 능률을 증거에 의하여 따져 보고 판별하는 체계적인 과정이라고 하였고, C. W. Harris는 교육평가를 어떤 특성에 비추어 무엇을 기술하고 그것이 어느 정도 수용될 수 있으며 또 어느 정도 적합한가를 판단하는 과정이라고 하였다. B. S. Bloom(1970)도 평가란 수업의 특정 목표성취에 관한 증거를 획득하는 데에

관계되는 일이라고 정의한 바 있다. 또한 황정규(1984)는 교육평가의 의미를 교육목표의 달성도, 행동의 증거수집, 인간의 이해 및 개인차 관점에서 설명하고 있다.

이상의 견해들을 종합해 보면, 교육평가는 교육의 과정 전반에 걸쳐서 매우 밀접한 관련을 갖고 있는 교육활동으로서 다음과 같은 의미가 있다(조용진 외 5, 1993; 배장오, 2001).

첫째, 교육평가는 교육목표의 달성도를 평가하는 활동이다. 기업가가 기업의 결과 및 과정을 반성하기 위해서 진단하고 손익계산서를 따져 보듯이, 교육평가란 교육목표의 달성 정도를 가늠하여 교육목표 달성을 위해 이루어졌던 제반 활동을 판단하는 활동이다. 다시 말하면, 교육평가란 일련의 교육활동이 이루어진 다음에 의도했던 교육목표가 지적 · 정의적 · 운동기능적인 측면에서 어느 정도 달성되었는지, 적용되었던 교육과정과 수업 프로그램이 교육목표 달성에 적합한 것이었는지 또 교육목표가 학생들의 발달적 필요에 부합한 것이었는지를 평가하는 활동인 것이다.

둘째, 교육평가란 교육목표의 달성 여부에 관한 증거수집 수단이다. 교육평가는 교육목표가 얼마나 달성되었느냐를 따진다. 그러기 위해서는 증거를 수집해야 하는데, 이때 사용되는 방법으로는 지필고사나 관찰 혹은 자아개념을 알아보기 위해 표준화검사를 사용하는 방법 등 여러 가지가 있다. 따라서 '교육평가=시험'이라는 생각은 잘못된 인식이다. 교육평가란 교육목표 달성에 관련된 증거를 수집하고 해석하기 위해 동원되는 모든 방법을 총칭하는 것이다.

셋째, 교육평가란 인간 이해의 수단이지 그것 자체가 목적이 될 수 없다. 시험에서 좋은 성적을 받고 합격하는 것이 교육의 전부인 것처럼 되어버린 현재의 교육실태는 시험 자체가 목적이 된 것처럼 보인다. 그러나 폭넓은 의미에서의 교육평가란 학생의 현실성보다는 가능성을 평가하는 계속적이고 종합적인 과정이다. 즉 교육평가란 일회적인 교과평가에 그치는 것이 아니라, 인간 전반에 걸친 종합적이고 계속적인 이해의 수단인 것이다.

넷째, 교육평가는 개인차를 밝히는 활동이다. 그러나 개인차 자체가 관심의 대상이 아니라, 개인차 변이를 밝히고 그것을 기초로 해서 보다 효과적이고 바람직한 교육목표 달성을 추진하려는 데에 그 목적이 있다.

교육평가를 한마디로 요약하면, 교육의 과정에서 필요로 하는 학생에 관한 정보를 수집하고 교육의 효율성을 판단하며 교육목표 달성도를 밝히는 과정(김종서 · 이영덕 · 정원식, 1984)이라고 할 수 있다.

한편, 최근까지 교육평가를 이론적으로 개념화하거나 평가모형을 개발하려고 시도해 온 학자들이 각자 나름대로의 입장에서 교육평가를 정의했는데, 이를 세 가지의 입장으로 분류(김재춘 외 3, 2003)한 경우도 있다.

첫째, 교육평가는 교육목표의 달성도 여부를 확인하는 것이다. 교육평가를 '교육목표가 얼마나 실현되었는지 그 정도를 밝히는 과정'으로 보는 Tyler식의 개념정의이다. 교육평가에 대한 이러한 관점은 1930년대 이후 미국에서 등장한 이래 지금까지도 학교교육 현장에 지속적인 영향을 미치고 있다. 우리나라의 경우에도 1945년 해방과 함께 현대적인 의미의 교육평가 개념들이 도입되면서 1960년대에 학력평가를 교육과정 목표의 달성도를 측정하는 것으로 연계시키려는 Tyler식의 교육평가 개념이 도입되었다. 교사가 일정기간 동안 수업을 진행한 후에 학습목표가 얼마나 달성되었는지를 확인하기 위해 평가를 실시하는 경우를 예로 들 수 있다.

둘째, 교육평가는 의사결정을 위한 정보의 제공이다. 교육평가를 '교육과 관련된 의사결정을 위해 필요한 정보를 수집하는 활동 또는 그 과정'으로 정의하는 것인데, 대표적인 학자로는 L. J. Cronbach와 D. L. Stufflebeam을 들 수 있다. 이 관점은 교육평가의 범위를 교육 관련 의사결정에 필요한 정보를 제공하는 것으로만 제한하고, 최종적인 의사결정 자체는 교육평가의 영역을 벗어나는 것이라고 간주한다. 여기에서 교육 관련 의사결정의 예로는 우등상을 수여하기 위한 학생 선정, 상급학교에 진학하기 위한 학생 선발 그리고 새로운 교육 프로그램의 도입 등을 들 수 있다. 즉 평가자는 우등생이나 상급학교 진학생을 결정하는 데에 필요한 정보를 수집하여 제공만 하고, 최종 결정은 해당 의사결정자가 내려야 한다는 것이다.

셋째, 교육평가는 가치의 판단활동이다. 평가에 대한 사전적인 정의를 그대로 취하여 교육평가를 '교육과 관련된 어떤 대상의 장점, 질, 가치 등을 판단하는 과정과 그 산물'로 정의한다. 이러한 입장을 받아들이는 대표적인 학자로는 M. Scriven과 R. E. Stake를 들 수 있다. 특히 Scriven은 교육평가가 우선 평가기준을 설정하여 관련 정보를 수집한 뒤에 평가기준을 적용하여 대상의 가치나 유용성, 효과, 중요성 등을 판단하는 것으로 종료된다고 주장한다.

2) 평가의 기능

교육활동의 과정 중에서 최종 단계인 교수・학습결과 평가의 교육적 기능은 다양하다. 우선, 학습자의 능력에 따라 선발・분류하는 기능과 교육의 과정을 검토하고 개선하기 위한 기능(김경배・김재건・이홍숙, 2001)이 있다. 또 다른 측면에서 보면, 평가는 교육목표 달성도의 측정, 학습활동의 개선에 기여 그리고 평가 그 자체가 교육활동이라는 기능을 갖는 것(임인재 외 3, 1987)으로 설명할 수 있다.

(1) 평가는 분류와 선발의 기능이 있다.

학교의 사회적 기능 중의 하나는 학생을 각자의 능력이나 성취도에 따라 분류하는 기능이다. 학교는 학생을 각자의 능력에 따라 그가 진학해야 하는 상급학교나 직업세계에 배치시키는 역할을 한다. 즉 학교가 학습의 결과를 평가하여 학생들을 분류하면, 상급학교나 직장에서는 이러한 평가결과를 근거로 학생들을 선발한다. 그리고 이 선발의 결과에 따라 누구는 사회적으로 보다 높은 지위에, 또 누구는 보다 낮은 지위에 위치하게 된다.

이러한 학교의 평가적 기능은 사회적 기관으로서의 학교가 수행해야 할 중요한 일 중의 하나이다. 그렇지만 평가가 학생을 능력에 따라 선발하고 분류하는 기능만을 하는 것은 아니다.

(2) 평가는 교육의 과정을 검토하고 개선하는 기능이 있다.

평가는 교육의 전체적인 과정을 검토하고 개선하는 기능이 있다. 이것을 평가의 순환적 기능이라고 한다. 평가의 결과에 따라 교육의 목표, 내용의 선정과 조직, 교수 · 학습의 방법 그리고 평가 자체에 대한 전반적인 과정에서의 문제점을 확인하고, 그다음 교육의 과정에 반영하여 교육을 개선시키는 데 이용한다. 만약에 교육이 특정의 목적을 달성하기 위한 것이라면, 평가는 그 목표의 달성 정도를 확인하고 다음의 계획을 세우는 데에 참고가 되어야 한다.

따라서 평가는 교사가 개발하고 조직한 학습경험이 실제로 얼마만큼 의도한 성과를 거두고 있느냐를 조사하고, 아울러 목표달성을 위한 계획의 장점과 단점을 밝혀내야 한다. 이것은 교육과정의 기본 설계가 타당한가를 묻는 것이고, 아울러 구체적인 도구의 적절성을 평가하는 것이다. 즉, 평가는 수업을 진행하는 수단이 되는 교사나 다른 조건 등이 적절한가를 따져보고, 교수 · 학습방법을 개선하며, 학습자에게 도움을 주기 위하여 이루어진다

평가의 결과는 그다음 교수 프로그램에 관한 의사결정을 위해서 학습자의 행동변화와 학습과정에 관한 정보를 제공하고, 그것을 기초로 교육적인 의사결정을 내리는 데에 도움을 주어야 한다. 그리고 교사는 평가의 결과에 따라 교육의 과정 중에 어느 부분을 수정해야 할지를 결정하게 된다.

(3) 평가는 교육목표 달성의 측정기능이 있다.

교육평가는 바로 주어진 목표 달성도만을 반영해야 하며, 다른 어떤 것이 되어서는 안 된다. 주어진 목표의 측정보다는 단순히 공부를 잘하는 학생과 못하는 학생을 구별하기 위한 평가, 수학문제이면서 독해력이 있어야 풀 수 있는 문제 등은 주어진 목표의 달성도를 직접적으로 측정하는 기능을 갖지 못하는 오류를 범하고 있는 것들이다.

(4) 평가는 교수·학습활동의 개선에 기여하는 기능이 있다.

평가의 존재 의미는 평가를 위한 평가가 아니라 교육의 궁극적 목적인 학습효과를 올리는 데 이바지하느냐에 있다. 단순히 학생에게 점수를 부여한다는 의미로서의 학생평가가 아니라, 수업이 잘 되었는지를 평가함으로써 수업의 개선과 학습효과의 증진에 이바지하게 된다.

(5) 평가는 평가활동 그 자체로서의 교육적 기능이 있다.

평가과정은 의도적이든지 아니든지 간에 학생들에게 영향을 주고 있음을 유의하여야 한다. 이러한 의도성 없는 영향은 평가의 잠재적 교육과정의 하나라고 할 수 있다. 평가의 교육적 영향이라 함은 평가의 과정이 학생들에게 바람직한 방향으로의 행동변화를 일으키느냐 하는 것이다.

우리는 지금까지 평가의 과정이 학생들에게 어떠한 영향을 주고 있느냐를 너무 등한시하여 왔다. 근래의 많은 심리학자와 교육자들이 평가활동이 학생들의 태도와 가치관 및 성격발달에 주는 영향을 지적하고 있다. 따라서 교육평가가 학습자에게 미치는 영향이 지대하다는 데에 유의하여, 평가활동 그 자체가 교육적인지를 진단하면서 적용할 필요가 있다.

2. 교육평가의 유형

1) 목표지향평가와 규준지향평가

목표지향평가(目標指向評價 : criterion-referenced evaluation)와 규준지향평가(規準指向評價 : norm-referenced evaluation)는 최근 들어서 교육평가의 이론과 실제 문제에 있어서 큰 관심의 대상이 되고 있다.

목표지향평가는 절대기준평가라고도 하는데, 이는 평가의 기준이 교육의 목표가 되는 것으로서 한 학생의 성적을 그가 속해 있는 집난의 검사결과와는 상관없이 주어진 교수목표를 어느 정도 달성하였느냐 하는 교수목표 달성도에 의해서 표현하는 방법이다. 이 평가에서는 주어진 학습과제를 학습하기 전에 객관적으로 평가될 수 있는 구체적인 교수목표가 설정되어 있어야 한다. 그리고 학습 후의 학생의 학업성취도는 사전에 설정된 교수목표의 달성도를 직접적으로 반영하여야 한다. 따라서 목표지향평가에서 수・우・미・양・가의 평정제도나 백분위 등은 학생 간의 학업성취도에 있어서 서열을 나타내는 것이 아니라 교수목표의 달성도를 나타낸다.

목표지향평가에 있어서는 한 학생의 성적이 상대적으로 결정되지 않기 때문에 모든 학생들이 '수'나 '우'를 받을 수도 있고, '양'이나 '가'를 받을 수도 있다고 유광찬(1994)은 설명한 바 있다.

한편 규준지향평가는 상대기준평가라고도 하는데, 학생의 평가를 위한 자료의 수집과 해석의 규준을 집단에 두는 방법이다. 즉 특정 학생의 점수가 다른 학생의 성적과 비교될 때에 상대적으로 어떤 위치에 있는가의 개념으로 평가하는 체제이다. 또한 평가의 기준점을 집단의 평균치로 보고 있기 때문에, 개인의 점수는 어디까지나 그가 속하는 집단의 평균치와 표준편차에 비추어 결정・해석되고 있다.

이 체제에서는 검사점수의 분포가 정상분포 곡선이 되는 것을 전제로 하고 있으며, 개인의 상대적인 비교를 기초로 하고 있다. 따라서 상대기준평가 체제는 학생들의 상대적인 능력이나 기술을 비교해 보고 그것에 대한 어떤 결정을 내리는, 즉 학생선발이나 우열을 가려내는 평가기능이 크게 강조되고 있는 평가 체제라고 할 수 있다. 규준지향평가에서는 개개의 학생이 학습 전에 설정된 교수목표의 달성도와는 상관없이 시험점수를 순서대로 배열하여 상위에 해당하는 일정한 비율의 학생들에게 '수'나 'A' 등의 평점을 준다.

이상에서 논의한 목표지향평가와 규준지향평가를 몇 가지 관점에 따라 비교하면 <표 8-1>과 같다.

〈표 8-1〉 목표지향평가와 규준지향평가의 비교

평가 구분	목표지향평가	규준지향평가
이론적 근거	부적편포	정상분포
평 가 기 준	타당도	신뢰도
교 육 관	발달적 교육관	선발적 교육관
지 향 점	목표지향	규준지향
장 점	• 교육개선을 위한 자료 개선 • 협동적 학습 가능 • 의미 있는 단서제공	• 개인차의 변별 가능 • 교사의 주관 배제 • 외발적 동기유발
단 점	• 개인차 변별이 용이하지 않음 • 외발적 동기를 학습에 부적용 • 절대기준 설정의 난점	• 집단과의 비교 불능 • 비교육적 경쟁 유발 • 참다운 학력평가 불가능

*자료 : 유광찬(1994). 교육과정 및 교육평가. 서울 : 교육과학사. pp.479-480. 재인용.

2) 진단평가 · 형성평가 · 총괄평가

진단평가(診斷評價 : Diagnostic evaluation)는 학습이 진행되기 전 단계에서 학생들이 어느 정도 학습을 해 나아갈 수 있는지에 대한 가능성을 타진해 보고 기초실력을 보충하기 위해 실시하는 것이다. 그리고 형성평가(形成評價 : formative evaluation)는 구체적인 학습목표가 어떻게 성취되었는지 또 만약에 성취되지 못했다면 그 이유가 무엇인지를 밝히고, 학습목표의 성취를 위해서 학생과 교사에게 적절한 정보자료를 제공하고 도움을 주는 데에 그 목적이 있다. 총합평가(總合評價 : summative evaluation)는 학생의 성적을 내어 판정하고 그 결과를 여러 가지 자료에 반영하며 부모에게 통지하는 목적을 갖고 있다.

이에, 세 가지 평가에 대해서 좀 더 자세히 살펴보기로 한다.

진단평가는 수업이 시작되기 전 단계에서 새로운 학습과제를 학습해야 할 학생들의 학습과제에 대한 기초학력의 정도와 학습흥미 · 학습동기 · 학습준비도 등을 진단하여 효율적인 학습지도 방안을 찾기 위한 기준을 마련해 준다.

따라서 진단평가의 결과는 효율적인 학습지도 방안과 수업전략을 마련하기 위한 의사결정에 관한 정보를 얻고, 학생들의 학습능력을 기술(記述 : description)하며, 학습능력에 따라 학생들을 분류하고자 하는 데에 그 목적이 있다. 즉, 진단평가는 수업의 출발지점에서 학생 개개인에게 학습능력의 정확한 위치를 알려주고, 수업의 전개과정에서 학생들의 학업실패에 대한 근본적인 원인을 발견하는 데에 주된 목적이 있는 것이다.

형성평가에 관한 개념은 Cronbach(1963)의 논문 〈교육과정의 개선을 위한 평가〉에서 시사되었고, Scriven(1967)이 교육과정 및 교수개선과 관련하여 처음으로 이 용어를 사용하였다.

형성평가는 교수 · 학습활동이 진행되고 있는 유동적인 과정에서 학생에게 피드백을 주고 교육과정과 수업방법을 개선하기 위해 실시하는 평가라고 정의할 수 있다. 형성평가의 가장 중요한 가치는 학생이 주어진 교과목의 계열에 따라 학습해 나아갈 때에 적절한 도움을 주는 데 있으며, 그것은 바로 교육과정의 질 관리(quality control)를 위한 노력이기도 하다.

새로운 교육과정이론이나 교수·학습이론 등은 공통적으로 교수·학습방법만 적절히 개선할 수 있다면 대부분의 학생들이 학습완성 수준에 도달할 수 있다는 가정을 전제로 하고, 이에 필요한 여러 가지 방안을 제시하고 있다. 형성평가는 바로 이러한 이론들이 현실화하는 데 있어서 필수불가결한 기능을 담당하고 있다. 이러한 기능을 좀 더 자세히 살펴보면 다음과 같다.

첫째, 학습보조의 개별화 기능이다. 이는 학생들의 현재 위치를 분명히 밝혀 줌으로써 학습보조를 자기의 학습능력에 맞추어 나아갈 수 있도록 하는 데 중요한 역할을 한다.

학습이 계속되고 있는 동안에 학생들은 자기 자신의 학습진전 상황을 모르거나 무관심한 경우가 많다. 그동안 여러 시간에 걸쳐서 배운 학습내용을 학생 스스로가 충분히 이해하고 있는지, 아니면 학습결손이 어느 정도 쌓이고 있는지를 분명히 알지 못하는 경우가 많은 것이다. 형성평가는 이런 학생들에게 현재의 학습진전 상황을 깨닫게 해 줌으로써 새로운 자각의 기회를 제공해 준다.

둘째, 학습곤란의 진단과 교정 기능이다. 이 기능의 목적은 학생이 당면하고 있는 학습곤란이나 학습결손의 내용을 밝혀서 이를 교정 또는 보충하는 기회를 마련하는 데 있다.

형성평가의 참된 목적은 단순히 학습진전 상황을 파악하는 데 있는 것이 아니라, 학생들이 성공적으로 학습진전을 보이고 있는 학습내용과 학습곤란 또는 학습결손을 보이고 있는 학습내용을 밝혀내는 데 있다. 이 경우에 보다 중요한 것은 학습진전이 성공적으로 이루어지고 있는 학습내용의 측면이 아니라, 학습곤란 또는 학습결손을 보이고 있는 학습내용의 부분을 밝히는 일이다. 형성평가를 통해 밝혀진 학습곤란이나 학습결손은 교정 또는 보완을 위한 학습의 기회로 연계되는 데에 참된 의미가 있다.

셋째, 학습방향의 명시 기능이다. 학기말이나 학년말에 한두 번 시험을 친다면 학생들은 장기간의 학습기간 중에 어떻게 또 무엇을 공부하는 것이 바람직한 것인지에 대해서 명확히 알지 못하고 단지 추측만 할 것이다. 그러나 학습 중간에 가끔씩 실시하는 간단한 형성평가를 통하여 학생들은 학습의 방향과 무엇이 바람직한 학습행동인가에 대해서 시사를 받게 된다. 특히 학습 초기에, 어떻게 그리고 무엇을 학습해야 하는지의 방향이 학생들에게 명확하지 않을 때에 형성평가는 학생들에게 바람직한 학습의 방향을 명시해 주는 역할을 하게 된다.

넷째, 학습행동의 강화 기능이다. 형성평가의 결과, 좋은 성취를 보인 학생은 그 사실만으로도 보상과 강화를 받게 된다. 그리고 이러한 경험이 몇 차례 반복해서 이루어진다면 학습에 대하여 자신감을 가지게 될 것이며, 나아가서는 긍정적인 자아개념을 형싱하게 되는 계기도 될 것이다. 형성평가의 결과가 만족한 수준에 이르지 못했거나 많은 학습결손을 보인 학생의 경우라고 해도 교정학습 또는 보충학습의 기회를 통하여 정상적인 학습진전이 가능하게 됨으로써, 학습활동에 대하여 새로운 의욕과 자신감을 가질 수 있게 된다. 따라서 학생들은 부정적인 자아개념으로부터 벗어나는 계기가 될 수 있다.

다섯째, 교수·학습전략의 개선 기능이다. 형성평가의 결과는 학생들의 학습촉진뿐만 아니라 교수·학습방법의 개선에도 크게 활용된다. 특히, 각 문항에 대한 정답률 분석은 교수·학습방법을 개선하는 데 있어서 좋은 방법이 된다.

예컨대, 어떤 문항에 대하여 일부－가령 15～20%－의 학생들만이 오답을 하였다면, 그것은 개인적인 학습결손으로 간주할 수 있을 것이다. 이러한 경우에는 학생 개인이 학습을 제대로 못하였거나 문제를 잘못 이해한 것으로 해석할 수 있으며, 이는 교정학습과 보충학습의 기회를 통하여 해소될 수 있다. 그러나 어떤 문제에 대하여 대부분－예컨대 70～80% 정도－의 학생들이 오답을 하였다면, 이는 집단적인 학습곤란이 일어나고 있는 것임을 알 수 있다. 이러한 집단적인 학습곤란은 일반적으로 학생 측에 문제가 있다기보다는 교사의 교수방법에 문제가 있다고 보아야 할 것이다. 이 경우에 교사는 그 문항에 대한 설명이 부족했기 때문인지, 또는 그 문항에 대한 지도방법이 부적절했기 때문인지, 아니면 그 문항을 학습하는 데에 기초가 되는 선행학습에 전반적인 결손이 있는 것인지 등을 밝혀내야 한다.

한편, 총합평가라는 용어를 처음으로 쓰기 시작한 학자는 Scriven(1967)이다. 우리나라에서는 이 용어를 약간 다르게 번역하고 있는데, 한국행동과학연구소의 완전학습 연구에서는 '총합평가'로, 한국교육개발원에서는 '총괄평가'로 번역해서 사용하였다.

총합평가는 앞에서 소개된 진단평가나 형성평가와는 달리 1학기에 중간고사나 기말고사로 두 번, 2학기에는 중간고사와 학년말 고사로 두 번 정도로 해서 1년에 총 4번 실시되며, 소위 중간고사 · 기말고사 · 일제고사 · 학력고사라는 성격의 평가를 말한다. 이 평가는 학기말이나 학년말에 종합적으로 교육목표를 평가하는 것이 주된 목적이다. 총합평가는 총체적인 절대기준 평가이며, 생활기록부의 성적란에 학업성적이 기재되어 학부모들에게 통보되는 평가이다.

이상에서 진단평가, 형성평가, 총합평가를 살펴보았는데, 이들 세 가지 유형의 평가가 갖는 유사점과 차이점을 종합적으로 비교해 보면 다음 <표 8-2>와 같다.

〈표 8-2〉 진단평가 · 형성평가 · 총합평가의 유사점과 차이점

구 분	진 단 평 가	형 성 평 가	총 합 평 가
기능 기간	• 선행기능의 인지 유무 결정 • 학습 전 성취수준 결정 • 대안에 관련된 특성에 따른 학생 분류 • 계속적인 학습곤란의 원인결정 • 학습 시초 : 학습 · 학기 · 학년 시초에 배치를 위하여 실시 • 교수 도중 : 정상수업으로 학생이 계속해서 도움을 받을 때 실시	• 학습단위에 관련된 학생의 진보상태를 교사 · 학생에게 피드백 • 학습단위의 구조에 따라 오류를 확인하여 교정 교수방법의 대안을 제시 • 교수 도중에	• 학습단위, 학기, 학년말에 학생성적의 판정 및 자격 부여 • 학습단위, 학기, 학년의 끝에 실시
강조	• 지적 · 정의적 · 운동기능적 영역 • 신체적 · 환경적 · 심리적 요인	• 지적 행동	• 일반적으로 지적 행동 • 교과에 따라 심리 · 운동적 행동 • 때때로 정의적 행동
검사 도구의 형태	• 사전검사를 위해서 형성 및 총괄평가 도구 • 표준화 학력검사 • 표준화 진단검사, 교사의 자작 평가도구에 의한 관찰 및 체크리스트	• 학습목적에 맞게 특별히 고안된 형성평가 도구	
문항 난이도	• 선행기능 및 능력의 진단 : 대부분 쉬운 문항, 65% 이상의 난이도	• 미리 구체화할 수 없음	• 평균 난이도 35~70%, 대단히 쉬운 문항과 대단히 어려운 문항 포함
채점	• 규준지향 및 목표지향 겸용	• 목표지향	• 일반적으로 규준지향이나 목표지향도 사용
점수의 보고 방법	• 하위기능별의 개인 프로파일	• 학습위계에 포함된 각 과제에 대한 급락의 개인점수 유형	• 목표에 비추어 본 총점 혹은 하위점수

*자료 : 유광찬(1994). 교육과정 및 교육평가. 서울 : 교육과학사. pp.488-489. 재인용.

3. 교육평가의 절차 및 도구

1) 교육평가의 일반적인 절차

교육평가의 절차는 적용방법이나 대상에 따라 다소의 차이가 있지만 일반적으로 유사성을 갖고 있다. 교육평가의 보편적인 절차는 교육목표 이원분류에 의한 목표확인, 평가장면의 선정, 평가도구의 제작 및 선정, 평가의 실시 및 결과처리 그리고 평가결과의 해석과 활용 등 5단계로 나눌 수 있다(조용진 외 5, 1993).

(1) 교육목표 이원분류에 의한 목표의 확인

평가에서 제일 먼저 고려되는 것은 무엇을 평가할 것이냐 하는 문제이다. 평가가 목표도달도를 측정하기 위한 것이라면 평가목표는 곧 교육목표가 되어야 함은 매우 당연하다. 그러므로 교육목표를 분석해서 그 개념을 정확하게 확인하는 것이 가장 먼저 해야 할 활동이다.

교육목표 혹은 평가목표를 정확하게 확인하기 위해서는 목표를 세분화해야 한다. 이 세분화의 형태 속에는 크게 두 가지 요소가 포함된다. 첫째는 학습된 내용이며, 둘째는 학생들에게 일어난 행동이다. 교육목표를 내용과 행동이라는 두 가지 차원의 문맥으로 진술하는 것을 교육목표의 이원분류라고 하는데, <표 8-3>은 그 한 예이다. 내용 면에서 이를 정의하고 진술하는 작업은 비교적 용이하지만, 행동을 상세하게 진술하는 데에는 어려움이 따른다. 즉, 목표의 특수성과 일반성이 문제가 된다. R. W. Tyler나 Bloom은 목표를 보다 일반화된 형태로 진술하기를 권장하는 데 비하여, Gagné나 R. F. Mager는 목표를 가능한 한 상세화시킬 것을 권장한다.

〈표 8-3〉 교육목표 이원분류표(중학교 1학년 과학)

행동 / 내용	지식				이해		적용	분석			종합	평가	합계
	1.11	1.12	1.20	1.31	2.20	2.30	3.00	4.10	4.20	4.30	5.20	6.20	
	용어	행동	방법	원리	해석	추론	적용	요소	관계	조직원리	계획	준거	
1.00 질량과 밀도	·	·	·	·	·	·	·	·	·	·	·	·	·
1.11 물질의 양	·	·	·	·	·	1	·	·	·	·	·	·	1
1.20 질량	·	·	1	·	·	·	1	·	·	1	·	·	3
1.30 밀도	1	·	1	1	·	1	1	1	1	·	·	1	8
2.00 녹는 점과 끓는 점	·	·	·	·	·	·	·	·	·	·	·	·	·
2.10 녹는 점	·	·	·	·	·	·	1	·	·	·	1	·	2
2.20 끓는 점	·	·	·	·	·	·	1	·	·	·	·	1	2
3.00 용해도	·	·	·	·	·	·	·	·	·	·	·	·	·
3.10 용해와 용액	1	1	·	1	1	1	2	·	1	1	1	·	10
3.20 용해도	·	·	1	·	·	1	·	·	·	2	·	1	5
4.00 기체의 성질	·	·	·	·	·	·	·	·	·	·	·	·	·
4.10 수소	·	·	·	1	·	1	·	·	·	2	1	1	6
4.20 이산화탄소	·	·	·	·	1	·	1	1	3	1	·	·	7
4.30 산소	·	·	·	1	·	1	1	·	·	2	1	2	8
4.40 이산화황	·	·	·	·	1	·	2	1	1	·	1	·	6
4.50 기체의 용해도	·	1	1	2	·	1	2	·	1	1	2	1	12
합계	2	2	4	6	3	7	12	3	7	10	7	7	70

*자료 : 조용진 외 5(1993). 신 교육학개론. 서울 : 정민사. p.292. 재인용.

(2) 평가장면의 선정

무엇을 평가할 것인가 하는 평가목표가 분명해지면 다음 작업은 그러한 목표를 평가하기에 적절한 평가장면을 결정하는 일이다. 평가장면이란 어떤 행동의 성취증거가 나타날 수 있는 장면을 일컫는다. 평가장면을 선정할 때에 고려해야 할 점은 '어떤 장면에서 바로 그러한 행동증거가 나타날 것인가'라는 반문이다. 달리기 능력을 지필검사로 알아보려는 것은 잘못된 평가장면 선정의 예이다.

평가장면에는 여러 가지가 있을 수 있다. 질문지 · 필답고사 · 각종 표준화검사 등 비교적 조작하기 용이한 방법이 있는가 하면, 면접법 · 투사법 · 사회측정법 · 관찰법 등 비교적 고도의 훈련을 요하는 평가장면도 있다.

(3) 평가도구의 제작 및 선정

평가장면이 선정된 후에는 교육목표를 측정하기 위한 도구를 제작 · 선정해야 한다. 이것이 교육평가의 중심 활동이다. 질문지의 경우에는 문항 하나하나를 제작하는 일이 될 것이고, 필답고사의 경우에는 시험문제를 직접 제작하는 과정이 되며, 관찰의 경우에는 관찰표나 기록방법을 제작하는 일이 된다. 이 단계에서 중요한 것은 평가도구의 문항 하나하나가 교육목표를 제대로 측정할 수 있느냐 하는 타당성의 문제이다. 평가도구에 대한 신뢰도 또한 반드시 고려되어야 한다. 이러한 검사도구의 타당성과 신뢰성에 관해서는 '평가도구의 요건'에서 논의한다.

(4) 평가의 실시 및 결과 처리

교육목표에 따라서 검사의 실시시기 및 횟수 등이 결정되어야 한다. 진단하기 위한 검사라면 교정이 있기 전후에 실시되어야 할 것이고, 학생의 능력에 대한 변화과정 자체를 알고자 한다면 수업 중에 수시로 실시되어야 할 것이다. 선발과 등급매기기가 목적인 검사라면 일정 수업이 종료된 후에 실시되어야 할 것이다. 또한 검사실시 후에는 그 결과의 처리가 문제된다. 평가의 결과가 어딘가에 활용하기 위한 수단임이 강조되어야 한다. 진정한 의미에서의 평가의 기능은 기록된 자료를 어떻게 활용하느냐에 있음을 간과해서는 안 된다.

(5) 평가결과의 해석과 활용

평가의 결과 자체는 아무런 의미가 없다. 어딘가에 활용하기 위해서 평가의 존재 의의가 있을 뿐이다. 아무런 목적의식 없이 반복적으로 실시되는 검사라면 그것은 시간, 노력, 경비가 아까운 활동이다. 평가는 지능검사든지 성격검사든지 혹은 학력검사든지 간에 그 결과가 교육적인 관점에서 해석되고 활용될 때에 평가로서 존재한다.

2) 평가도구의 요건

좋은 평가도구가 갖추어야 할 요건은 여러 가지로 생각할 수 있는데, 그 대표적인 것이 타당도, 신뢰도, 객관도, 실용도 그리고 변별도 등이다(유광찬, 1994; 박상호・김경희, 1995).

(1) 타당도

타당도란 어떤 검사 또는 측정도구가 본래 측정하고자 하였던 것을 어느 정도나 제대로 측정하고 있느냐를 의미한다. 즉 타당도는 검사도구의 검사목적 성취도를 나타내는 것 또는 검사측정상의 정직성을 나타내는 것이라고 하겠다. 검사도구의 사용자 입장에서 생각할 때에 타당도의 개념은 '무엇'에 관한 물음이다. 즉, 무엇을 측정하려고 하는 도구인지, 그래서 사용자가 원하는 유형의 정보를 어느 정도나 제공해 줄 수 있는지를 나타내 주는 것이 곧 타당도이다.

타당도는 경험적으로 분석・검증되기도 하고, 논리적으로 입증되기도 하며, 이 두 가지 방법을 모두 사용해서 검증될 수도 있다. 타당도를 검증하려면 타당도를 측정할 수 있는 준거가 필요하다. 준거와의 관계 속에서만 타당도의 존재를 확인할 수 있는 것이다. 따라서 타당도의 문제는 무엇을 측정하느냐와 측정하려는 것을 어느 정도 측정하고 있느냐의 두 가지 문제로 요약된다.

(2) 신뢰도

신뢰도는 한 평가도구가 측정하고 있는 정도에 일관성이 있느냐의 문제이다. 앞에서 논의한 타당도가 '무엇을' 측정하는가에 관련된 개념이라면, 신뢰도는 '어떻게' 측정하느냐에 관련된 개념이다.

Cronbach(1970)는 신뢰도의 개념을 정보이론의 신호와 잡음의 관계로 설명하고 있다. 우리가 어떤 정보를 보내려고 할 때에 그 속에는 진짜 보내려는 신호가 있다. 예컨대 마치 라디오의 소리를 크게 하면 들려오는 음악도 크게 들리는 것과 동시에 잡음도 크게 들리게 된다. 이와 마찬가지로 정보의 양이나 진폭을 크게 하면 신호가 커지게 되고 동시에 잡음도 커지게 마련이다. 신뢰도란 잡음이 합해진 정보의 양 속에 진짜 보내려는 신호가 얼마나 차지하고 있느냐의 비율로 나타낼 수 있다.

$$\frac{\text{신 호}}{\text{신호 + 잡음}} = \frac{\text{진짜 점수의 변량}}{\text{관찰 점수의 변량}}$$

신뢰도란 한 평가도구가 측정하고 있는 정도에 일관성이 있느냐, 바꾸어 말하면 측정의 오차가 얼마나 적으냐 하는 문제이다. 그러므로 신뢰도란 항상성 · 신빙성이라는 말과 같은 뜻이다. 신뢰할 수 있는 사람이라는 말은 그의 행동에 일관성이 있어서 어제의 행동으로 오늘의 행동을 예언할 수 있다는 것이다.

(3) 객관도

객관도는 측정의 결과에 대하여 검사자 혹은 채점자가 어느 정도로 일치된 평가를 하느냐의 정도라고 말할 수 있는데, '검사자의 신뢰도'라고도 한다. 신뢰도가 '측정도구의 변덕'에 의해서 좌우되는 것이라고 한다면, 객관도는 '채점자의 변덕'에 의해서 결정되는 것이다. 같은 교사가 여러 학생들의 답안지를 오늘 채점한 결과와 며칠 후에 채점한 결과 간의 일치 정도가 객관도이며, 같은 답안지를 여러 사람이 채점했을 때의 일치 정도도 객관도이다. 전자를 채점자 내(內) 객관도, 후자를 채점자 간(間) 객관도라고 볼 수 있을 것이다.

같은 학생의 논문식 답안지를 여러 사람이 채점했을 때, 검사자 간의 차이가 심하게 나타나는 경우를 볼 수 있다. 또 예능과와 같은 작업자의 측정이나 정직성 · 명랑성 · 협동심과 같은 성격특성 평가에서도 이와 같은 현상이 심하다. 이 모두가 개인적인 요인을 최소한으로 줄이지 못하고 주관적인 감정이 개입되기 때문이다. 객관도란 이러한 개인적인 요인과 주관적인 감정을 최소한으로 줄일 때에 가능한 것이다.

(4) 실용도

타당도, 신뢰도 그리고 객관도가 좋은 평가도구의 구비요건 중에서 이론적인 지표(指標)라고 한다면, 실용적인 지표도 갖추어야만 명실공히 좋은 평가도구가 된다. 실용도는 하나의 평가도구가 시간, 돈, 힘 등을 적게 들이고도 유용하게 쓸 수 있도록 하느냐를 말한다. 아무리 좋은 평가도구라고 해도 시간, 비용 그리고 노력이 많이 소요되고 실제로 유용하지 못하다면, 그 평가도구는 별로 의미가 없다.

실용도는 다음 몇 가지로 나누어 생각해 볼 수 있다.

첫째는 실시와 채점의 용이성 문제이다. 아무리 훌륭한 평가도구일지라도 그 실시방법이나 채점이 지나치게 까다롭고 제약이 많으면 좋은 평가도구라고 할 수 없다.

둘째는 평가결과의 해석과 활용성 문제이다. 평가결과를 보고 그것이 학생의 어떤 행동증거를 평가한 결과라는 것을 쉽게 해석할 수 있고, 또 그 결과를 유효적절하게 활용할 수 있어야 한다. 단 5분간의 고사나 학기말고사 혹은 표준화검사든지 간에 일단 평가가 끝났으면 그 결과가 유목적적으로 해석되고 활용될 수 있어야 하는 것은 지극히 당연하다. 활용할 수 없는 평가도구나 활용하지 않는 평가결과는 시간과 노력이 아까울 뿐이다.

셋째는 비용과 시간의 문제이다. 비용·노력·시간이 가급적 적게 소모되는 평가도구라야 한다. 아무리 교육평가가 중요하다고 해도, 경비가 많이 들고 교사가 평가를 위해 소모하는 시간이 지나치게 많으며 무한정의 노력이 강요되는 평가도구라면, 이는 문젯거리가 아닐 수 없다. 가능하면 최소의 경비와 노력, 시간을 들여서 소기의 목적을 달성할 수 있는 평가도구가 되어야 한다.

(5) 변별도

변별도란 학습자 각자의 교육목표 달성도를 측정함에 있어서 어느 정도 변별해 낼 수 있는가 하는 것으로서, 작은 차이라도 변별해 낼 수 있는 것이 변별도가 높은 평가도구이다. 한 평가도구가 교육목표에 가깝게 혹은 좀 멀리 도달한 학생을 세밀히 구별해 낼 수 있도록 평가도구가 제작되어야 한다는 것이다. 즉 최고점과 최저점 사이의 범위가 넓게 나오는 평가도구, 여러 정도의 곤란도를 가진 문항이 실려 있는 평가도구 그리고 성적이 좋은 학생과 좋지 않은 학생을 분명히 구별해 낼 수 있는 문항이 많이 실려 있는 평가도구일수록 좋다. 평가의 성질을 세밀히 분석할 수 있는 자료로 나올수록 그 평가도구는 변별력이 있는 도구라고 할 수 있다.

3) 평가도구의 제작

(1) 선택형 문항

선택형 문항에는 진위형, 배합형, 선다형이 포함된다. 선택형 문항은 그 문항형식 자체가 구조화・객관화되어 있다는 것이 특징이다. 그렇기 때문에 정답을 문항 속에서 확인・선택・인지하는 능력이 주된 형식이 된다. 따라서 선택형 문항은 자칫하면 단순한 상기나 기억, 단편적인 지식, 개념의 상기에 치우친 문항으로 제작될 위험이 있다.

① 진위형

진위형은 피검사자에게 진술문을 제시하고 그것의 진위・정오를 판단케 하는 방법인데, 양자택일형(alternative-response type)이라고도 한다. 진술문 한 개만을 주고 그것이 옳은지 틀린지를 판단케 하는 방법도 있지만, 진술문 두 개를 주고 그 중에서 어느 것이 옳은 것인지를 묻는 방법도 있다.

진위형이 양자택일이나 진위를 가려내는 단순한 형식이긴 하지만, 짧은 시간에 많은 교육목표를 쉽게 포괄할 수 있고 문항제작이 쉽다는 장점을 극대화하면 유용하게 활용할 수 있는 문항형식이다. 특히 학습과제의 초기에 실시하는 형성평가나 초등학교 저학년에서는 적절히 사용하기에 편리한 문항이다.

② 배합형

배합형(matching type)은 일련의 전제(前提)와 일련의 답지(答肢) 그리고 전제와 답지를 배합시키는 제시문 등 세 가지로 구성된다. 전제와 답지에는 단어, 어구, 문장, 기호 등 무엇이든지 사용할 수 있다.

배합형은 최근에 새로운 형태의 문항이 개발되고 있어서 발전 가능성이 많은 문항형식이다. 그러나 전제와 답지가 각각 동질성을 띠어야 문항의 양호도가 높아진다는 조건을 만족시키려면 상당한 노력과 경험이 요구된다. 최근에 개발된 새로운 형태의 배합형 문항은 분석력・적용력・판단력 등 비교적 문제해결력이나 사고력을 요구하는 형태로 출제하기 쉽다는 장점을 지니고 있다.

③ 선다형

선다형은 문두(問頭 : item stem)와 그에 잇따른 두 개 이상의 답지로 구성된다. 문두는 일반적으로 의문문이거나 불완전 문장으로 되어 있는데, 최근에는 선다형의 변형이 많이 쏟아져 나와서 그 형식이 일정하지 않다.

선다형은 선택형 문항의 다른 형식에 비해서 내재적인 결점이 적기 때문에 가장 보편적으로 사용되고 있는 방법이다. 또한 이 방법은 여러 가지 문두형태, 목적, 내용을 다룰 수 있는 다양성과 포괄성이 있고, 수검자의 우연적 오차의 영향을 적게 받기 때문에 문항형식으로 가장 적절하다. 그러나 다른 형식에 비해서 이 형식을 사용하여 좋은 문항을 제작하는 데에는 많은 노력과 시간이 요구된다. 답지를 2개 이상 나열한다고 해서 선다형이 되는 것은 아니며, 그 답지 하나하나가 제대로의 기능을 다하고 있느냐가 문항의 양호도를 결정하는 중요한 척도가 된다.

답지 하나하나에 세심한 배려가 요구되는 선다형은 선택형의 대표적인 형태처럼 인식되고 있다. 그러나 잘못 제작된 선다형은 잘 제작된 진위형보다 더 못할 수도 있음을 유의해야 한다. 선다형의 양호도를 보장하는 가장 중요한 관건은 정답의 매력에 있기보다 얼마나 오답을 잘 만드느냐에 달려 있다는 것을 명심해야 할 것이다. 정답문항은 분명하게, 오답문항은 '그럴듯하게' 제작되어야 한다.

(2) 서답형 문항

서답형(書答型) 문항에는 단답형, 완성형 그리고 논문형이 포함된다. 서답형의 공통된 특징은 학생이 정답의 반응을 써 넣는 형식이다. 이와 같은 형식을 통틀어 주관형(subjective type)이라고 지칭하기도 하는데, 주관형이라는 명칭은 학생의 반응을 채점할 때에 채점자의 주관적인 기준에 의해 이루어지기 때문에 붙여진 명칭이다. 그러나 서답형이 주관적인 채점을 허용하기는 하지만 객관적인 채점을 하지 않아도 된다는 말은 아니다. 서답형의 채점도 어디까지나 객관적 채점기준에 접근하려는 것이기 때문이다.

서답형 중에서 단답형과 완성형은 그 문항형식이나 문항제작의 방법도 비슷하며 실제로 요구하는 정신기능도 비슷하다. 서답형의 대표적인 문항형식은 논문형인데, 논문형이 갖고 있는 특징은 선택형이 갖지 못한 특징이기도 하다.

① 단답형과 완성형

단답형은 간단한 단어, 구, 문장, 숫자, 그림 등 제한된 형태로 대답하게 하는 형식을 말하며, 일반적으로 직접 질문이나 '…을 들어라', '…을 쓰라'와 같은 명령문으로 되어 있다. 그러나 특수한 형태도 사용할 수 있다.

1. 신라의 옛 도읍지는 어디인가? (질문형)
2. 이중섭 그림의 특징을 세 가지만 들어라. (진술 문형)
3. $\frac{1}{x} = \frac{2}{a} + \frac{2}{b}$ 일 때 x를 풀어라. (진술 문형)

이와 같은 단답형을 단순재생형(simple recall)이라고도 하는데, 가장 오래된 형태이며 교사가 즐겨 사용하는 방법이다. 위의 예에서도 보듯이 '누가', '언제', '어디에서', '무엇을', '어떻게', '왜'라는 사실적 지식을 묻는 경우에 주로 많이 사용한다.

완성형은 진술문의 일부분을 비우고 거기에 적합한 단어, 구, 기호 등을 써 넣게 하는 방법이다. 경우에 따라서는 이 형식을 단답형 속에 포함시키는 사람도 있다. 그러나 단답을 요구하는 것으로 보면 같지만, 형식으로는 차이가 있다.

단답형이나 완성형은 모두 간단한 단어, 구, 숫자, 문장, 기호 등으로 대답하게 하는 형태로서 실제 요구하는 정신기능은 비슷하다. 뿐만 아니라 선택형에서 요구하는 정신능력이나 교육목표를 측정하는 기능과도 별로 다를 바가 없다. 단답형과 완성형의 문항을 출제할 때에는 교수목표에서 의도하는 가장 중요한 핵심부분을 문항의 반응으로 다루도록 하는 것이 결정적인 요구조건이다.

② 논문형

논문형에는 별다른 형식이 있을 수 없다. 그래서 어떤 질문 혹은 지시에 따라 자유롭게 수험자의 능력을 구사할 수 있도록 하는 반응의 무제한성이 특징이다.

W. S. Monroe와 R. E. Carter(1923)는 여러 가지 논문형 문항을 조사한 후에 질문의 형태에 따라 20개의 형식을 제시하고 있다. 교사나 학생이 범하기 쉬운 잘못은 '정의하라'고 했는데 설명하고 있고, 또 '요약하라'고 했는데도 구체적인 항목을 드는 경우인데, 이러한 잘못은 논문형의 기능을 제대로 살리지 못한 것이다. 이 논문형은 서답형의 특징을 가장 잘 드러낸 대표적인 형식이어서 어떤 연구자는 논문형을 따로 분류하여 취급하기도 한다.

논문형의 문항형식은 자유롭게 구사할 수 있다. 그러나 논문형이 학생의 반응의 자유를 허용하는 특징이 있다고 해서 아무 것이나 마음대로 쓰라는 뜻은 아니며, 제한된 자유반응, 계약된 자유반응, 구조화된 자유반응을 요구한다는 점을 잊어서는 안 된다. 학생의 반응을 최대한 허용하되, 반응을 논문으로 쓸 때에는 어떤 방향으로 가야 한다는 지향성을 요구하는 것이 바람직한 논문형임을 명심해야 한다.

논문형의 가장 큰 약점은 채점의 비객관성과 비신뢰성에 있다. 그러나 이와 같은 단점은 극복할 수 없는 것이 아니며, 채점기준의 채택, 모범 답안지의 작성, 공동채점, 채점방법의 개선을 통해서 상당한 수준까지 극복할 수 있는 가능성이 있다는 점에 주목해야 한다.

4. 교과교육 평가의 새로운 접근

교과교육의 평가는 궁극적으로 '지식관'에 의해서 좌우된다. 지식을 이떤 시각에서 들여다 볼 것인지에 대한 철학적 물음의 결과가 평가의 방향을 설정하게 된다는 것이다. 실증주의 인식론으로부터 현대의 인식론으로 전환되는 것과 맥을 같이하여 지식에 대한 시각도 절대불변의 객관주의적 관점에서 상대적인 것으로 변모해 오고 있다.

지식의 상대주의적 관점을 교육학적 시각에서 본격적으로 도입한 것이 구성주의 교육론인데, 이러한 구성주의적 인식론은 급기야 구성주의적 평가관으로 정립해 가고 있다. 우리의 교육현장에서 구성주의적 평가관이 지배적인 사조로 발전하는 단계에 이르렀다는 조심스런 진단을 내리게 하는 대목이다. 이에, 조덕주(2002)의 구성주의적 평가관을 중심으로 하여 교과교육 평가의 새로운 시각을 조망해 보고자 한다.

1) 구성주의적 평가관

구성주의에서의 평가는 당연히 구성주의적 교수·학습과정과 연계되어 있다. 따라서 학습의 결과는 수업의 맥락에서 측정되어야 하고, 평가결과는 교사 자신의 수업평가의 자료로 활용될 수 있어야 한다.

수업 중이 어떤 평가결과를 단순히 개별 학습자의 지식 수준을 나타내는 것으로만 볼 것이 아니라, 그런 정보가 교사와 학습자 사이의 관계에 어떤 의미를 제공해 주는 역할을 할 수 있는 것으로 보아야 한다. 이러한 접근을 통해 교사는 학습자의 인지적 기능, 성향 및 교사와 학습자 간의 관계 설정을 동시에 조정할 수 있게 된다. 즉 학습자가 가지고 있는 개념에 대하여 옳고 그름을 표시해 주는 것이라기보다는 학습자 이해의 출발점으로서 학습자가 새로운 기술과 이해력을 구성하도록 하는 중재적인 역할을 하는 것이다.

따라서 구성주의적 교육에서는 평가의 개념을 효율성 측정이라는 입장보다는 학습자에 대한 봉사를 위한 하나의 도구라는 입장에서 볼 필요가 있으며, 평가의 결과는 비판단적인 피드백의 자료로써 제공되어져야 한다. 즉, 구성주의적 관점에서 지식이란 학습자의 적극적인 구성에 의해서 만들어지고 학습이 그러한 의미를 형성하는 과정이라고 볼 때에, 구성주의적 교육에서의 평가는 교사의 수업 효율성에 대한 판단자료라기보다는 학습의 과정을 조력해 주는 피드백의 역할을 해야 한다는 것이다. 그러므로 구성주의 수업에서 강조되는 평가는 수업을 통한 평가, 즉 학습자와 교사 간의 상호작용을 통한 참여 속에서 이루어지는 평가이며, 학습자가 어떤 아이디어와 자료를 가지고 있느냐, 즉 그 과정을 지속적으로 관찰해 나아가는 평가를 뜻한다.

최근에 제시되고 있는 수행평가 또한 구성주의적 수업을 위한 하나의 평가 대안이라고 볼 수 있다. 수행평가란 이미 제시된 답 중에서 수동적으로 하나를 선택하는 선다형 시험이 아니라, 학생이 학습의 증거를 능동적으로 생산해 내는 것이다. 이러한 수행평가에는 참 평가와 대안적 평가가 모두 포함될 수 있으며, 경우에 따라서는 참 평가와 대안적 평가 및 수행평가 등으로 구분하는 경우도 있다. 즉 대안적 평가는 사지선다형에 대한 대안 즉 평가방법의 대안을 의미하고, 참 평가는 수행이 일어나는 조건과 반응이 실제 수행이 일어나야 하는 조건과 얼마나 가까운가를 의미하는 것이다.

2) 구성주의적 평가활동

구성주의에 입각한 평가방안은 학습자의 현재 지식의 구성과정을 가장 잘 평가할 수 있는 방안이라고 할 수 있다. 지식의 구성과정을 가장 잘 평가할 수 있는 방안이란 학습자가 현재 가지고 있는 지식의 구성 정도를 가장 잘 드러낼 수 있는 방안이며, 지식의 생성력을 촉진하는 방안이다. 여기에 고정된 하나의 평가방안이란 있을 수 없으며, 다양한 평가방안이 동원되어야 한다.

현재 널리 사용되고 있는 평가방안으로는 서술형 검사, 논술형 검사, 구술시험, 토론법, 실기시험, 실험 · 실습법, 면접법, 관찰법, 자기평가 보고서법, 동료평가 보고서법, 연구보고서법 그리고 포트폴리오법 등이 있다. 이러한 방법들은 새롭게 개발된 것이 아니라 과거에도 존재해 온 것이지만, 기존의 지필고사만으로는 평가할 수 없는 영역들을 정확히 평가하기 위하여 활용범위가 넓어지는 방안들이라고 볼 수 있다. 즉 이들은 정확한 평가를 위한 평가방안이자, 과정을 평가하기 위한 평가방안이라고 하겠다.

(1) 과정에 대한 정확한 평가

지식의 형성과정에 대하여 정확하게 평가하기 위해서는 다양한 평가방안을 활용해야 할 것이다. 이에, 다양한 평가방안을 기술하면 다음과 같다(조희형 · 최경희, 2000).

① 논술형 및 구술형

논술형 및 구술형은 개인 나름대로의 생각이나 주장을 조리 있게 글이나 말로 표현하는 것이다. 이 형태는 주제 자체에 대한 내용의 깊이와 넓이뿐만 아니라, 글이나 말의 내용을 조직하고 구성하는 능력을 동시에 평가할 때 사용된다. 즉 어떠한 주제에 대하여 자신의 견해를 논리적으로 표현할 수 있다는 학습목표하에 일련의 학습이 이루어지고, 이에 대하여 학습자의 학습 정도를 평가할 때에 논술형 및 구술형이 활용되는 것이다.

② 실기형

실기형은 주로 음악 · 미술 · 체육 · 실과 등의 예능교과에서 많이 활용하는 방법이지만, 요즈음은 읽기 · 듣기 · 말하기 등 언어 분야에서도 많이 활용하고 있다. 이는 수업의 과정 중에도 할 수 있고 일련의 수업을 마친 후에 행해질 수도 있다. 수업시간에 알코올램프 다루기를 학습할 때에 교사가 먼저 시범을 보이고 학습자가 이를 수행하는 데 있어서 올바르게 다루는 방법을 지도·조언하는 것이 수업의 과정 중에 행해지는 예라고 하겠다. 또한 일련의 수업을 마친 후에 직접 노래를 부르거나 악기를 연주하는 것, 작품을 그리거나 만드는 등의 활동도 실기형에 해당된다고 볼 수 있다.

③ 실험·실습법

실험·실습법은 자연과학 분야에서 많이 사용하는 것으로서, 어떤 과제에 대하여 학생들로 하여금 직접 실험·실습을 하게 한 후에 그 결과보고서를 제출하게 하는 것이다. 이 경우에 개인 단위로 실험·실습을 하게 할 수도 있고, 팀을 구성하여 공동작업을 하게 할 수도 있다. 평가자는 학생들의 실험·실습과정을 직접 관찰함과 아울러 제출된 결과보고서를 동시에 고려하여 평가한다.

④ 면접법

면접법이란 평가자와 학습자가 서로 대화를 통해 얻고자 하는 자료나 정보를 수집하여 평가하는 방법이다. 즉 평가자가 학습자와 직접 대면하여 평가자가 질문하고 학습자가 대답하는 과정을 통해 지필식 시험만으로는 알 수 없는 사항들을 알아보고 그것을 평가하는 방법이다. 면접의 종류에는 평가자와 학습자가 일 대 일로 하는 면접, 여러 명의 평가자와 한 명의 학습자가 하는 다수 대 일로 하는 면접, 반대로 일 대 다수가 하는 면접 그리고 다수 대 다수가 하는 면접 등이 있다. 면접법을 사용함으로써 보다 심도 있는 정보와 사전에 예상할 수 없었던 정보 또는 자료를 얻을 수 있으며 진행상 융통성을 발휘할 수 있다.

⑤ 관찰법

관찰법은 학생을 이해하고 평가하기 위한 가장 보편적인 방법 중의 하나이다. 교사는 개별학생 단위로 혹은 집단 단위로 관찰하는데, 주로 인위적이 아닌 자연스러운 상황에서 관찰을 한다. 객관적이고 정확한 관찰을 하기 위해서는 관찰대상을 있는 그대로 기술하는 일화기록법이나 체크리스트 등을 사용하기도 하고, 비디오 녹화를 한 후에 이를 분석하기도 한다.

⑥ 자기평가 및 동료평가 보고서법

자기평가 보고서법이란 특정 주제나 교수・학습영역에 대하여 자기 스스로 학습과정이나 학습결과에 대하여 지세하게 평가보고서를 작성・제출하도록 함으로써 평가하는 것이다. 이와 유사하게 동료 학생들이 상대방을 서로 평가하도록 하는 동료평가 보고서법을 이용하여 학습자를 평가할 수도 있다.

⑦ 연구보고서법

연구보고서법은 각 교과별로나 통합교과적으로 여러 가지 연구주제 중에서 학습자의 능력이나 흥미에 적합한 주제를 선택하되, 그 주제에 대하여 자기 나름대로 자료를 수집・분석・종합하여 보고서를 작성・제출하도록 함으로써 평가하는 것이다. 이 경우에 연구의 주제나 범위에 따라 개인적으로 하거나 팀을 이루어 평가할 수도 있다.

⑧ 포트폴리오법

포트폴리오법이란 자신이 쓰거나 만든 작품을 지속적이면서도 체계적으로 모아 둔 개인별 작품집을 이용한 평가방법이다. 학습자는 자신이 제작한 포트폴리오를 통해 자기 자신의 변화과정을 알 수 있고, 자신의 약점이나 강점 및 잠재가능성 등을 스스로 인식할 수 있게 된다. 또한 교사는 학생들의 과거와 현재의 상태를 쉽게 파악할 수 있을 뿐만 아니라 발전방향에 대한 조언을 할 수도 있다.

(2) 지식생성을 촉진하는 평가

구성주의 교육론은 평가자들로 하여금 학습의 결과보다는 학습의 과정에 초점을 두도록 하였다. 학습자가 자신의 지식을 어떻게 구성해 가는가 혹은 더 나아가서 현재 어떤 지식을 형성해 내고 있는가에 보다 더 큰 관심을 갖게 된 것이다. 이러한 측면에 관심을 가지고 평가할 경우, 즉 현재 어떤 지식을 형성하고 있는가를 평가할 경우에는 지식 생성력을 간접적으로 촉진하는 평가를 하고 있다고 볼 수 있다.

학습자가 현재 가지고 있는 지식의 구성과정에 대하여 평가하는 경우에는 학습자의 지식구성의 내용 자체에 대한 유의미성을 인정한다는 것이다. 이 경우에 학습자의 지식은 기존의 학문적인 체계 내에 속할 수도 있지만, 학습하고 있는 개념이나 원리 혹은 기능과 관련된 학문적인 체계를 넘나드는 사고일 수도 있다. 이러한 간학문적인 사고를 하는 가운데 새로운 개념이 생성될 수 있으며, 더 나아가서는 새로운 학문의 성립 가능성의 기초를 마련할 수도 있다. 이렇게 된다면 이는 바로 지식의 생성력을 촉진하는 평가라고 하겠다.

제3부
개정 교육과정과 교육학교과

제9장 개정 교육과정과 교육학

제7차 교육과정은 1997년 12월 30일에 고시하여 개발과 실험을 거친 후에 2000학년도부터 연차적으로 적용해서 오늘에 이르고 있다. 이는 21세기를 정보화 · 세계화 시대로 특징짓고, 이러한 시대적 흐름을 주도하기 위해서는 경쟁력 있는 인간을 육성해야 한다는 당위성을 반영하고 있다. 특히, 2003년 수시개정 체제가 확립된 이후에는 개정연도를 밝혀서 '2007년 개정 교육과정' 등으로 명하고 있다. 이에, 2007년과 2009년 개정 교육과정의 특징에 대한 이해를 돕기 위하여 먼저 교육과정의 개념을 논한 후에, 교육과정 개정의 배경, 교육과정 구성, 학교급별 교육목표 그리고 편제와 시간(단위) 배당기준을 살펴보고자 한다.

1. 교육과정의 이해

1) 교육과정의 개념

(1) 교육과정의 의미

학교에서 이루어지는 교육과정은 학생이 경험하는 총체 또는 학교가 제공하는 경험의 총체라는 광의로 정의해 볼 수 있다(교육과학기술부, 2009a). 또한 보다 협의의 의미에서 교육과정은 의도적이고 계획적인 행위라고 할 수 있다. 이러한 의도적이고 계획적인 행위에는 달성하고자 하는 교육목적 및 목표가 존재한다. 이러한 관점에서 교육과정은 학교의 교육목적 및 목표를 달성하기 위해 교육내용을 선정하고 조직하여 실천하고 평가하는 제 행위를 가리키는 것이라고 할 수 있다. 따라서 의도적이고 계획적인 학교교육에 적용하고자 하는 교육과정은 '교육목표와 내용, 방법, 평가를 체계적으로 조직한 교육계획'으로 정의할 수 있다.

제도로서의 학교에서 이루어지는 교육과정은 법규에 근거하여 마련되고 실천된다. 우리나라의 경우, 초·중등학교 교육은 〈교육기본법〉과 〈초·중등교육법〉에 따라 운영하도록 규정되어 있다. 교육기본법 제2조에는 우리나라의 교육이념이 제시되어 있으며, 초·중등교육법 제23조에는 초·중등학교 교육과정의 기준과 내용에 관한 기본적인 사항을 교육부장관이 정하도록 규정하고 있다. 또한 시·도교육감은 이에 근거하여 지역의 실정에 적합한 기준과 내용을 정할 수 있으며(동법 제23조 제2항), 학교는 교육과정을 운영하여야 한다(동법 제23조 제1항). 이와 같은 관련 법규에 근거하여 국가에서 초·중등학교 교육과정을 결정하고 고시(공포)하여 시행하도록 하였다. 이러한 문서화된 계획이 제정, 고시 또는 공포된 순서에 따라 제1차 교육과정 혹은 제7차 교육과정, 2007년 개정 교육과정이라는 명칭을 부여해 왔으며, 2009 개정 교육과정은 2009년 12월 23일에 개정 고시하였다.

우리나라의 법규문서에서 '교육과정'이라는 용어를 처음으로 사용한 것은 문교부령 제5호(1945. 4. 20)로 공포된 〈초등학교, 중학교, 고등학교, 사범학교시간배당 기준령〉으로서, 여기에서는 교육과정을 "각 학교의 교과목 및 기타 교육활동의 편제를 말한다."라고 규정하였다(제1장 총칙의 제2조). 그 이후 〈문교부령〉 제19호'(1963. 2. 15)로 공포된 제2차 교육과정에서는 "교육과정을 학생들이 학교의 지도하에 경험하는 모든 학습활동의 총화"를 의미한다고 하였다(제2장 교육과정 구성의 일반목표). 또한 제4차 교육과정의 개정시안을 연구·개발한 한국교육개발원의 보고서[1]에서는 "교육과정이란

1) 한국교육개발원(1979). "초등학교 교육과정 개선연구." 연구보고 제10집. 1979. 12. p.1.
이 답신 보고서에서는 교육과정을 '문서화된 계획'이라는 입장에서 교육과정의 의미를 규정하였는데, 다음과 같이 교육과정에 포함되어야 할 사항을 밝혔다.
• 교육과정에는 학생에게 가치가 있다고 판단되는 지식, 기능, 태도를 갖추도록 하기 위하여 교육

학교에서 전개되고 실현될 교육실천의 효과를 극대화하기 위해 일정 학생에게 무엇을 어떻게 교육할 것인가를 국가수준에서 규정하는 의도되고 문서화된 계획을 의미한다."라고 하였다.

제5차 교육과정 문교부고시 제87-9호(1987. 6. 30)에서는 '국가수준의 교육과정'이라는 용어를 어떻게 정의할 것인가에 대한 논의가 활발히 전개되었다. 특히, 논의의 주요 내용은 국가에서 정하는 계획은 어디까지나 개괄적이고 일반적인 성격으로 제시될 수밖에 없으므로 교육과정으로 고시되는 문서는 '교육과정 기준', '교육과정 요강' 혹은 '교육과정 지침'과 같은 용어 사용이 '교육과정'이라고 하는 것보다 타당하다는 것이었다. 즉 교육과정은 '학생의 교육적 성취를 의도하여 마련된 계획'으로서 국가수준의 계획에서부터 교사와 학생의 계획까지를 포함하는 종합적인 관점에서 이해되어야 하며, 국가수준, 지역수준, 단위학교의 교사와 학생수준에 이르기까지 학교에서 학생들에 대한 교육적 성취를 의도하여 기성세대의 핵심적인 문화내용으로서의 지식과 사고양식, 경험을 재구성한 계획이라는 점이 강조되었다[2]. 이러한 논의는 그 후에도 지속적으로 전개되어 왔다.

제6차 교육과정[3]에서는 처음으로 교육과정의 성격을 명시함으로써 국가수준에서 문서로 고시하는 교육과정의 법제적 개념을 분명하게 밝혔다. 즉 교육부장관이 교육법에 따라 결정 고시한 국가수준의 교육과정은 초・중등

목표와 내용이 분명히 나타나 있어야 하고, 교수 · 학습효과를 높이기 위하여 운영계획, 학습지도, 학습평가 등의 지침이 제시되어야 한다.

• 교육과정의 내용은 교육철학, 국가・사회의 요구, 학생의 발달단계 및 교과의 학문적 특성을 바탕으로 하여 가치 있는 지식, 기능, 태도를 갖도록 하는 데 필요한 것을 일정한 원리와 절차에 따라 선정・조직하여야 한다. ; 교육과학기술부(2009). 교육과학기술부 고시 제2009-41호에 따른 고등학교 교육과정 해설. -총론-. pp.4-5. 재인용.

2) 한국교육개발원(1986). 제5차 교육과정 총론 개정시안의 연구개발 답신보고서(1986. 6. 30). pp.84-85. ; 교육과학기술부(2009). 교육과학기술부 고시 제2009-41호에 따른 고등학교 교육과정 해설. -총론-. pp.4-5. 재인용.

3) 초등학교의 경우, 교육부고시 제1992-16호(1992. 9. 30.), 중학교는 교육부고시 제1992-11호(1992. 6. 30.), 고등학교는 교육부고시 제1992-19호(1992. 10. 30.)이다. ; 교육과학기술부(2009). 교육과학기술부 고시 제2009-41호에 따른 고등학교 교육과정 해설. -총론-. pp.4-5. 재인용.

학교의 교육내용에 관한 전국의 공통적이고 일반적인 기준을 말하며, 여기에는 초·중등학교에서 편성·운영해야 할 교육과정의 목표, 내용, 방법, 평가, 운영 등에 관한 국가수준의 기준 및 기본지침이 제시되어 있다. 또한 이와 같은 국가수준의 교육과정에 근거하여 편성·운영하는 각급학교의 교육과정은 단순히 교육목표와 내용만을 의미하는 것이 아니라, 학습자의 '교육경험의 질'을 관리하는 구체적인 교육 프로그램을 계획하는 것을 포함하는 개념이다. 교육 프로그램은 교육목표와 내용, 방법, 평가, 운영방식 등을 핵심으로 하여 구성되며, 여기에 영향을 주는 제요인이 관련된다.

제7차 교육과정 교육부고시 제1997-15호(1997. 12. 30)에서는 제6차 교육과정과 마찬가지로 교육법규에 따라 고시한 국가수준의 기준임을 명시하고, ① 교육의 다양성을 추구하는 교육과정 ② 학습자 중심의 교육과정 ③ 교원·학생·학부모가 함께 실현하는 교육과정 ④ 학교교육을 교육과정 중심으로 개선하기 위한 교육과정 ⑤ 교육의 질적 수준을 발전시키기 위한 교육과정이라는 구체적인 성격을 강조하였다. 특히 제6차 교육과정에 이어 제7차 교육과정의 이론모형은 의도적이고 계획적인 학교교육에서 우리나라의 교육실정과 미래교육에 적합한 현실적인 접근을 시도하기 위해 교육과정 탐구의 현실적·상황적 패러다임(paradigm)을 택하여 여러 가지 이론의 절충적·종합적인 입장에서 교육과정의 개념을 규정하였다[4]. 이러한 교육과정의 개념적 입장은 이후 개정된 2007년 개정 교육과정과 2009년 개정 교육과정에서도 견지되고 있는 것이다.

---

4) 제7차 교육과정에서도 제6차 교육과정에서 정의된 교육과정의 의미가 그대로 강조되었다. 즉 교육과정의 의미 속에는 교육부장관이 법률에 따라 고시하는 국가수준의 교육과정 기준과 시·도 교육감이 지역의 특수성을 반영하여 각급학교에 제시하는 교육과정 편성·운영지침 그리고 이들 기준과 지침을 근거로 하여 실제로 교육에 투입될 수 있도록 각 학교에서 실정에 알맞게 조정, 편성된 학교수준의 교육과정이 모두 포함되는 것이다. 또한 여기에 부가적으로 학교 교육과정에 따라 실제 교실수업에서 실천될 수 있도록 교사가 계획해 놓은 구체적인 교수·학습계획(연간, 월간, 주간)도 교육과정의 범주에 포함될 수 있다. ; 교육과학기술부(2009). 교육과학기술부 고시 제2009-41호에 따른 고등학교 교육과정 해설. -총론-. pp.4-5. 재인용.

교육과정은 학문적 접근뿐만 아니라, 그동안 나타난 우리나라 국가 교육과정에서도 단순히 교육내용 및 교과서 내용에만 제한되는 것이 아님을 알 수 있다. 교육과정은 학생들에게 무엇을 어떻게 가르칠 것인가의 기본적인 물음에서 출발하여 학습자에게 제공할 학습경험을 선정 조직하여 실행하고 평가 및 개선해 가는 실천적인 행위이다. 국가 교육과정은 이를 위한 기준을 제시하고, 각 학교는 이러한 국가 교육과정의 기준을 기반으로 학교특성 및 실정에 적합한 교육과정을 창의적으로 계획하고 운영하게 된다.

(2) 교육과정의 수준

우리나라는 전통적으로 중앙집중형의 교육체제를 갖추어 왔지만, 교육의 분권화가 진전됨에 따라 교육과정 결정의 분권화 및 교육과정 자율화를 지속적으로 도모해 왔다. 그. 결과, 교육과정을 결정하는 주체에 따라 국가수준 교육과정과 지역수준 교육과정, 학교수준 교육과정 등의 교육과정 차원이 나타났다. 즉 종래에는 학교 교육과정의 모든 것이 중앙에서 결정되어 학교는 이를 시행하는 역할로 규정되었으나, 교육과정 결정의 분권화 및 교육과정 자율화가 확대되면서 지역수준 교육과정이나 학교수준 교육과정이 나타나게 되었다. 교육과정 결정의 주체에 따른 각 수준 교육과정이 형성하게 된 시발점은 제6차 교육과정이라고 할 수 있다(교육과학기술부, 2009a).

제6차 교육과정에서 ① 교육과정 결정의 분권화 ② 교육과정 구조의 다양화 ③ 교육과정 내용의 적합화 그리고 ④ 교육과정 운영의 효율화를 위하여 교육과정 편성·운영의 역할분담 체제를 도모하였다. 제6차 교육과정에서는 국가, 시·도 및 지역교육청, 학교가 교육과정 편성·운영에 관한 역할을 분담하여 교육의 과정과 결과의 질적 수준을 유지·관리하고, 국가수준의 공통성과 지역, 학교 및 개인 수준의 다양성을 동시에 추구하고자 하였다. 즉 교육부가 법률에 따라 결정·고시하는 '국가수준의 교육과정 기준'과 시·도교육청에서 지역의 특수성과 교육 중점사항을 반영한 지역수준의 '각급학교 교육과정 편성·운영지침' 그리고 직접 학생교육을 담당하는 단위학교에서 학교의 실정과 학생의 실태에 알맞게 조정한 '학교수준의 학교 교육과정'을 모두 포함하여 교육과정의 의미를 제시하고, 그 기능과 역할을 명료화하고자 한 것이다. 특히, 교육과정의 편성·운영이 국가 '국가→지역→단위학교'의 획일적, 지시적, 일방적 통로로 이루어지는 것이 아니라, '단위학교⇄지역⇄국가'의 상호 보완적인 흐름으로 이루어지게 하였다. 이러한 취지에 따라 교육과정 주체인 국가, 지역, 학교, 교원이 각각 담당하고 있는 역할과 기능에 맞게 국가가 의도하고 있는 질 높은 교육의 실현을 위하여 과연 어떠한 일을 해야 할 것인가를 깊이 있게 검토하고, 이에 대한 책무성을 갖도록 한 것이다.

우리나라에서 볼 수 있는 교육과정 결정의 주체에 따른 각 수준은 다음 [그림 9-1]과 같이 제시할 수 있다.

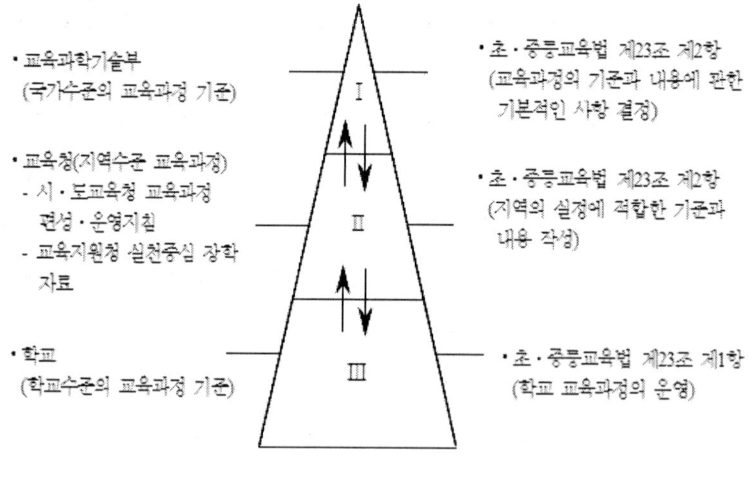

*자료 : 교육과학기술부(2009). 교육과학기술부 고시 제2009-41호에 따른 고등학교 교육과정 해설. -총론-. p.7. 재인용.

[그림 9-1] 교육과정의 수준과 위상

그림에서 보는 바와 같이, 교육과정 수준에는 국가에서 고시한 교육과정의 공통적 · 일반적인 기준(Ⅰ)과 이 기준에 따라 지역별 특성과 역사, 전통, 자연, 산업, 사회, 문화, 주민 · 학부모의 요구 및 의견 등을 충분히 고려하여 만든 교육청의 지역수준 교육과정(Ⅱ) 그리고 각 학교의 실정 및 학생의 실태, 학교환경, 교원실태 등을 고려하여 창출한 학교 교육과정(Ⅲ)이 있다. 특히, Ⅰ과 Ⅱ는 학교수준 교육과정과 교사수준의 교수 · 학습계획 수립의 바탕이 되는 기준 및 지침인 동시에, 그 지원관리 체제라고 할 수 있다.

① 국가수준 교육과정

우리나라의 '국가수준 교육과정'이란, 초 · 중등학교의 교육목적과 교육목표 달성을 위해 초 · 중등교육법 제23조 제2항[5)]에 입각하여 교육부장관이 결정, 고시하는 교육과정에 관한 전국 공통의 일반적 기준을 의미한다. 이 기준에는 고등학교에서 편성 · 운영하여야 할 학교 교육과정의 교육목표와 내용, 방법, 운영, 평가 등에 관한 국가수준의 기준 및 기본지침이 제시되어 있다. 여기에서 주의할 점은 이러한 문서로 결정, 고시된 기준 자체를 '교육과정'으로 인식해 온 측면이 있다는 점이다. 그렇게 간주되는 이유 중의 하나가 교육과정 문서의 명칭이 '○○○ 교육과정'으로 되어 있음으로 해서 발생한 오해이다. 그러나 고시된 문서의 명칭으로 제시된 '교육과정'은 다른 나라의 사례[6)]에서 볼 수 있듯이 어디까지나 국가 교육과정의 기준을 제

5) 초 · 중등교육법(법률 제917호, 1997. 12. 13 제정 · 공포, 일부개정 2008. 3. 21) 제23조 제2항에는 교육과학기술부장관이 교육과정의 기준과 내용에 관한 기본적인 사항을 정하며, 교육감은 교육과학기술부장관이 정한 교육과정의 범위 안에서 지역실정에 적합한 기준과 내용을 정할 수 있음이 명시되어 있다. ; 교육과학기술부(2009). 교육과학기술부 고시 제2009-41호에 따른 고등학교 교육과정 해설. -총론-. p.8. 재인용.

6) 이 같은 교육과정 기준 문서의 명칭은 국가에 따라 다양하다. 미국에서는 'Curriculum Guideline', 혹은 'Curriculum Framework', 'Program Guide', 'Minimum Standards' 등의 용어를 주에 따라 다양하게 사용하고 있으며, 일본에서는 '학습지도요령(學習指導要領)'으로, 타이안에서는 '과정표준(課程標準)', 프랑스에서는 'programmes et instructions', 영국에서는 'National Curriculum' 이라는 명칭을 사용하고 있다. ; 교육과학기술부 고시 제2009-41호에 따른 고등학교 교육과정 해설. -총론-. p.8. 재인용.

시하는 문서의 명칭이지, 그 자체가 '교육과정'으로 간주되어서는 안 된다.

초 · 중등교육법에 근거하여 고시되는 국가수준 교육과정은 의도적인 제도교육의 목표와 내용, 방법, 평가의 기준이 될 뿐만 아니라, 교육의 지원과 관계되는 교육행정 및 재정, 교원의 양성 · 수급 · 연수, 교과서 등의 교재개발, 입시제도, 교육시설 · 설비 등에 대한 정책수립과 집행의 근거가 되는 '교육의 기본 설계도'로서 기능하면서 학교 교육과정의 기준으로서의 법적 구속력을 갖게 된다. 국가수준 교육과정은 2009 개정 교육과정의 성격에도 그 의미가 명확하게 제시되어 있다. 국가수준 교육과정은 법적 구속력을 지니고 있음과 동시에 교육의 목적달성에 필요한 교육적 기준이 되므로, 단위학교는 이 기준을 준수하면서 지역 및 학교의 정에 알맞게 교육과정을 편성 · 운영하여야 한다.

② 지역수준 교육과정

국가수준의 교육과정은 전국의 모든 학교에서 편성 · 운영하여야 할 교육내용의 공통적, 일반적인 기준이므로 각 지역의 특수성과 각 학교의 다양한 요구 및 필요를 국가수준의 교육과정에 모두 반영한다는 것은 매우 어려운 일이다. 따라서 시 · 도교육청수준에서는 국가수준의 교육과정에서 공통적으로 제시하기 어렵거나 세밀하게 규제하는 것이 바람직하지 않은 사항을 그 지역의 특수성과 학교의 실정, 학생의 실태, 학부모 및 지역사회의 요구 그리고 해당지역과 학교의 교육여건 등에 알맞게 정하여야 한다. 또한 그 지역의 교육 중점사항 등을 설정하여 관내의 각급학교에서 학교 교육과정을 편성 · 운영할 때에 준거로 삼을 수 있도록 각 시 · 도교육청에서는 '각급학교의 교육과정 편성 · 운영지침'을 작성하여 학교에 제시할 필요가 있다. 지역수준의 교육과정 편성 · 운영지침은 국가 기준과 학교 교육과정을 자연스럽게 이어주는 교량적인 역할을 하게 되며, 장학자료, 교수 · 학습자료 및 지역 교재개발의 기본지침이 될 수 있다.

지역수준의 교육과정을 설정하는 법적 근거는 초·중등교육법 제23조 제2항 등에 제시되어 있다. 또한 2009 개정 교육과정에서도 교육청수준 지원사항으로 그 근거가 제시되어 있다. 즉 지역의 특수성, 교육의 실태, 학생·교원·주민의 요구와 필요 등을 반영하여 교육 중점사항을 설정하고, 교육과정 편성·운영지침을 작성하도록 하고 있다. 이는 각 시·도교육청에서 관내 학교의 교육과정 편성·운영에 지원과 컨설팅을 할 수 있음을 적시한 것이라고 할 수 있다.

③ 학교수준 교육과정

국가수준에서 학교 교육과정의 모든 것을 결정했던 종래의 경우, 교사의 역할은 국가가 결정한 교육과정을 시행하는 것으로 간주되었다. 이러한 역할은 교육과정을 받아 학생들에게 어떻게 하면 잘 가르칠 것인가 하는 교수(teaching)에 한정되어 있는 것이다. 그렇지만, 특히 제6차 교육과정에서부터 교육과정 결정의 분권화가 이루어지고 교육과정의 학교 자율성이 지속적으로 확대되면서, 교사의 역할이 종전과 같이 교육과정 실행자·사용자 및 교수자에만 한정되지 않고, 교육과정의 결정자로 확대되어 왔다. 교육과정의 최종 실현자인 교사가 바로 교육과정의 최종 결정자이자 개발자로 자리매김하게 된 것이다. 따라서 교육의 실천자이자 교육의 주체인 교사가 교육내용과 방법을 결정하여 이를 어떻게 실천하고 어떻게 평가하느냐 하는 것은 대단히 중요한 과제가 되었다.

각 학교에서 일련의 교육 실천계획을 수립하고 종전 교육내용과 방법을 선택하고자 할 때에 그 근거가 되는 것은 국가 교육과정과 시·도교육청의 지침이다. 그렇기 때문에 교사들은 이 기준과 지침을 면밀히 분석하는 동시에 학교의 교원·학생의 실태, 교육 실태, 교육시설·설비 및 자료 등의 교육여건을 잘 파악해야 한다. 학교의 여건과 실태에 대한 구체적인 인식에 기초하여 학생들에게 실천 가능한 교육설계도를 마련하고, 그러한 설계도에 담긴 특색을 구현할 수 있는 운영계획 및 세부 실천계획을 수립하는 것이 중요하기 때문이다.

학교는 교원조직, 학생의 실태, 시설환경, 학생 및 학부모의 요구, 지역사회의 특성 및 요구 등을 기반으로 특색 있는 최적의 교육과정을 편성·운영할 수 있도록 노력해야 한다. 이러한 학교수준 교육과정을 편성·운영하는 과정에서 교사는 스스로 교육과정의 전문성을 신장시킴과 동시에 특색 있는 학교 교육과정을 창출하게 된다. 교사에게 교육과정에 대한 이러한 역할이 요구되는 것은 각 학교에 적합한 교육이 이루어지도록 교육과정의 다양화 및 학교 자율성이 확대되었고, 이를 실현할 수 있는 핵심 주체가 바로 교사이기 때문이다. 교사는 학교 교육과정의 최종적인 실행자인 동시에 학생들의 능력과 요구 및 학교의 지역적 특수성을 가장 파악하는 사람이다. 따라서 향후 교사들에게는 단순한 교육과정 사용자가 아니라, 교육과정의 실천가인 동시에 개발자 및 결정자로서의 전문적 역량신장이 지속적으로 요구된다고 하겠다.

2) 교육과정의 법적 근거

교육과학기술부(2009a)에서는 교육과정과 관련되는 법령이 크게 헌법, 교육기본법, 초·중등교육법 그리고 그 외의 기타 법령으로 나누어 볼 수 있다고 전제한 후에, 여기에 대하여 간략하게 다음과 같이 설명하고 있다.

(1) 헌법

헌법 제31조에는 모든 국민이 능력에 따라 균등하게 교육을 받을 권리와 교육의 자주성·전문성·정치적 중립성 등이 보장된다는 점이 명시되어 있다.

(2) 교육기본법

교육기본법 제2조에는 우리나라의 교육이념이 명시되어 있다.

(3) 초·중등교육법

① 고등학교의 교육목적

초·중등교육법 제45조에는 고등학교의 교육목적이 포괄적으로 규정되어 있으며, 이에 따른 고등학교 교육목표는 교육부에서 고시한 초·중등학교 교육과정에 제시되어 있다.

② 교육과정 및 교과

초·중등교육법 제23조에는 학교는 소정의 교육과정을 운영하여야 함을 명시함으로써 학교 교육과정 편성·운영의 법적 근거가 되고 있다. 그리고 교육부장관은 교육과정의 기준과 내용에 관한 기본적인 사항을 정하고, 교육감은 교육부장관이 정한 교육과정의 범위 안에서 지역의 실정에 적합한 기준과 내용을 정할 수 있도록 함으로써, 국가수준 교육과정과 시·도교육청 교육과정 편성·운영지침 작성의 근거가 되고 있다.

또한 학교의 교과는 대통령령으로 정하도록 하였다. 이에 따라 초·중등교육법 시행령 제43조에는 고등학교의 기본 교과로 국어, 도덕, 사회, 수학, 과학, 기술·가정, 체육, 음악, 미술 및 외국어(영어)와 교육부장관이 필요하다고 인정하는 교과를 명시하고 있다. 교육장관이 필요하다고 인정하는 교과는 교육과학기술부 고시인 초·중등학교 교육과정에 제시되어 있다.

③ 학기, 학급편성, 수업운영 등

초·중등교육법 제24조에는 학교의 학년도를 3월 1일부터 시작하여 다음 해 2월 말일까지로 규정하고, 그 밖의 학교의 학기·수업일수·학급편성 및 휴업일과 반의 편성·운영, 기타 수업에 관하여 필요한 사항은 대통령령으로 정하도록 하고 있다. 즉 초・중등교육법 시행령 제44조(학기), 제45조(수업일수), 제46조(학급편성), 제47조(휴업일 등), 제48조(수업운영방법 등), 제49조(수업시각) 등으로 정하고 있다.

④ 학년제, 조기진급 및 조기졸업, 수업연한

초・중등교육법 제26조에는 학생의 진급 또는 졸업은 학년제에 의하도록 하되, 학교의 장은 관할청의 승인을 얻어 학년제 이외의 제도를 채택할 수도 있음을 명시하고 있다. 동법 제46조에는 고등학교의 수업연한을 3년으로 하도록 규정되어 있다. 다만, 동법 제27조에 예외적으로 학교장은 재능이 우수한 자에 대하여는 수업연한의 단축에 의해 조기진급 또는 조기졸업을 할 수 있도록 하고, 이에 필요한 사항은 대통령령(초・중등교육법 시행령 제53조에 따른 조기진급 및 조기졸업에 관한 규정)으로 정하도록 하고 있다.

⑤ 교과용 도서의 사용

초・중등교육법 제29조에는 학교에서는 국가가 저작권을 가지고 있거나 교육부장관이 검정 또는 인정한 교과용 도서를 사용하도록 규정하고, 그 밖의 교과용 도서의 범위, 저작, 검정, 인정, 발행, 공급, 선정 및 가격사정에 관하여 필요한 사항은 대통령령(초・중등교육법 시행령 제55조에 따른 교과용 도서에 관한 규정)으로 정하도록 하고 있다.

⑥ 학교운영위원회의 기능

초・중등교육법 제32조에는 학교 교육과정의 운영방법에 관한 사항, 교과용 도서 및 교육자료의 선정에 관한 사항에 대하여 국・공립학교에서는 학교운영위원회에서 심의하도록 하고, 사립학교에서는 학교운영위원회의 자문을 거치도록 하고 있다.

⑦ 장학지도, 학교규칙, 학생자치활동

초 · 중등교육법 제7조에는 교육부장관 및 교육감은 학교에 대하여 교육과정 운영 및 교수 · 학습방법 등에 대한 장학지도를 실시할 수 있도록 하고 있으며, 장학지도 실시 세부계획 수립에 관하여서는 대통령령(초 · 중등교육법 시행령 제8조)로 규정하고 있다. 동법 제8조에는 학교의 장은 법령의 범위 안에서 지도 · 감독기관의 인가를 받아 학교규칙을 제정할 수 있도록 하고 있으며, 법 제17조에서는 학생자치활동의 조직 및 운영에 관한 기본적인 사항을 학칙으로 정하도록 함으로써 학생의 자치활동이 권장, 보호되도록 하고 있다.

⑧ 평가 및 학교생활기록부

초 · 중등교육법 제9조에서는 교육부장관은 학교에 재학 중인 학생의 학업성취도를 측정하기 위한 평가를 실시할 수 있으며, 필요한 경우에 지방교육행정기관과 학교에 대해서도 평가를 실시할 수 있도록 하고 있다. 동법 제25조에서는 학교의 장은 학생의 학업성취도 및 인성 등을 종합적으로 관찰 · 평가하여 학생지도 및 학급학교의 학생선발에 활용할 수 있는 자료를 교육부장관이 정하는 기준(학교생활기록의 작성 및 관리에 관한 규칙)에 따라 작성 · 관리하도록 하고 있다.

(4) 기타 법령

기타 교육과정과 관련되는 법령으로는 지방교육자치에 관한 법률, 교육과정심의회규정, 학교보건법, 과학교육진흥법, 영재교육진흥법, 장애인 등에 대한 특수교육법, 산업교육진흥 및 산학협력 촉진에 관한 법률, 교육관련기관의 정보공개에 관한 특례법 등을 들 수 있다.

2. 교육과정의 개정

1) 개정의 배경

(1) 제7차 교육과정 개정의 배경

1995년 5월 31일, 대통령 자문기구인 교육개혁위원회에서는 정보화·세계화 시대에 대비하여 〈신 교육체제 수립을 위한 교육개혁 방안〉을 수립하여 발표하였다(교육인적자원부, 1999). 신 교육체제는 누구나, 언제, 어디서나 원하는 교육을 받을 수 있는 길이 활짝 열려진 '열린교육사회·평생학습사회'의 건설을 비전으로 삼았다.

이러한 비전의 실현을 위해 교육운영을 ① 공급자 중심 교육에서 학습자 중심 교육으로 ② 획일적인 교육에서 다양하고 특성화된 교육으로 ③ 규제와 통제 중심 교육운영에서 자율과 책무성을 바탕을 둔 교육운영으로 ④ 획일적 균일주의 교육에서 자유와 평등이 조화된 교육으로 ⑤ 흑판과 분필 중심의 전통적 교육에서 교육의 정보화를 통한 21세기형 열린교육으로 그리고 ⑥ 질 낮은 교육에서 평가를 통한 질 높은 교육으로 전환할 것을 제시하였다. 특히, 학생의 적성과 능력에 따라 다양한 학습을 할 수 있도록 하기 위하여 ① 필수과목 축소 및 선택과목 확대 ② 정보화·세계화 교육 강화 ③ 수준별 교육과정의 편성·운영을 교육과정 개선 원칙으로 설정하고, 이러한 원칙 아래 교육개혁위원회 내에 교육과정특별위원회가 구성, 운영되어 1995년 말 교육과정 개정의 기본 골격이 마련되었다.

교육개혁위원회에서는 이러한 신 교육과정의 기본 골격을 바탕으로 1996년 2월 9일에 '초·중등학교 교육과정 개혁'을 교육개혁 과제의 일환으로 설정하고, 첫째, 국민공통 기본교육과정 체제에 의한 교육과정 편제 도입, 둘째, 학생의 개인차를 고려한 수준별 교육과정 도입, 셋째, 능력 중심의 목표진술 및 구체적 내용제시의 최소화, 넷째, 교육과정 지원 체제 확립 등에 관한 세부적인 개정 지침을 제시하였다. 교육개혁 과제로 제시된 신 교육과정에서는 학생의 건전한 인성발달을 꾀하고, 다양한 능력과 적성을 존중하며, 독창적이고 유용한 지적 가치를 생산할 창의적인 능력을 기르는 것을 강조하였다. 이렇게 하기 위해서는 우리나라 초・중등학교 교육과정에 대한 전반적인 재검토가 필요하며, 학생들이 자신의 적성과 소질에 맞는 교과목을 선택하여 능동적, 자율적으로 공부할 수 있도록 하는 '학습자 중심의 교육과정'으로 정착시켜야 할 과제가 제기되었다.

따라서 신 교육체제 수립을 위한 교육개혁 과정에서 초・중등학교의 교육과정 개정은 그 어느 것보다도 가장 근본적이고도 우선적인 교육개혁 사업이라고 할 수 있다. 그 이유는 당시의 교육부가 초・중등교육법 제23조에 의거하여 고시하는 국가수준의 교육과정은 의도적인 제도교육의 목표와 내용, 방법, 평가의 기준이 될 뿐만 아니라, 교육의 지원 관리기능인 교육투자, 예산, 행정, 교원의 양성・수급・연수, 교과서 등의 교육자료, 입시제도, 교육시설・설비 등에 대한 정책수립과 집행의 근거가 되는 '교육의 기본 설계도'로서의 기능을 가지고 있기 때문이다.

정부수립 후 제7차 개정으로 기록되는 이 교육과정 개정의 배경요인은 세계화・정보화・다양화를 지향하는 교육체제의 변화와 급속한 사회변동, 과학・기술과 학문의 급격한 발전, 경제・산업・취업구조의 변혁, 교육 수요자의 요구와 필요의 변화, 교육여건 및 환경의 변화 등 교육을 둘러싸고 있는 내외적인 체제 및 환경, 수요의 대폭적인 변화라고 할 수 있다. 이와 같은 변화는 그 질과 속도, 범위가 종래와는 비교하기 어려울 정도의 대변혁과 전환으로서 지금까지의 학교교육에서 다루어 온 교육내용 전반에 걸친 근본적이고 종합적인 검토와 개혁을 요구하기에 이른 것이다.

그러나 교육과정의 개정은 현재까지 장기간에 걸쳐 시행・정착되어 온 교육의 역사와 성과의 맥락에서 추진되기 때문에, 현실적인 교육여건과 환경 그리고 교육경험과 제도를 교육개혁의 이상 실현과 조화시켜야 하는 어려움이 있다. 뿐만 아니라, 여러 가지 개정상의 제약과 다양한 요구가 뒤따르는 복잡한 선택과 의사결정의 과정이기도 하다. 이러한 교육과정의 이상과 현실, 개혁과 유지의 갈등 속에서 21세기의 정보화·세계화 시대를 주도적으로 이끌어 나갈 수 있는 자율적이고 창의적인 한국인을 기르기 위해서는, 학교교육 자체가 안고 있는 내재적인 문제와 선행되어야 할 개선 과제가 동시에 추진되어야 하기 때문에 이에 대한 효율적인 대응방안이 절실히 필요하다.

이와 같은 시대·교육적 요청에 부응하여 교육부에서는 1996년 3월부터 초·중등학교의 교육과정 개정계획을 수립하고, 교육과정 체제·구조개선 기초연구, 교원·학생·학부모의 개정요구 조사, 교육과정 국제 비교연구 등을 위탁하게 되었다. 그리고 이 기초연구를 토대로 교육부에서는 교육과정 개정의 기본 방향을 '21세기의 세계화·정보화 시대를 주도할 자율적이고 창의적인 한국인 육성'으로 설정하고, 세부적으로는 ① 건전한 인성과 창의성을 함양하는 기초·기본교육의 충실 ② 세계화·정보화에 적응할 수 있는 자기주도적 능력의 신장 ③ 학생의 적성, 능력, 진로에 적합한 학습자 중심 교육의 실천 ④ 지역 및 학교의 교육과정 편성·운영의 자율성 확대에 중점을 두고 교육과정 개정 업무를 추진하였다.

개정의 기본방향에 따라 초·중등학교 교육과정 총론 개정시안의 연구개발을 한국교육개발원 교육과정개정연구위원회에 위탁하고 전문가협의회, 공청회, 현장검토 및 심의 등의 과정을 거쳐, 1997년 2월 28일에 〈교육과정 총론의 편제와 시간 배당기준 개선안〉을 우선적으로 확정, 발표하였다. 이 교육과정 편제를 바탕으로 교육부에서는 〈교과교육과정(각론) 개발지침〉을 작성 및 제시하고, 서울대학교 등 14개 연구기관, 대학 및 학회에 교과별 각론 개정시안의 연구개발을 위탁하였으며, 각종 협의회, 세미나, 공청회를 거쳐 교육부고시 제1997-15호로 초·중등학교 교육과정을 확정, 고시하게 되었다.

제7차 교육과정 개정에서는 학교현장 및 각계의 다양한 요구와 의견을 폭넓게 반영하여 국민적인 합의를 도출하고자 최대한의 노력을 기울였다. 교육과정전문가, 대학교수, 현장교원, 학부모 등 연 인원 14,332명이 교육과정 개정에 참여하였고, 총론·각론 개발 협의회, 세미나, 공청회 등 연 228회의 각종 협의회를 개최하여 폭넓은 의견과 요구를 수용하였으며, 교육과정 운영위원회, 학교급별 및 교과별 소위원회 등 127개의 교육과정심의회에 1,794명의 심의위원이 참여하여 '자율과 창의에 바탕을 둔 학생 중심 교육과정'을 구성하고자 수많은 열과 성의를 다하였다.

(2) 2007 개정 교육과정의 배경

제7차 교육과정은 학교급별 개념에서 학년별 개념으로 전환하여 국민공통 기본교육과정과 고등학교 선택중심 교육과정의 설정, 수준별 교육과정의 도입, 재량활동의 신설 및 확대, 교육과정 편성·운영의 자율권 확대, 교육과정 평가와 질 관리의 강화 등 획기적인 변화 및 개선을 도모하였다. 그러나 시행과정에서 교원 및 시설 등 여러 가지 여건이 미흡하여 교육과정 운영에 따른 교사들의 부담증가와 함께 애초 교육과정 도입취지를 충분히 달성하지 못하는 현실적인 어려움 등 적용상의 문제점이 드러나서, 이에 대한 개선의 필요성이 제기되었는데, 그 구체적인 개정배경은 다음과 같다(교육인적자원부, 2007; 교육과학기술부, 2008 재인용).

첫째, 제7차 교육과정 개정 이후 사회·문화적 변화를 반영하여 교육내용과 내용체계를 개선할 필요성이 제기되었다. 2007년 2월에 개정고시된 새 교육과정은 2009학년도부터 연차적으로 적용된다. 이에 따라 1997년 12월에 고시되어 2000학년도부터 연차적으로 적용된 제7차 교육과정은 9년 정도의 기간에 적용되는 것이며 고시 시점으로 본다면 10년이 지난 것이다. 최근의 교육과정 개정이 대략 5년을 주기로 개정되었다는 점을 고려할 때에 개정주기상 새 교육과정은 개정시기가 늦은 감이 있다. 따라서 개정주기상 제7차 교육과정에 대한 개정요구 및 기대가 개정의 배경요인으로 작용한 것이다.

둘째, 과학・역사교육 강화 등과 같은 국가 및 사회의 다양한 요구를 교육과정에 반영할 필요성이 제기되어왔다. 국가 교육과정의 시행과정에서는 다양한 국가와 사회・문화적 요구가 제기된다. 제7차 교육과정이 시행된 이후 정부의 각 부처와 위원회 등 관계기관, 각종 단체와 일반 국민들의 교육과정과 교과서에 대한 반영요구가 지속적으로 증대되어왔다. 교육과정에 대한 이러한 다양한 요구가 개정의 배경요인으로 작용하였다고 할 수 있다.

셋째, 제7차 교육과정의 적용상의 문제점을 개선할 필요가 있었다. 제7차 교육과정의 주요 특징 중의 하나인 수준별 교육과정의 경우에 단계형 수준별 교육과정은 재이수(유급) 및 월반 등이 교육현장의 여건상 적용되기 어려웠으며, 학교별로 각 수준에 대한 학력기준이 다르기 때문에 수준별 수업 내실화를 위한 근본적인 처방의 필요성이 대두되었다. 또한 고등학교 선택중심 교육과정 역시 과목군 및 과목에 따라 선택의 편중현상이 나타났으며, 일반선택과목은 대학수학능력시험에 반영되지 않아서 형식적으로 운영되는 폐단이 있었다.

넷째, 주5일 수업제의 월2회 실시에 따라 학교급별 수업시수 일부를 조정할 필요가 있었다. 주5일 수업제의 월2회 실시는 지난 2006년 3월부터 각급학교에서 이루어져 왔다. 물론, 초・중등교육법시행령 제45조에는 주5일 수업제 실시의 경우 연간 수업일수 10분의 1 범위 내에서 감축 운영할 수 있음을 명시하고 있으나, 이를 교육과정에 직접적으로 반영하기 위해서는 개정이 필요하였다.

(3) 2009 개정 교육과정의 배경

국가 교육과정은 학교 교육의 방향을 제시하고, 초・중등교육의 경쟁력을 강화하기 위한 것이다. 교육과정이 보다 포괄적이며 실효성 있는 기준으로서 학교교육을 이끌기 위해서는 교육과정 전반에 대한 진단과 함께 교육과정 개선에 대한 공감대 형성이 중요하다. 이를 위해 2007년 개정 교육과정의 고시를 전후로 하여 2007년 10월부터 2009년 2월에 걸쳐 두 차례의 '국가 교육과정 포럼'을 추진하였다.

2007년 포럼에서는 교육과정 체제구조 검토 및 개선, 학교 교육과정과 대학입시의 연계, 미래사회와 학교 교육의 과제, 창의력 함양과 초・중등학교 교육과정에 관한 연구 등을 주요 문제로 다루었다. 2008년 포럼에서는 미래 지향적 교육과정의 방향 및 편성・운영이 다루어졌으며, 고등학교 교육과 대학입시 연계방안을 다루었고, 향후 교육과정 정책의 방향과 과제에 대해 논의하였다.

이와 같은 두 차례의 포럼은 교육과정 체제개편으로서 국민공통교육기관의 하향조정, 교과목 축소, 공교육과 대학입시의 연계로서 고등학교 교육과정과 대학수학능력시험의 연계, 미래 학생의 역할을 재조명하여 '흥미롭고 깊이 있는 학습기회'의 제공과 자율권 확대 등에 대한 시사점을 제공하였다. 이와 더불어 2008년 국정과제로 수행된 '초・중등학교 교육과정 선진화 개혁방안 연구'에서는 ① 교육과정 선진화와 교육과정 설계의 합리화 방안 ② 초・중등학교 교육과정의 적정화 방안 ③ 고등학교 교육과정의 특성화 방안 ④ 단위학교 교육과정 편성・운영의 자율화 방안 그리고 ⑤ 초・중등교육과정 개선을 위한 정책방향을 제시하였다.

두 차례의 국가 교육과정 포럼과 교육과정 선진화 개혁방안 연구를 발판으로 대통령 직속 국가교육과학기술자문회의의 교육과정특별위원회에서는 초・중등학교 교육과정의 미래적합성을 제고하기 위하여 '미래형 교육과정'을 구상하면서 '글로벌 창의인'[7]을 학교교육이 추구하는 인간상으로 설정하

7) 국가교육기술자문회의 제1차 회의에서 글로벌 사회를 주도하는 창의인재의 육성을 제안하고, 다음과 같이 능력 있는 사람, 실용적인 사람, 창의적인 사람을 미래형 교육인간상으로 제시하였다(국가교육과학기술정책의 비전과 전략. 2008.10.29 자료). ; 교육과학기술부 고시 제2009-41호에 따른 고등학교 교육과정 해설. -총론-. p.16. 재인용.

였다. 미래형 교육과정 구상의 주안점은 교육과정 적합성 제고, 교육과정의 적정화, 교육과정의 다양화, 교육과정의 자율화, 교육과정의 책무성 강화이다. 이를 바탕으로 초·중등학교 교육과정 개선에서는 첫째, 과잉규제 완화 및 학교 교육과정 편성·운영의 자율성 확대, 둘째, 공통교육과정과 선택교육과정의 합리적 범위설정, 셋째, 학습자, 지식, 사회측면에서 교육내용의 적합성 확보, 넷째, 학년군 간·학교급 간·교과 간 계열성과 통합성 제고에 중점을 두었다.

① 미래형 교육과정 구상에서는 초등학교 1학년부터 고등학교 1학년에 걸친 국민공통 기본교육과정을 중학교 3학년에까지 하향조정하고, 고등학교 3년간의 교육과정을 선택교육과정으로 확대하였다.

② 교육과정의 편제는 교과와 교과 외 활동으로 이원화하여 체계적인 교과학습을 비롯하여 보다 풍부하고 활성화된 교과 외 활동, 범교과적 학습봉사활동, 프로젝트 활동 등의 기회를 부여하고자 하였다

③ 교과영역의 편제에서는 교과(군) 접근을 통해 학기당 이수과목 수를 축소하고, 교과 간에 소통과 통합지도의 가능성을 확대하였다. 또 한 학년군별 교과 교육과정 기준제공으로 학생수준에 알맞은 맞춤형 교육과정을 제공하여 단위학교에 교과 및 시간운영의 융통성과 자율성을 부여하고자 하였다.

④ 수업시수 편성의 자율성을 증대하기 위하여 '최소 수업시수'를 적정하게 설정하되, 지역과 학교의 자율성을 확대하며 학년별·교과별 세분에 의한 구획성, 경직성을 탈피하고, 학생집단의 특성과 필요에 따라 수업시수를 융통성 있게 설정할 수 있도록 하였다.

능력 있는 사람	실용적인 사람	창의적인 사람
지구촌 어느 곳에서나 역량을 충분히 발휘	변화를 수용하고 미래를 개척하며 무한히 성장	고정관념을 뛰어넘어 새로운 대안을 제시

⑤ 고등학교 교육과정 개선에서는 학생의 진로와 적성계발을 증진하고자 선택중심 교육과정을 3년으로 확대하고, 교과영역별・교과군별 최소 필수 이수단위를 제공하고자 하였다.

⑥ 교과 교육과정 개선을 위해서 교육목적과 목표 달성의 효과성(effectiveness)을 제고하고, 학습 에너지의 효율성(efficiency)을 추구하며, 교수・학습 활동 여건 대비 실행가능성을 제고하여 교과교육과정의 경쟁력을 제고한다. 교과별 최소 필수(minimum essential) 학습내용을 정선한다. 이 과정에서 교과 간・활동영역 간 과다중복 또는 과도한 반복을 해소하고, 교과내용과 '범교과 학습' 주제의 중복을 해소할 것을 강조하였다 아울러 교과교육의 목표와 내용수준을 고려하여 9학년 말까지 갖추어야 할 공통 기본소양과 10～12학년에서의 심화소양을 위한 내용수준과 범위를 고려하도록 하였다. 그리고 교과(목) 개설에서의 이수방식을 고려하고 교과교육과정 개선 및 질 관리 체계를 확립할 것을 강조하였다.

이러한 초・중학교 교육과정 구조편제에 대한 미래형 교육과정 구상이 실효성을 가질 수 있도록 다음과 같은 제안을 하였다.

첫째, 국민공통 기본교육과정의 기간을 하향조정한다.

둘째, 초・중등학교 교육과정 구조개편으로서 재량활동과 특별활동 교과외 활동으로 재편하여 글로벌 창의인이 구비해야 할 핵심역량을 획득할 수 있는 학습기회로 활용히도록 하였다.

셋째, 고등학교 교육과정 구조개편으로 무학년제와 교과교실제 도입을 활성화하고, 교과군별 보통교과와 전문교과를 재정비하며, 학교 간 프로그램 연계유영을 지원하고, 학생들의 학교선택권을 확대하도록 하였다.

넷째, 교과교육과정 개편을 위해 총론에서 교과별 기준개발을 위한 공통기준을 제시하고, 교과별 교육과정은 해당분야 전문기관이나 단체에서 개발하되, 합의 가능한 교과부터 먼저 수정 고시할 수 있도록 한다.

다섯째, 교육과정 질 관리를 위하여 자율성에 따른 책무성을 확대하고, 기초학력 결손학생의 보정교육을 위해 3, 6, 9학년 초에 국가수준 학업성취도 평가를 실시한다. 그리고 주기적으로 시·도교육청 및 학교평가를 실시한다.

2) 제7차 교육과정 편제의 도입내용

우리나라의 초·중등교육은 입시 위주의 주입식·암기식의 단순한 지식교육과 획일적인 교육과정의 운영으로 인하여 단순 지식인, 개성이 없는 규격화된 인간을 양산하여 왔다. 그러나 21세기 정보화·세계화 사회의 요구에 부응하기 위해서는 학생 개개인의 다양한 능력과 적성을 계발시키고, 독창적이고 유용한 지적 가치를 생산할 창의적인 능력을 기를 수 있는 교육체제로 전환해야 한다. 이를 위해 학생들이 자신의 적성과 소질에 알맞은 교과목을 선택하여 능동적이고 자율적으로 공부할 수 있도록 하는 학생 중심의 교육과정을 신 교육과정으로 도입하게 되었는데, 이 교육과정 편제의 도입내용을 살펴보면 다음(교육개혁위원회, 1996)과 같다.

(1) 국민공통 기본교육과정 체제 설정

지식과 정보의 양이 급증하는 지식·정보사회의 요구에 부응하기 위해 국민공통 기본교육 기간을 초등학교 1학년에서 고등학교 1학년까지 10년으로 설정하고, 이 기간 중에는 학교급별 개념이 아닌 학년제 개념에 기초한 일관성 있는 교육과정 체제를 갖춘다.

① 국민공통 기본교육과정 체제는 교과, 특별활동, 재량시간의 3개 영역으로 나눈다.

② 초등학교 1~2학년의 교과는 바른생활, 국어, 수학, 슬기로운 생활, 즐거운 생활의 5개 교과로 한다.

③ 초등학교 3학년부터 고등학교 1학년(10학년)까지의 교과는 바른생활(중학교 이상에서는 도덕), 국어, 수학, 사회(국사, 일반사회, 지리, 세계사 등), 과학(물리, 화학, 생물, 지구과학 등), 체육, 음악, 미술, 실과(중학교 이상에서는 기술 · 가정), 영어의 10개 교과로 한다.

- 바른생활(도덕) 교과는 과거 도덕과 교육에서 이루어졌던 지식 중심의 교육내용 및 방법에서 탈피하여 실천 중심의 체험교육과 토론학습이 이루어질 수 있는 새로운 교육내용 및 방법으로 전환한다. 또한, 각 교과를 지도할 때 가능한 한 도덕교육이 포함될 수 있도록 하고, 학교를 도덕교육장화하여 학교의 모든 잠재적 교육과정 운영에서도 도덕교육이 강조될 수 있도록 한다.
- 실과(기술 · 가정)에서는 컴퓨터를 포함한 정보교육, 생활과학, 현행의 가정교과 및 기술 · 산업교과에서 반드시 가르쳐야 할 내용을 초등학교 3학년부터 고등학교 1학년까지 체계적으로 지도한다. 그 외 나머지 내용들은 여러 분야로 나누어 제시하고(예 : 목공, 설계, 기계, 요리, 수예, 가사, 수산, 원예, 전기 등), 단위학교는 지역사회의 특성과 학생들의 적성과 흥미를 고려하여 학습내용 분야들을 선택 · 지도한다.
- 국사는 중학교 이상의 경우 사회교과의 한 과목으로서 세계사와 연계시켜 지도한다.
- 한자는 초등학교에서도 재량시간을 통해 지도할 수 있다.
- 재량시간은 초등학교의 경우 교사 수준의 교육과정 구성과 단위학교 수준의 교육과정 구성의 중요한 요소가 되며, 중 · 고등학교의 경우 단위학교 수준의 교육과정 구성의 중요한 요소가 된다. 재량시간은 교과와 특별활동의 보충 및 심화학습(예 : 토론, 독서, 조사학습, 행사학습, 현장학습, 발표회, 봉사활동, 단체 수련활동 등)을 위한 시간으로 활용하거나, 교과에 없는 새로운 과목들을 신설하여(예 : 제2외국어, 환경, 한자, 한문, 세계이해, 공부하는 방법, 개인 연구학습

(independent study)) 등 학생이 선택하도록 한다.

- 초등학교 수업시수를 선진국 수준으로 조정하기 위하여 1~2학년의 주당 평균 수업시수를 27시간으로 증대하고, 3~6학년의 경우는 영어시간이 포함된 만큼 증대하되 영어수업은 가능한 한 영어 전담교사가 담당한다.
- 국어교과 외의 각 학년별·교과별 최소 수업시수는 교육부에서 조정하되, 주당 2~3시간 정도의 여유를 남길 수 있도록 조정함으로써 단위학교가 그 시간을 교과 중 특정 교과지도에 할당하여 자율적으로 활용할 수 있도록 한다.

(2) 일반계 고등학교의 선택중심 교육과정 체제 설정

일반계 고등학교 2~3학년은 학생의 능력, 흥미 및 장래 진로를 반영하는 선택과목 위주의 교육과정 체제를 갖춘다. 이에 따라 종래 일반계 고등학교 2~3학년에서 적용하던 과정의 구분(인문과정, 자연과정, 예·체능과정, 직업과정)을 폐지하고, 다양한 유형의 학생 개인별 교육과정이 가능하도록 한다.

① 다음은 고교 2~3학년 선택영역과 과목에 대한 예시이다.

- 어문영역 : 국어Ⅰ, Ⅱ, Ⅲ, Ⅳ, 작문, 화법, 한문Ⅰ, Ⅱ, 한국고전문학, 한국현대문학Ⅰ, Ⅱ, 세계문학Ⅰ, Ⅱ 등
- 수리영역 : 수학Ⅰ, Ⅱ, Ⅲ, Ⅳ, 응용수학, 기초수학Ⅰ, Ⅱ 등
- 외국어영역 : 영어Ⅰ, Ⅱ, Ⅲ, Ⅳ, 실용영어Ⅰ, Ⅱ, 영작문, 독일어Ⅰ, Ⅱ, 프랑스어Ⅰ, Ⅱ, 중국어Ⅰ, Ⅱ, 일본어Ⅰ, Ⅱ, 에스파냐어Ⅰ, Ⅱ, 러시아어Ⅰ, Ⅱ, 아랍어Ⅰ, Ⅱ 등
- 과학영역 : 물리Ⅰ, Ⅱ, Ⅲ, Ⅳ, 화학Ⅰ, Ⅱ, Ⅲ, Ⅳ, 생물Ⅰ, Ⅱ, Ⅲ, Ⅳ, 지구과학Ⅰ, Ⅱ, Ⅲ, Ⅳ, 환경과학Ⅰ, Ⅱ, Ⅲ, Ⅳ, 과학사 등

• 인문영역 : 국사Ⅰ, Ⅱ, 역사Ⅰ, Ⅱ, 세계사Ⅰ, Ⅱ, 미술사, 인문고전, 윤리, 철학, 논리와 비판적 사고, 논리와 컴퓨터, 종교 등

• 사회과학영역 : 한국지리Ⅰ, Ⅱ, 세계지리Ⅰ, Ⅱ, 정치학, 경제학, 사회학, 심리학, **교육학** 등

• 실업영역 : 가정Ⅰ, Ⅱ, 생산기술, 컴퓨터입문, 컴퓨터언어Ⅰ, Ⅱ, 정보처리, 농업, 공업, 상업, 임업, 수산업 등

• 예・체능영역 : 체육Ⅰ, Ⅱ, Ⅲ, 교련, 음악Ⅰ, Ⅱ, 미술Ⅰ, Ⅱ, 무용, 연극, 오페라, 영상예술, 기타 예・체능계 전문교과 등

② 구체적인 선택영역, 과목의 종류 및 수준은 각 교과영역 관계자들의 논의를 통해 교과부에서 정하되, 학습내용의 난이도에 따라 낮은 수준에서 높은 수준에 이르기까지 다양한 수준의 과목을 개설할 수도 있고, 교과별 학습내용의 제 영역을 독립과목으로 세분하여 개설할 수도 있다. 이 중 높은 수준의 과목은 대학에서도 학점으로 인정받을 수 있도록 한다. 또한 시・도교육청과 단위학교는 지역사회와 학교의 특성을 살려 국가수준 교육과정에서 제시하고 있지 않은 과목을 선택과목으로 신설할 수도 있다.

③ 고등학교 2~3학년 선택과목은 지정선택과 자유선택으로 나누어 운영하도록 한다. 지정선택은 시・도 교육청이 고교 2~3학년 총 단위수의 약 30%를, 단위학교가 총 단위수의 약 20%를 영역별로 지정하고 학생들은 그 지정된 영역에서 과목을 선택하여 학습하는 것이다. 자유선택은 총 단위수의 약 50%를 개별 학생이 자신의 능력, 흥미 및 진로에 따라 자유로이 선택하여 학습하는 것이다.

※ 1996년부터 여건이 허락하는 학교는 현행 6차 교육과정의 과정별 필수과목과 과정별 선택과목을 학생 선택과목으로 운영할 수 있다.

(3) 실업계 고등학교, 과학 고등학교, 외국어 고등학교의 교육과정 체제 설정

실업계 고등학교와 과학 고등학교, 외국어 고등학교의 경우 신 교육과정 편제에 준하되, 학교의 특성을 살려 고등학교 1학년의 교과별 주당 수업시수를 조정할 수 있다. 그리고 고등학교 2~3학년 교육과정에는 전문교과 영역을 두고 학교의 특성을 살려 다양한 심화 선택과목을 개설 · 운영한다. 아울러 일반계 고등학교의 선택영역과 과목도 개설하여 교육과정을 운영할 수 있다.

① 지정선택과 자유선택 단위수의 비율은 시 · 도교육청과 단위학교가 협의하여 정하도록 한다.

② 실업계 고등학교 전문교과 영역에는 고도화 · 다변화하는 직업세계에 대한 적응력을 높이기 위해 학문영역과 직업영역이 연계된 응용과목(예 : 응용수학, 응용물리, 응용화학, 직업영어 등)을 확대한다.

(4) 예 · 체능계 중 · 고등학교 교육과정 체제 설정

예 · 체능계 중 · 고등학교의 경우, 중학교 1학년부터 고등학교 1학년까지의 교과편제를 신 교육과정 편제에 준하여 구성하되, 예 · 체능교육의 특성에 알맞은 교육과정을 운영할 수 있도록 교육과정 편성 · 운영에 있어서 단위학교의 자율성을 대폭 확대한다. 그리고 고등학교 2~3학년 교육과정에는 전문교과 영역을 두고 다양한 예 · 체능계 심화 선택과목을 개설하되, 과목 선택 · 운영에 있어서 단위학교의 자율성을 대폭 확대한다.

3) 2007 개정 교육과정의 방향

2007 개정 교육과정의 배경에 따라 교육인적자원부(현, 교육부)에서는 제7차 교육과정을 개정하기 위한 작업에 착수하였다. 새 교육과정에서 주목할

점은 '교육과정 수시개정체제'에 따라 개정이 이루어진다는 것이다. 수시개정체제는 종래의 주기적 및 일시적 개정방식의 문제점을 보완하기 위하여 도입하였다. 종전의 교육인적자원부가 2003년 10월에 도입계획을 발표한 후, 2005년 2월부터 활성화 방안을 마련하였고, 새 교육과정은 이 수시개정체제에 따라 개정이 이루어진 것이다[8].

일시적・전면적 교육과정 개정방식의 비효율성을 없애고 사회의 다원화 및 급격한 변화에 대응하여 교육내용을 지속적으로 개선하며, 국민 각계각층의 교육과정 개정요구를 탄력적이고 체계적으로 반영하기 위한 목적에서 수시개정체제가 도입된 것이다. 교육부에서 최종적으로 결정한 수시개정체제를 이해하기 위한 핵심내용으로 수시개정의 절차를 모형으로 제시하면 [그림 9-2]와 같다.

---

8) 2005년 2월 25일에 발표한 '교육과정 수시개정체제 운영 활성화 방안'에 따라 교육인적자원부가 밝힌 수시개정방식을 채택하게 된 이유에 대해 급격한 사회환경의 변화에 따른 교육내용의 지속적인 개선, 국민 각계각층의 교육과정 개정요구를 탄력적・체계적으로 반영, 현장 적합성 높은 교육정책 구현 및 교육수요자 만족감 제고, 질 높은 교육과정의 산출로 말미암은 교육의 질 제고를 들고 있다. 또한 교육부에서는 2003년 10월부터 교육과정 수시개정체제를 도입하여 운영하고 있으며, 이번 개정고시 이전에도 2004년(2004.11.26.)에는 특목고 교육과정 정상운영을 위한 교육과정 편성・운영지침 개정(교육인적자원부 고시 제2004-85호)을, 2005년(2005.12.28.)에는 공고 2・1체제 교육과정과 국사교과교육 과정의 개정(교육인적자원부 고시 제2005-10호)을, 또한 2006년(2006.8.29.)에는 수학・영어과 수준별 교육과정을 개정(교육인적원부 고시 제2006-75호)하는 등 3차례에 걸친 수시개정이 이루어졌다. ; 교육과학기술부(2008). 중학교 교육과정 해설(Ⅰ). 총론, 특별활동. 광주 : 한솔사. p.91. 재인용.

개정요구 · 의견수렴	개정요구안 검토	개정/운영 보완 여부 결정	교육과정 개정 추진
교육인적자원부 (현장여론종합관리 시스템) ➡	교육과정심의회 (수시) ➡	교육인적자원부 ➡	교육인적자원부
		⬇ 운영지원	
• 현장여론 수렴 -교과교육연구회 (연2회) -교육과정지원장학 협의단 -인터넷 제안마당 -전문가 인력풀 • 교육과정 · 교과서 발전협의회 (연2회) • 적용 실태조사 분석(연1회) • 교육과정 국제 동향(연1회)	• 개정의 필요성 검토 -교육부 정책방향과의 적합성 -국가 · 사회적 요구와의 부합성 -교육여건 등 현실적 수용가능성 • 개정의 방향 · 요구 검토	• 시 · 도교육청의 편성 · 운영지침 개선 권고 • 교과서 수정 · 보완 • 정책연수 · 홍보	• 개정 기본계획 수립 (교육인적자원부) ⇩ • 개정안 연구 · 개발 (KICE 등 연구 · 개발) ⇩ • 개정안 마련 (교육인적자원부) ⇩ • 개정안 심의 (교육과정위원회) ⇩ • 개정안 확정 · 고시 (교육인적자원부)

*자료 ; 교육과학기술부(2008). 중학교 교육과정 해설(Ⅰ). -총론, 특별활동-. 광주 : 한솔사. p.92. 재인용.

[그림 9-2] 수시개정체제에서의 교육과정 개정 절차

한편, 새 교육과정에서는 수시개정체제 도입의 취지에 따라 교육과정 개정의 기본방향을 다음과 같이 설정하였다. 먼저 새 교육과정은 수시개정체제의 취지에 따라 교육과정의 안정성을 확보하는 차원에서 제7차 교육과정의 기본철학과 체제를 유지하면서 제기된 문제점을 개선하였다. 제7차 교육과정에서 설정된 지향 방향과 철학체제를 검토한 결과, 이는 향후 우리 교육이 지속적으로 유지 · 발전시켜 나아가야 할 것으로 판단되었다. 따라서 제7차 교육과정에서 설정된 수요자중심 단위학교에서 만들어가는 교육과정, 추구하는 인간상, 교육목표 등의 관점과 국민공통 기본교육과정과 선택중심 교육과정 체제 등 제7차 교육과정의 기본적인 틀을 그대로 유지하여 수시개정체제에 따른 교과내용 개선에 중점을 둔 개정을 도모하였다.

4) 2009 개정 교육과정의 방향

2009 개정 교육과정의 주된 방향은 학생의 지나친 학습부담을 감축하고, 학습흥미를 유발하며, 단편적 지식·이해교육이 아닌 학습하는 능력을 기르도록 하고, 지나친 암기중심 교육에서 배려와 나눔을 실천하는 창의인재를 양성하는 교육으로의 변화를 추구하는 것이다. 이를 위해서는 유의미한 학습과 전인적 성장이 가능하도록 교육과정이 구성되어야 하는데, 이에 대해 자세히 살펴보면 다음(교육과학기술부, 2009a)과 같다.

첫째, 교육과정 편제구조 개선을 위해 '학년군', '교과군' 접근을 시도하였다. 학년군 접근은 교육과정 편성·운영의 경직성을 탈피하고, 학년간 상호 연계와 협력을 통하여 교육과정의 유연성을 부여하며, 학년별·학기별·분기별 집중이수를 통해 학기당 이수과목 수를 줄일 수 있다[9]. 또한 교과군 접근은 교육과정의 수평적 연계성을 통하여 교과 간 소통과 교육내용의 통합 가능성을 증진시키고, 교과편제와 수업시수 배정에서의 경직성과 폐쇄성을 탈피하여 학생의 진로와 적성에 따라 탄력적으로 교육과정을 구성·운영할 수 있도록 하기 위한 것이다[10].

---

9) 외국의 경우, 국가 교육과정 기준을 제시하면서도 학년과 교과시수 제시방식 등에서 지역과 학교의 여건, 필요, 요구를 감안하여 자율적으로 편성·운영할 여지를 다양한 방식으로 제공하고 있다. 학년군 운영사례로서 프랑스는 1~2학년/3~5학년, 영국은 1~2학년/3~6학년/7~9학년/10~11학년, 싱가포르는 1~2학년/3~6학년, 미국 루지애나주는 1~3학년/4~6학년/7~8학년, 대만과 중국은 학년별 접근과 함께 교과군별 학습단계를 다양한 학년군으로 구분하고 있다.; 교육과학기술부 고시 제2009-41호에 따른 고등학교 교육과정 해설. -총론-. p.18. 재인용.

10) 교과군 접근은 제7차 고등학교 선택중심 교육과정에서도 적용되었다. 특히 일반선택과목에서는 학생들의 균형적인 이수를 위하여 ① 인문·사회과목군(국어, 도덕, 사회) ② 과학·기술과목군(수학, 과학, 기술·가정) ③ 예·체능과목군(체육, 음악, 미술) ④ 외국어과목군(외국어) ⑤ 교양과목군(한문, 교련, 교양)으로 나누고, 모든 학생은 ①~④과목군에서는 각각 1과목 이상을, 교양과목군에서는 2과목 이상을 이수하도록 하였다. ; 교육과학기술부 고시 제2009-41호에 따른 고등학교 교육과정 해설. -총론-. p.18. 재인용.

둘째, 학습자들이 유의미한 학습경험을 가질 수 있도록 학습부담의 적정화를 추구하였다. 기존 교육과정에서 초등학교 고학년은 주당 10개 과목을, 중등학생들은 11∼13개의 과목을 이수하도록 되어 있어서 학습부담이 과중하였고, 학습효과 면에서도 바람직하지 못하였다. 이를 해결하기 위하여 매 학년 매학기에 모든 교과목을 편성해 온 데에서 벗어나서, 학년 혹은 학기당 이수과목 수를 8개 이하로 편성함으로써 학습부담이 경감되도록 하였다. 특히 주당 수업시수가 적은 교과목은 특정 학기, 학년에 집중 이수하도록 하는 '교과집중이수제'를 적용하여 학습부담을 적정화하는 동시에 학습효과를 제고하도록 하였다[11].

셋째, 고등학교 교육과정에서는 선택교육과정을 확대하고 교육과정 편제 구조와 교과목을 조정하였다. 현행 10개 학년에 걸친 국민공통 기본교육과정에서는 거의 모든 계열의 고등학교에서 10학년에 기본교육과정을 운영하는 점에서 학생의 다양한 요구를 반영하거나 교육과정 자율화를 시도하는 고등학교에서는 장애가 되고 있다. 이러한 문제점을 해결하기 위하여 다음과 같이 개정하였다.

① 국민공통 기본교육과정을 9년(중학교 3학년까지)으로 조정하여 국민기초교육에 대한 국가의 책임을 초·중학교 과정으로 명확히 하고, 전 학생의 기초학력을 강화하였다.

② 고등학교 교육과정에서는 기초핵심역량을 강화하며, 교과영역 간 균형 있는 학습을 위하여 기초영역(국어, 수학, 영어)과 탐구영역(사회, 과학)을 강화하는 동시에, 체육·예술영역, 생활 및 교양영역을 설정함으로써 균형 있는 교육과정 이수를 도모하고자 하였다.

③ 지나치게 세분화된 선택과목을 통합하여 재설정하고, 학생의 적성과 소질을 고려한 맞춤형 교육과정을 구현하고자 하였다.

11) 집중이수제는 특정 학년이나 학기에 교과목을 집중 편성하여 이수하도록 하는 방식이다. ; 교육과학기술부 고시 제2009-41호에 따른 고등학교 교육과정 해설. -총론-. p.18. 재인용.

넷째, 학습자들의 전인적 성장을 위해서 '창의적 체험활동'을 신설하였다. 현재 재량활동은 교과 재량활동과 창의적 재량활동(자기주도학습, 범교과학습)으로 구성되면서 국가·사회적 요구를 수용하도록 하였고, 특별활동은 자치활동, 적응활동, 계발활동, 봉사활동, 행사활동으로 세분됨으로써 그 일부가 서로 중복되는 경우에 원래 취지에서 벗어난 측면이 있다. 이러한 문제점을 해결하기 위하여 특별활동과 창의적 재량활동을 통합하여 '창의적 체험활동'으로 개편하여 전인적 성장이 가능한 학교교육의 기회를 제공하고자 하였다. 아울러 창의적 체험활동의 수업시수는 초등학교 및 중학교의 경우에 주당 최소 3시간, 고등학교의 경우에는 주당 최소 4시간을 운영하도록 하였다.

다섯째, 단위학교 교육과정 편성·운영의 자율성을 확대하였다. 기존의 교육과정은 지역, 학교, 학생집단의 특성과 무관하게 전국적으로 획일적인 교육과정으로 운영됨에 따라, 단위학교의 실정과 요구에 기반을 두어 특성화된 교육 프로그램을 편성·운영하는 데에 제약이 있었다. 아울러 학습부진이 심한 교과목에 대해 단위학교 교육과정에서의 탄력적 대응이 어려웠으며, 학생의 적성과 진로능력의 다양성을 반영한 맞춤형 교육과정 운영에도 한계가 있었다. 이를 개선하기 위해서 국가수준에서는 교육과정 운영의 기본 틀만 제시하고, 단위학교에 교육과정 편성·운영의 자율성을 대폭 강화하여 학교교육의 실질적인 다양화와 특성화를 유도함으로써 교육과정 운영의 유연성을 증대하고자 하였다.

3. 개정 교육과정의 구성

1) 2007 개정 교육과정

(1) 추구하는 인간상

우리나라의 교육은 홍익인간의 이념 아래 모든 국민으로 하여금 인격을 도야하고, 자주적 생활능력과 민주시민으로서 필요한 자질을 갖추게 하여 인간다운 삶을 영위하게 하고, 민주국가의 발전과 인류공영의 이상을 실현하는 데 이바지하게 함을 목적으로 하고 있다.

이러한 교육이념을 바탕으로, 이 교육과정이 추구하는 인간상은 다음과 같다.

① 전인적 성장의 기반 위에 개성을 추구하는 사람
② 기초능력을 토대로 창의적인 능력을 발휘하는 사람
③ 폭넓은 교양을 바탕으로 진로를 개척하는 사람
④ 우리 문화에 대한 이해의 토대 위에 새로운 가치를 창조하는 사람
⑤ 민주시민 의식을 기초로 공동체의 발전에 공헌하는 사람

(2) 교육과정의 구성방침

이 교육과정이 추구하는 인간상을 구현하기 위한 구성방침은 다음과 같다.

① 사회적 변화의 흐름을 주도할 수 있는 기본능력을 길러 줄 수 있도록 교육과정을 구성한다.
② 국민공통 기본교육과정과 선택중심 교육과정 체제를 도입한다.
③ 교육내용의 양과 수준을 적정화하고, 심도 있는 학습이 이루어지도록 한다.
④ 학생의 능력, 적성, 진로를 고려하여 교육내용과 방법을 다양화한다.
⑤ 교육과정 편성과 운영에 있어서 현장의 자율성을 확대한다.

⑥ 교육과정 평가체제를 확립하여 교육에 대한 질 관리를 강화한다.

2) 2009 개정 교육과정

(1) 추구하는 인간상

우리나라의 교육은 홍익인간의 이념 아래 모든 국민으로 하여금 인격을 도야하고, 자주적 생활능력과 민주시민으로서의 필요한 자질을 갖추게 하여 인간다운 삶을 영위하게 하고, 민주국가의 발전과 인류공영의 이상을 실현하는 데에 이바지하게 함을 목적으로 하고 있다. 이러한 교육이념을 바탕으로, 이 교육과정이 추구하는 인간상은 다음과 같다.

① 전인적 성장의 기반 위에 개성의 발달과 진로를 개척하는 사람
② 기초능력의 바탕 위에 새로운 발상과 도전으로 창의성을 발휘하는 사람
③ 문화적 소양과 다원적 가치에 대한 이해를 바탕으로 품격 있는 삶을 영위하는 사람
④ 세계와 소통하는 시민으로서 배려와 나눔의 정신으로 공동체 발전에 참여하는 사람

(2) 교육과정의 구성방침

이와 같이 설정된 2009 개정 교육과정에서 추구하는 인간상을 구현하기 위해 제시한 구성방침은 다음과 같다.

① 배려와 나눔을 실천하는 창의적 인재를 기를 수 있도록 교육과정을 구성한다.
② 이 교육과정은 초등학교 1학년부터 중학교 3학년까지의 공통교육과정과 고등학교 1학년부터 3학년까지의 선택교육과정으로 편성한다.
③ 교육과정 편성・운영의 경직성을 탈피하고 학년 간 상호 연계와 협력을 통한 학교 교육과정 편성・운영의 유연성을 부여하기 위하여 학년

군을 설정한다.

④ 공통교육과정의 교과는 교육목적상의 근접성, 학문탐구 대상 또는 방법상의 인접성, 생활양식에서의 연관성 등을 고려하여 교과군으로 재분류한다.

⑤ 선택교육과정에서는 학생들의 기초영역 학습강화와 진로 및 적성 등을 감안한 적정학습이 가능하도록 4개의 교과영역으로 구분하고 필수 이수단위를 제시한다.

⑥ 학기당 이수 교과목 수의 축소를 통한 학습부담의 적정화와 의미 있는 학습활동이 전개될 수 있도록 집중이수를 확대한다.

⑦ 기존의 재량활동과 특별활동을 통합하여 배려와 나눔의 실천을 위한 '창의적 체험활동'을 신설한다.

⑧ 학교 교육과정 평가, 교과평가의 개선, 국가수준의 학업성취도 평가 실시 등을 통해 교육과정 질 관리 체제를 강화한다.

4. 개정 교육과정의 학교급별 교육목표

1) 2007 개정 교육과정

(1) 초등학교 교육목표

초등학교의 교육은 학생의 학습과 일상생활에 필요한 기초능력 배양과 기본생활습관을 형성하는 데 중점을 둔다.

① 몸과 마음이 균형 있게 자랄 수 있는 다양한 경험을 가진다.

② 일상생활의 문제를 인식하고 해결하는 기초능력을 기르고, 자신의 생각과 느낌을 다양하게 표현하는 경험을 가진다.

③ 다양한 일의 세계를 이해할 수 있는 폭넓은 학습경험을 가진다.

④ 우리의 전통과 문화를 이해하고 애호하는 태도를 가진다.
⑤ 일상생활에 필요한 기본생활습관을 기르고, 이웃과 나라를 사랑하는 마음씨를 가진다.

(2) 중학교 교육목표

중학교의 교육은 초등학교 교육의 성과를 바탕으로, 학생의 학습과 일상생활에 필요한 기본능력과 민주시민으로서의 자질을 함양하는 데 중점을 둔다.

① 심신의 조화로운 발달을 추구하고, 자기 발견의 기회를 가진다.
② 학습과 생활에 필요한 기본능력과 문제해결력을 기르고, 자신의 생각과 느낌을 창의적으로 표현하는 경험을 가진다.
③ 다양한 분야의 지식과 기능을 익혀 적극적으로 진로를 탐색하는 경험을 가진다.
④ 우리의 전통과 문화에 대한 자긍심을 지니고, 이를 발전시키려는 태도를 가진다.
⑤ 자유 민주주의의 기본적 가치와 원리를 이해하고, 민주적인 생활방식을 익힌다.

(3) 고등학교 교육목표

고등학교의 교육은 중학교 교육의 성과를 바탕으로, 학생의 적성과 소질에 맞는 진로개척 능력과 세계시민으로서의 자질을 함양하는 데 중점을 둔다.

① 심신이 건강한 조화로운 인격을 형성하고, 성숙한 자아의식을 가진다.
② 학문과 생활에 필요한 논리적, 비판적, 창의적 사고력과 태도를 익힌다.
③ 다양한 분야의 지식과 기능을 익혀, 적성과 소질에 맞게 진로를 개척하는 능력을 기른다.

④ 우리의 전통과 문화를 세계 속에서 발전시키려는 태도를 가진다.
⑤ 국가 공동체의 형성과 발전을 위해 노력하며, 세계시민으로서의 의식과 태도를 가진다.

2) 2009 개정 교육과정

(1) 초등학교 교육목표

초등학교의 교육은 학생의 학습과 일상생활에 필요한 기초능력 배양과 기본생활습관을 형성하는 데 중점을 둔다.

① 풍부한 학습경험을 통해 몸과 마음이 건강하고 균형 있게 자랄 수 있도록 하며, 다양한 일의 세계에 대한 기초적인 이해를 한다.
② 학습과 생활에서 문제를 인식하고 해결하는 기초능력을 기르고, 이를 새롭게 경험할 수 있는 상상력을 키운다.
③ 우리 문화에 대해 이해하고, 문화를 향유하는 올바른 태도를 기른다.
④ 자신의 경험과 생각을 다양하게 표현하며, 타인과 공감하고 협동하는 태도를 기른다.

(2) 중학교 교육목표

중학교의 교육은 초등학교 교육의 성과를 바탕으로 학생의 학습과 일상생활에 필요한 기본능력을 배양하며, 다원적인 가치를 수용하고 존중하는 민주시민의 자질 함양에 중점을 둔다.

① 심신의 건강하고 조화로운 발달을 추구하며, 다양한 분야의 경험과 지식을 익혀 적극적으로 진로를 탐색한다.
② 학습과 생활에 필요한 기초능력과 문제해결력을 바탕으로 창의적 사고력을 기른다.
③ 자신을 둘러싼 세계에 대한 경험을 토대로 다양한 문화와 가치에 대

한 이해를 넓힌다.

④ 다양한 소통능력을 기르고, 민주시민으로서의 자질과 태도를 갖춘다.

(3) 고등학교 교육목표

고등학교의 교육은 중학교 교육의 성과를 바탕으로 학생의 적성과 소질에 맞는 진로개척 능력과 세계시민으로서의 자질을 함양하는 데 중점을 둔다.

① 성숙한 자아의식을 토대로 다양한 분야의 지식과 기능을 익혀 진로를 개척하며 평생학습의 기본역량과 태도를 갖춘다.

② 학습과 생활에서 새로운 이해와 가치를 창출할 수 있는 비판적, 창의적 사고력과 태도를 익힌다.

③ 우리의 문화를 향유하고 다양한 문화와 가치를 수용할 수 있는 자질과 태도를 갖춘다.

④ 국가 공동체의 발전을 위해 노력하며, 세계시민으로서의 자질과 태도를 기른다.

5. 개정 교육과정의 편제와 시간(단위) 배당기준

1) 2007 개정 교육과정

(1) 편제

① 교육과정은 국민공통 기본교육과정과 고등학교 선택중심 교육과정으로 구성한다.

② 국민공통 기본교육과정은 교과, 재량활동 및 특별활동으로 편성한다.

【표 1】

• 교과는 국어, 도덕, 사회, 수학, 과학, 실과(기술 • 가정), 체육, 음악,

미술, 외국어(영어)로 한다. 다만, 초등학교 1, 2학년의 교과는 국어, 수학, 바른 생활, 슬기로운 생활, 즐거운 생활 및 우리들은 1학년으로 한다.

- 재량활동은 교과 재량활동과 창의적 재량활동으로 한다.
- 특별활동은 자치활동, 적응활동, 계발활동, 봉사활동, 행사활동으로 한다.

③ 고등학교 선택중심 교육과정은 교과와 특별활동으로 편성한다.

- 교과는 보통 교과와 전문 교과로 한다.
  - ◦ 보통 교과는 국어, 도덕, 사회, 수학, 과학, 기술・가정, 체육, 음악, 미술, 외국어와 한문, 교양 선택 과목으로 한다. 【표 2】
  - ◦ 전문 교과는 농생명 산업, 공업, 상업 정보, 수산・해운, 가사・실업, 과학, 체육, 예술, 외국어, 국제에 관한 교과로 한다. 【표 3】
- 특별활동은 자치활동, 적응활동, 계발활동, 봉사활동, 행사활동으로 한다.

(2) 시간(단위) 배당기준

〈 국민공통 기본교육과정 〉 【표 1】

<table>
<tr><td colspan="2" rowspan="2">학교 / 학년 / 구분</td><td colspan="6">초 등 학 교</td><td colspan="3">중 학 교</td><td>고등학교</td></tr>
<tr><td>1</td><td>2</td><td>3</td><td>4</td><td>5</td><td>6</td><td>7</td><td>8</td><td>9</td><td>10</td></tr>
<tr><td rowspan="14">교
과</td><td>국 어</td><td colspan="2" rowspan="14">국 어
210 238

수 학
120 136

바른 생활
60 68

슬기로운 생활
90 102

즐거운 생활
180 204

우리들은 1학년
80 ·</td><td>238</td><td>204</td><td>204</td><td>204</td><td>170</td><td>136</td><td>136</td><td>136(8)</td></tr>
<tr><td>도 덕</td><td>34</td><td>34</td><td>34</td><td>34</td><td>68</td><td>68</td><td>34</td><td>34(2)</td></tr>
<tr><td rowspan="4">사 회</td><td rowspan="4">102</td><td rowspan="4">102</td><td rowspan="4">102</td><td rowspan="4">102</td><td colspan="4">사 회</td></tr>
<tr><td>102</td><td>·</td><td>68</td><td>102(6)</td></tr>
<tr><td colspan="4">역 사</td></tr>
<tr><td>·</td><td>102</td><td>68</td><td>102(6)</td></tr>
<tr><td>수 학</td><td>136</td><td>136</td><td>136</td><td>136</td><td>136</td><td>136</td><td>102</td><td>136(8)</td></tr>
<tr><td>과 학</td><td>102</td><td>102</td><td>102</td><td>102</td><td>102</td><td>136</td><td>136</td><td>136(8)</td></tr>
<tr><td rowspan="2">실 과</td><td rowspan="2">·</td><td rowspan="2">·</td><td rowspan="2">68</td><td rowspan="2">68</td><td colspan="3">기술 · 가정</td><td rowspan="2">102(6)</td></tr>
<tr><td>68</td><td>102</td><td>102</td></tr>
<tr><td>체 육</td><td>102</td><td>102</td><td>102</td><td>102</td><td>102</td><td>102</td><td>68</td><td>68(4)</td></tr>
<tr><td>음 악</td><td>68</td><td>68</td><td>68</td><td>68</td><td>68</td><td>34</td><td>34</td><td>34(2)</td></tr>
<tr><td>미 술</td><td>68</td><td>68</td><td>68</td><td>68</td><td>34</td><td>34</td><td>68</td><td>34(2)</td></tr>
<tr><td>외국어
(영어)</td><td>34</td><td>34</td><td>68</td><td>68</td><td>102</td><td>102</td><td>136</td><td>136(8)</td></tr>
<tr><td colspan="2">재량활동</td><td>60</td><td>68</td><td>68</td><td>68</td><td>68</td><td>68</td><td>102</td><td>102</td><td>102</td><td>102(6)</td></tr>
<tr><td colspan="2">특별활동</td><td>30</td><td>34</td><td>34</td><td>68</td><td>68</td><td>68</td><td>68</td><td>68</td><td>68</td><td>68(4)</td></tr>
<tr><td colspan="2">연간 총
수업시간 수</td><td>830</td><td>850</td><td>952</td><td>952</td><td>1,054</td><td>1,054</td><td>1,122</td><td>1,122</td><td>1,122</td><td>1,190(70)</td></tr>
</table>

① 이 표의 국민공통 기본교육기간에 제시된 시간 수는 34주를 기준으로 한 연간 최소 수업시간 수이다. 단, 3~6학년의 연간 총 수업시간 수는 주5일 수업에 따라 감축된 시간 수이므로 학교에서는 교과 수업시간 수 중 연간 34시간의 범위 내에서 감축하여 운영한다.

② 1학년의 교과, 재량활동, 특별활동에 배당된 시간 수는 30주를 기준으로 한 것이며, '우리들은 1학년'에 배당된 시간 수는 3월 한 달 동안의 수업시간 수

를 제시한 것이다.

③ 1시간의 수업은 초등학교 40분, 중학교 45분, 고등학교 50분을 원칙으로 한다. 다만, 기후, 계절, 학생의 발달 정도, 학습내용의 성격 등을 고려하여 실정에 알맞도록 조절할 수 있다.

④ 10학년의 ( )안에 제시된 숫자는 단위 수이다.

〈 고등학교 선택중심 교육과정 〉

■ 보통교과 【표 2】

구 분		선 택 과 목
교과	국 어	화법(6), 독서(6), 작문(6), 문법(6), 문학(6), 매체 언어(6)
	도 덕	현대 생활과 윤리(6), 윤리와 사상(6), 전통 윤리(6)
	사 회	한국 지리(6), 세계 지리(6), 경제 지리(6), 한국 문화사(6), 세계 역사의 이해(6), 동아시아사(6), 법과 사회(6), 정치(6), 경제(6), 사회·문화(6)
	수 학	수학의 활용(6), 수학 I(6), 미적분과 통계 기본(6), 수학 II(6), 적분과 통계(6), 기하와 벡터(6)
	과 학	물리 I(6), 화학 I(6), 생명 과학 I(6), 지구 과학 I(6), 물리 II(6), 화학 II(6), 생명 과학 II(6), 지구 과학 II(6)
	기술·가정	농업 생명 과학(6), 공학 기술(6), 가정 과학(6), 창업과 경영(6), 해양 과학(6), 정보(6)
	체 육	운동과 건강 생활(4), 스포츠 문화(4), 스포츠 과학(6)
	음 악	음악 실기(4), 음악과 사회(4), 음악의 이해(6)
	미 술	미술과 삶(4), 미술 감상(4), 미술 창작(6)
	외국어	영어 I(6), 영어 II(6), 실용 영어 회화(6), 심화 영어 회화(6), 영어 독해와 작문(6), 심화 영어 독해와 작문(6)
		독일어 I(6), 독일어 II(6), 프랑스어 I(6), 프랑스어 II(6), 스페인어 I(6), 스페인어 II(6), 중국어 I(6), 중국어 II(6), 일본어 I(6), 일본어 II(6), 러시아어 I(6), 러시아어 II(6), 아랍어 I(6), 아랍어 II(6)
	한 문	한문 I(6), 한문 II(6)
	교 양	생활과 철학(4), 생활과 논리(4), 생활과 심리(4), **생활과 교육**(4), 생활과 종교(4), 생활 경제(4), 안전과 건강(4), 진로와 직업(4), 환경(4)
	이수 단위	132
특별 활동		8
총 이수 단위		140

① ( ) 안의 숫자는 단위 수이며, 1단위는 매주 50분 수업을 기준으로 하여 1학기(17주) 동안 이수하는 수업량이다.

② <삭제>

③ <삭제>

④ 학교는 필요한 경우 시·도교육감의 승인하에 【표 3】의 전문교과 과목을 개설하거나 새로운 과목을 신설할 수 있다.

■ 전문교과 【표 3】

교과	과	목			기준 학과
농생명산업	농업 이해	농업 기초 기술	농업 정보 관리	농업 경영	식물 자원과
	생물 공학 기초	재배	작물 생산 기술	숲과 인간	동물 자원과
	산림 자원 기술	원예	생활 원예	생산 자재	농업 토목과
	원예 기술 Ⅰ	원예 기술 Ⅱ	동물 자원	사육 기술 Ⅰ	식품 가공과
	사육 기술 Ⅱ	누에와 비단	조경	조경 기술 Ⅰ	농업 기계과
	조경 기술 Ⅱ	농업과 물	농촌과 농지 개발	농업 토목 기술 Ⅰ	조경과
	농업 토목 기술 Ⅱ	농업 기계	농업 기계 공작	농업 기계 기술 Ⅰ	농산물유통정보과
	농업 기계 기술 Ⅱ	식품 과학	식품 위생	식품 가공 기술 Ⅰ	환경·관광 농업과
	식품 가공 기술 Ⅱ	농산물 유통	농산물 유통 관리 Ⅰ	농산물 유통 관리 Ⅱ	생물 공학과
	환경 보전	환경 관리 Ⅰ	환경 관리 Ⅱ	농업과 관광	
공업	공업 입문	기초 제도	정보 기술 기초	전문 제도	기계과
	기계 일반	전기 일반	공업 영어	기계 설계	전자 기계과
	기계 공작법	원동기	유체 기기	공기 조화 설비	금속 재료과
	기계 기초 공작	공작 기계 Ⅰ	공작 기계 Ⅱ	산업 설비	전기과
	금형 제작	전자 기계 이론	전자 기계 회로	전자 기계 공작	전자과
	전자 기계 제어	로봇 기초	로봇 제작	재료 일반	통신과
	금속 제조	재료 가공	주조	금속 처리	컴퓨터 응용과
	전기 응용	전기 회로	전기 기기	전력 설비 Ⅰ	토목과
	전력 설비 Ⅱ	전기·전자 측정	자동화 설비	전자 기기	건축과
	전자·전산 응용	전자 회로	계측 제어	통신 일반	디자인과
	정보 통신	통신 시스템	컴퓨터 구조	시스템 프로그래밍	화학 공업과
	프로그래밍	디지털 논리 회로	측량	역학	환경 공업과
	토목 설계	토목 일반	토목 재료·시공	수리·토질	세라믹과
	지적 전산	지적 실무	건축 구조	건축 계획 일반	식품 공업과
	건축 목공	건축 시공 Ⅰ	건축 시공 Ⅱ	디자인 일반	섬유과
	색채 관리	조형	제품 디자인	공예	인쇄과
	시각 디자인	컴퓨터 그래픽	공업 화학	단위 조작·공정 제어	자동차과
	제조 화학	분석 화학	기능성 세라믹	세라믹 원리·공정	조선과
	구조 세라믹	세라믹 디자인	발효 공업	식품 제조 기계	항공과
	식품 분석	식품 공업 기술	섬유 재료	방적·방사	컴퓨터 게임과
	제포、봉제	염색、가공	인쇄 일반	인쇄·사진 재료	만화·애니메이션과
	평판 인쇄	특수 인쇄	사진、전자 제판	사진	영상 제작과
	자동차·건설 기계	자동차 기관	자동차 섀시	자동차 전기、전자 제어	
	건설 기계 구조·정비	자동차 차체 수리	선박 이론	선박구조	
	선박 건조	항공기 일반	항공기 기체	항공기 기관	
	항공기 장비	항공기 전자 장치	환경 공업 일반	수질 관리	
	대기·소음 방지	폐기물 처리	컴퓨터 게임 기획	컴퓨터 게임 프로그램	
	컴퓨터 게임 그래픽	만화·애니메이션 기초	애니메이션 제작	만화 창작	
	영화·방송 제작	촬영·조명	방송 시스템		

교과	과목				기준 학과
상업정보	상업 경제	컴퓨터 일반	회계 원리	기업과 경영	경영 정보과
	경영과 법	마케팅과 광고	경영 정보 시스템	기업 지원 관리	회계 정보과
	커뮤니케이션 실무	원가 회계	기업 회계	전산 회계	무역 정보과
	세무 회계	금융과 생활	국제화와 기업 경영	무역 영어	유통 경영과
	전자 무역과 국제 상무	유통 정보 관리	물류 관리	자료 처리	정보 처리과
	프로그래밍 실무	소프트웨어 개발	사무 관리 실무	멀티미디어 일반	멀티미디어과
	멀티미디어 기획	멀티미디어 실무	웹 프로그래밍	전자 상거래 일반	전자 상거래과
	인터넷 쇼핑몰 관리	전자 상거래 실무	인터넷 마케팅	창업 일반	응용디자인과
					관광경영과
수산·해운	수산 일반	해사 일반	해양 일반	수산·해운 정보처리	해양 생산과
	수산 생물	수산 경영 일반	해양 생산 기술	수산 양식	수산 양식과
	양식 생물 질병	수산 가공	수산물 유통	해양 환경	자영 수산과
	해양 오염	냉동 일반	냉동 기계	냉동 공조 실무	수산 식품과
	열기관	선박 보조 기계	선박 전기 · 전자	기계 설계 · 공작	해양 환경과
	잠수 기술	항해	선박 운용	해사 법규	냉동 공조과
	해사 영어	선화 운송	전자 통신 공학	전자 통신 기기	동력 기계과
	전자 통신 운용	생선회 실무	해양 레저 · 관광	항만 물류 일반	항해과
	해양 정보 관리				전자 통신과
					해양 레저과
					항만 물류과
					해양 정보과
가사·실업	인간 발달	식품과 영양	급식 관리	한국 조리	조리과
	동양 조리	서양 조리	제과 제빵	의복 재료 · 관리	의상과
	패션 디자인	한국 의복 구성	서양 의복 구성	자수와 편물	실내 디자인과
	주거	실내 디자인	가구 디자인	디스플레이	유아교육과
	영·유아 교육 원리	영·유아 교육 프로그램	영·유아 놀이 교육	영·유아 생활 지도	관광과
	관광 일반	관광 경영 실무	관광 서비스 실무	관광 외식 · 조리	간호과
	관광 영어	관광 일본어	관광 중국어	간호의 기초	복지 서비스과
	보건 간호	기초 간호 임상 실무	기초 복지 서비스	노인 생활 지원	미용과
	헤어 미용	피부 관리	메이크업	공중 보건	
과학	물리 실험	화학 실험	생명 과학 실험	지구 과학 실험	
	과학사	전자 과학	정보 과학 Ⅰ	정보 과학 Ⅱ	
	고급 수학	고급 물리	고급 화학	고급 생명 과학	
	고급 지구 과학	과제 연구 Ⅰ	과제 연구 Ⅱ	환경 과학	
	현대 과학과 기술	원서 강독	워크숍	과학 철학	

교과	과목				기준 학과
체육	스포츠 개론	스포츠 경기 과학	체육과 진로 탐구	육상 운동	스포츠경기과
	체조 운동	수상 운동	개인·대인 운동	단체 운동	체육지도과
	투기 운동	빙상·설상 운동	표현·창작 운동	체력 운동	
	전문 스포츠 경기 체력	전문 스포츠 경기 초급	전문 스포츠 경기 중급	전문 스포츠 경기 고급	
	전문 스포츠 경기 실습	스포츠 교육	코칭론	건강 관리	
	스포츠 경영·행정	전공 실기	전공 실습		
예술	음악 이론	음악사·감상	시창·청음	음악 전공 실기	음악과
	합창	합주	연주	컴퓨터와 음악	미술과
	교양 실기				무용과
	미술 이론	미술사	소묘	기초 회화	문예창작과
	기초 조소	기초 디자인·공예	미술 전공 실기	영상 매체와 미술	연극영화과
	미술 감상과 비평				사진과
	무용의 이해	기초 한국 무용	기초 발레	기초 현대 무용	
	무용 전공 실기	무용 음악	안무	무용 감상과 비평	
	문학의 이해	문장론	고전 문학의 감상과 비평	현대 문학의 감상과 비평	
	시 창작	소설 창작	희곡 창작	매체와 문학	
	연극의 이해	무대 기술	연기	연극 제작 실습	
	연극 감상과 비평	영화의 이해	영화 기술	영화 창작과 표현	
	영화 제작 실습	영화 감상과 비평			
	사진의 이해	기초 촬영	중급 촬영	암실 실기	
	사진 편집	디지털 사진 촬영	디지털 사진 표현 기법	사진 감상과 비평	
외국어	심화 영어	영어 청해	영어 회화 Ⅰ	영어 회화 Ⅱ	영어과
	영어 독해	영어 작문	영어권 문화 Ⅰ	영어권 문화 Ⅱ	독일어과
	영어 문법				프랑스어과
	기초 독일어	독일어 청해	독일어 회화 Ⅰ	독일어 회화 Ⅱ	스페인어과
	독일어 독해	독일어 작문	독일어권 문화 Ⅰ	독일어권 문화 Ⅱ	중국어과
	독일어 문법				일본어과
	기초 프랑스어	프랑스어 청해	프랑스어 회화 Ⅰ	프랑스어 회화 Ⅱ	러시아어과
	프랑스어 독해	프랑스어 작문	프랑스어권 문화 Ⅰ	프랑스어권 문화 Ⅱ	아랍어과
	프랑스어 문법				
	기초 스페인어	스페인어 청해	스페인어 회화 Ⅰ	스페인어 회화 Ⅱ	
	스페인어 독해	스페인어 작문	스페인어권 문화 Ⅰ	스페인어권 문화 Ⅱ	
	스페인어 문법				
	기초 중국어	중국어 청해	중국어 회화 Ⅰ	중국어 회화 Ⅱ	
	중국어 독해	중국어 작문	중국 문화 Ⅰ	중국 문화 Ⅱ	
	중국어 문법				
	기초 일본어	일본어 청해	일본어 회화 Ⅰ	일본어 회화 Ⅱ	
	일본어 독해	일본어 작문	일본 문화 Ⅰ	일본 문화 Ⅱ	
	일본어 문법				
	기초 러시아어	러시아어 청해	러시아어 회화 Ⅰ	러시아어 회화 Ⅱ	
	러시아어 독해	러시아어 작문	러시아 문화 Ⅰ	러시아 문화 Ⅱ	
	러시아어 문법				
	기초 아랍어	아랍어 청해	아랍어 회화 Ⅰ	아랍어 회화 Ⅱ	
	아랍어 독해	아랍어 작문	아랍 문화 Ⅰ	아랍 문화 Ⅱ	
	아랍어 문법				

교과	과목				기준 학과
국제	영어 강독	독일어 강독	프랑스어 강독	스페인어 강독	
	중국어 강독	일본어 강독	러시아어 강독	아랍어 강독	
	국제 정치 Ⅰ(6)	국제 정치 Ⅱ(6)	국제 경제 Ⅰ(6)	국제 경제 Ⅱ(6)	
	세계 문제	비교 문화 Ⅰ(6)	비교 문화 Ⅱ(6)	정보 과학	
	국제법	지역 이해	인류의 미래 사회	한국의 전통 문화	
	한국의 현대 사회	한국어	과제 연구 Ⅰ(6)	과제 연구 Ⅱ(6)	
	예능 실습				

① 전문교육을 주로 하는 고등학교에서는 【표 3】에서 필요한 전문과목을 80단위 이상 이수한다.

② 전문교육을 주로 하는 고등학교에서는 다음 과목을 필수로 이수한다.
- 농생명산업 계열 : 농업 이해, 농업 기초 기술, 농업 정보 관리
- 공업 계열 : 공업 입문, 기초 제도, 정보 기술 기초
- 상업정보 계열 : 상업 경제, 회계 원리, 컴퓨터 일반
- 수산 · 해운 계열 : 해양 일반, 수산 · 해운 정보 처리, 수산 일반(수산 계열), 해사 일반(해운 계열)
- 가사 · 실업 계열 : 인간 발달, 컴퓨터 일반
- 체육 계열 : 스포츠 개론, 스포츠 경기 과학, 체육과 진로탐구
- 외국어 계열 : 각 학과 해당 기초 외국어(영어과는 심화 영어), 청해, 회화 Ⅰ, 문화Ⅰ, 독해
- 국제 계열 : 영어 강독, 지역 이해, 한국의 전통 문화

③ 전문 교과의 각 과목에 대한 이수 단위는 시 · 도 교육감이 정하되, 외국어와 국제에 관한 교과의 각 과목별 이수 단위는 8단위 이하로 배당한다.

④ 국제 계열 고등학교에서 이수하는 외국어 과목은 외국어에 관한 교과의 과목에서 선택하여 이수한다.

2) 2009 개정 교육과정

(1) 편제

〈 초등학교 〉

① 초등학교 교육과정은 교과(군)와 창의적 체험활동으로 편성한다.

- 교과(군)는 국어, 사회/도덕, 수학, 과학/실과, 체육, 예술(음악/미술), 영어로 한다. 다만, 초등학교 1, 2학년의 교과는 국어, 수학, 바른 생활, 슬기로운 생활, 즐거운 생활로 한다.
- 창의적 체험활동은 자율활동, 동아리활동, 봉사활동, 진로활동으로 한다.

〈 중학교 〉

① 중학교 교육과정은 교과(군)와 창의적 체험활동으로 편성한다.

- 교과(군)는 국어, 사회(역사 포함)/도덕, 수학, 과학/기술・가정, 체육, 예술(음악/미술), 영어, 선택으로 한다. 선택은 한문, 정보, 환경, 생활 외국어(독일어, 프랑스어, 스페인어, 중국어, 일본어, 러시아어, 아랍어), 보건, 진로와 직업 등을 선택과목으로 한다.
- 창의적 체험활동은 자율활동, 동아리활동, 봉사활동, 진로활동으로 한다.

〈 고등학교 〉

① 고등학교 교육과정은 교과(군)와 창의적 체험활동으로 편성한다.

② 교과는 보통교과와 전문교과로 한다.

- 보통교과 영역은 기초, 탐구, 체육・예술, 생활・교양으로 구성하며, 교과(군)는 국어, 수학, 영어, 사회(역사/도덕 포함), 과학, 체육, 예술(음악/미술), 기술・가정/제2외국어/한문/교양으로 한다.

• 전문교과는 농생명 산업, 공업, 상업정보, 수산·해운, 가사·실업, 과학, 체육, 예술, 외국어, 국제에 관한 교과로 한다.

③ 창의적 체험활동은 자율활동, 동아리활동, 봉사활동, 진로활동으로 한다.

(2) 시간(단위) 배당기준

〈 초등학교 〉

<table>
<tr><th colspan="2">구 분</th><th>1~2학년</th><th>3~4학년</th><th>5~6학년</th></tr>
<tr><td rowspan="7">교
과
(군)</td><td>국어</td><td rowspan="7">국 어
448

수 학
256

바른 생활
128

슬기로운 생활
192

즐거운 생활
384</td><td>408</td><td>408</td></tr>
<tr><td>사회/도덕</td><td>272</td><td>272</td></tr>
<tr><td>수학</td><td>272</td><td>272</td></tr>
<tr><td>과학/실과</td><td>204</td><td>340</td></tr>
<tr><td>체육</td><td>204</td><td>204</td></tr>
<tr><td>예술
(음악/미술)</td><td>272</td><td>272</td></tr>
<tr><td>영어</td><td>136</td><td>204</td></tr>
<tr><td colspan="2">창의적 체험활동</td><td>272</td><td>204</td><td>204</td></tr>
<tr><td colspan="2">학년군별 총
수업시간 수</td><td>1,680</td><td>1,972</td><td>2,176</td></tr>
</table>

① 이 표에서 1시간 수업은 40분을 원칙으로 하되, 기후 및 계절, 학생의 발달 정도, 학습내용의 성격 등과 학교실정을 고려하여 탄력적으로 편성·운영할 수 있다.
② 학년군 및 교과(군)별 시간배당은 연간 34주를 기준으로 한 2년간의 기준 수업시수를 나타낸 것이다.
③ 학년군별 총 수업시간 수는 최소 수업시수를 나타낸 것이다.
④ 3~4학년의 국어과 기준 수업시수는 주5일 수업에 따라 감축된 시간 수이므로 학교에서는 442시간을 기준 수업시수로 운영할 수 있다.
⑤ 실과의 수업시간은 5~6학년 과학/실과의 수업시수에만 포함된 것이다.

〈 중학교 〉

구 분		1~3학년
교과(군)	국어	442
	사회(역사 포함)/도덕	510
	수학	374
	과학/기술·가정	646
	체육	272
	예술(음악/미술)	272
	영어	340
	선택	204
창의적 체험활동		306
총 수업 시간 수		3,366

① 이 표에서 1시간 수업은 45분을 원칙으로, 기후 및 계절, 학생의 발달 정도, 학습내용의 성격 등과 학교실정을 고려하여 탄력적으로 편성·운영할 수 있다.

② 학년군 및 교과(군)별 시간배당은 연간 34주를 기준으로 한 3년간의 기준 수업시수를 나타낸 것이다.

③ 총 수업시간 수는 3년간의 최소 수업시수를 나타낸 것이다.

〈 고등학교 〉 【표 1】

<table>
<tr><th rowspan="2">구분</th><th rowspan="2">교과영역</th><th rowspan="2">교과(군)</th><th colspan="2">필수 이수단위</th><th rowspan="2">학교자율과정</th></tr>
<tr><th>교과(군)</th><th>교과영역</th></tr>
<tr><td rowspan="10">교과(군)</td><td rowspan="3">기초</td><td>국어</td><td>15(10)</td><td rowspan="3">45(30)</td><td rowspan="9">학생의 적성과 진로를 고려하여 편성</td></tr>
<tr><td>수학</td><td>15(10)</td></tr>
<tr><td>영어</td><td>15(10)</td></tr>
<tr><td rowspan="2">탐구</td><td>사회(역사/도덕 포함)</td><td>15(10)</td><td rowspan="2">35(20)</td></tr>
<tr><td>과학</td><td>15(10)</td></tr>
<tr><td rowspan="2">체육・예술</td><td>체육</td><td>10(5)</td><td rowspan="2">20(10)</td></tr>
<tr><td>예술(음악/미술)</td><td>10(5)</td></tr>
<tr><td>생활・교양</td><td>기술・가정/제2외국어/한문/교양</td><td>16(12)</td><td>16(12)</td></tr>
<tr><td colspan="2">소 계</td><td colspan="2">116(72)</td><td>64</td></tr>
<tr><td colspan="3">창의적 체험활동</td><td colspan="3">24</td></tr>
<tr><td colspan="3">총 이수단위</td><td colspan="3">204</td></tr>
</table>

① 1단위는 50분을 기준으로 하여 17회를 이수하는 수업량이다.
② 1시간의 수업은 50분을 원칙으로 하되, 기후 및 계절, 학생의 발달 정도, 학습내용의 성격 등과 학교실정을 고려하여 탄력적으로 편성・운영할 수 있다.
③ 필수 이수단위의 교과(군) 및 교과영역 단위 수는 해당 교과(군) 및 교과영역의 '최소 이수단위'를 가리킨다.
④ 필수 이수단위의 ( ) 안의 숫자는 전문교육을 주로 하는 학교, 예체능 등 교육과정 편성・운영의 자율권을 인정받은 학교가 이수할 것을 권장한다.
⑤ 총 이수단위 수는 교과(군)과 창의적 체험활동의 이수단위를 합한 것으로, 고등학교 졸업에 필요한 '최소 이수단위'를 가리킨다.

< 보통교과 > 【표 2】

교과 영역	교과(군)	과 목
기초	국어	국어*, 화법과 작문Ⅰ, 화법과 작문Ⅱ, 독서와 문법Ⅰ, 독서와 문법Ⅱ, 문학Ⅰ, 문학Ⅱ
	수학	수학*, 수학의 활용, 수학Ⅰ, 미적분과 통계기본, 수학Ⅱ, 적분과 통계, 기하와 벡터
	영어	영어*, 영어Ⅰ, 영어Ⅱ, 실용 영어회화, 심화 영어회화, 영어독해와 작문, 심화 영어독해와 작문
탐구	사회 (역사/도덕 포함)	사회*, 한국사*, 한국지리, 세계지리, 동아시아사, 세계사, 법과 정치, 경제, 사회·문화 도덕*, 생활과 윤리, 윤리와 사상
	과학	과학*, 물리Ⅰ, 물리Ⅱ, 화학Ⅰ, 화학Ⅱ, 생명과학Ⅰ, 생명과학Ⅱ, 지구과학Ⅰ, 지구과학Ⅱ
체육·예술	체육	체육*, 운동과 건강 생활, 스포츠 문화, 스포츠 과학
	예술 (음악/미술)	음악*, 음악 실기, 음악과 사회, 음악의 이해 미술*, 미술과 삶, 미술 감상, 미술 창작
생활·교양	기술·가정	기술·가정*, 농업 생명 과학, 공학 기술, 가정 과학, 창업과 경영, 해양 과학, 정보
	제2외국어	독일어Ⅰ, 독일어Ⅱ, 프랑스어Ⅰ, 프랑스어Ⅱ, 스페인어Ⅰ, 스페인어Ⅱ, 중국어Ⅰ, 중국어Ⅱ, 일본어Ⅰ, 일본어Ⅱ, 러시아어Ⅰ, 러시아어Ⅱ, 아랍어Ⅰ, 아랍어Ⅱ
	한문	한문Ⅰ, 한문Ⅱ
	교양	생활과 철학, 생활과 논리, 생활과 심리, **생활과 교육**, 생활과 종교, 생활 경제, 안전과 건강, 진로와 직업, 보건, 환경과 녹색성장

① 각 과목의 기본 단위 수는 5단위이며, 각 과목별로 1단위 범위 내에서 증감 운영이 가능하며, 가능한 한 한 학기에 이수하도록 한다.

② *표 한 과목은 교과(군)별 학습의 위계를 고려하여 선택할 수 있도록 지도한다. 이 과목은 4단위 범위 내에서 증감하여 운영할 수 있다.

③ 위 표에 제시된 과목 이외에 전문교과의 과목을 편성·운영할 수 있다.

< 전문교과 >　　　　　【표 3】

교과	과목				기준 학과
농생명산업	농업 이해	농업 기초 기술	농업 정보 관리	농업 경영	식물 자원과
	생물 공학 기초	재배	작물 생산 기술	숲과 인간	동물 자원과
	산림 자원 기술	원예	생활 원예	생산 자재	농업 토목과
	원예 기술 Ⅰ	원예 기술 Ⅱ	동물 자원	사육 기술 Ⅰ	식품 가공과
	사육 기술 Ⅱ	누에와 비단	조경	조경 기술 Ⅰ	농업 기계과
	조경 기술 Ⅱ	농업과 물	농촌과 농지 개발	농업 토목 기술 Ⅰ	조경과
	농업 토목 기술 Ⅱ	농업 기계	농업 기계 공작	농업 기계 기술 Ⅰ	농산물유통정보과
	농업 기계 기술 Ⅱ	식품 과학	식품 위생	식품 가공 기술 Ⅰ	환경·관광 농업과
	식품 가공 기술 Ⅱ	농산물 유통	농산물 유통 관리 Ⅰ	농산물 유통 관리 Ⅱ	생물 공학과
	환경 보전	환경 관리 Ⅰ	환경 관리 Ⅱ	농업과 관광	
공업	공업 입문	기초 제도	정보 기술 기초	전문 제도	기계과
	기계 일반	전기 일반	공업 영어	기계 설계	전자 기계과
	기계 공작법	원동기	유체 기기	공기 조화 설비	금속 재료과
	기계 기초 공작	공작 기계 Ⅰ	공작 기계 Ⅱ	산업 설비	전기과
	금형 제작	전자 기계 이론	전자 기계 회로	전자 기계 공작	전자과
	전자 기계 제어	로봇 기초	로봇 제작	재료 일반	통신과
	금속 제조	재료 가공	주조	금속 처리	컴퓨터 응용과
	전기 응용	전기 회로	전기 기기	전력 설비 Ⅰ	토목과
	전력 설비 Ⅱ	전기·전자 측정	자동화 설비	전자 기기	건축과
	전자·전산 응용	전자 회로	계측 제어	통신 일반	디자인과
	정보 통신	통신 시스템	컴퓨터 구조	시스템 프로그래밍	화학 공업과
	프로그래밍	디지털 논리 회로	측량	역학	환경 공업과
	토목 설계	토목 일반	토목 재료·시공	수리·토질	세라믹과
	지적 전산	지적 실무	건축 구조	건축 계획 일반	식품 공업과
	건축 목공	건축 시공 Ⅰ	건축 시공 Ⅱ	디자인 일반	섬유과
	색채 관리	조형	제품 디자인	공예	인쇄과
	시각 디자인	컴퓨터 그래픽	공업 화학	단위 조작·공정 제어	자동차과
	제조 화학	분석 화학	기능성 세라믹	세라믹 원리·공정	조선과
	구조 세라믹	세라믹 디자인	발효 공업	식품 제조 기계	항공과
	식품 분석	식품 공업 기술	섬유 재료	방적·방사	컴퓨터 게임과
	제포·봉제	염색·가공	인쇄 일반	인쇄·사진 재료	만화·애니메이션과
	평판 인쇄	특수 인쇄	사진·전자 제판	사진	영상 제작과
	자동차·건설 기계	자동차 기관	자동차 섀시	자동차 전기·전자 제어	
	건설 기계 구조·정비	자동차 차체 수리	선박 이론	선박구조	
	선박 기관	항공기 일반	항공기 기체	항공기 기관	
	항공기 장비	항공기 전자 장치	환경 공업 일반	수질 관리	
	대기·소음 방지	폐기물 처리	컴퓨터 게임 기획	컴퓨터 게임 프로그래밍	
	컴퓨터 게임 그래픽	만화·애니메이션 기초	애니메이션 제작	만화 창작	
	영화·방송 제작	촬영·조명	방송 시스템		

교과	과목				기준 학과
상업 정보	상업 경제	컴퓨터 일반	회계 원리	기업과 경영	경영 정보과
	경영과 법	마케팅과 광고	경영 정보 시스템	기업 자원 관리	회계 정보과
	커뮤니케이션 실무	원가 회계	기업 회계	전산 회계	무역 정보과
	세무 회계	금융과 생활	국제화와 기업 경영	무역 영어	유통 경영과
	전자 무역과 국제 상무	유통 정보 관리	물류 관리	자료 처리	정보 처리과
	프로그래밍 실무	소프트웨어 개발	사무 관리 실무	멀티미디어 일반	멀티미디어과
	멀티미디어 기획	멀티미디어 실무	웹 프로그래밍	전자 상거래 일반	전자 상거래과
	인터넷 쇼핑몰 관리	전자 상거래 실무	인터넷 마케팅	창업 일반	응용디자인과
					관광경영과
수산·해운	수산 일반	해사 일반	해양 일반	수산·해운 정보처리	해양 생산과
	수산 생물	수산 경영 일반	해양 생산 기술	수산 양식	수산 양식과
	양식 생물 질병	수산 가공	수산물 유통	해양 환경	자영 수산과
	해양 오염	냉동 일반	냉동 기계	냉동 공조 실무	수산 식품과
	열기관	선박 보조 기계	선박 전기、전자	기계 설계·공작	해양 환경과
	잠수 기술	항해	선박 운용	해사 법규	냉동 공조과
	해사 영어	선화 운송	전자 통신 공학	전자 통신 기기	동력 기계과
	전자 통신 운용	생선회 실무	해양 레저、관광	항만 물류 일반	항해과
	해양 정보 관리				전자 통신과
					해양 레저과
					항만 물류과
					해양 정보과
가사·실업	인간 발달	식품과 영양	급식 관리	한국 조리	조리과
	동양 조리	서양 조리	제과 제빵	의복 재료·관리	의상과
	패션 디자인	한국 의복 구성	서양 의복 구성	자수와 편물	실내 디자인과
	주거	실내 디자인	가구 디자인	디스플레이	유아교육과
	영·유아 교육 원리	영·유아 교육 프로그램	영、유아 놀이 교육	영·유아 생활 지도	관광과
	관광 일반	관광 경영 실무	관광 서비스 실무	관광 외식、조리	간호과
	관광 영어	관광 일본어	관광 중국어	간호의 기초	복지 서비스과
	보건 간호	기초 간호 임상 실무	기초 복지 서비스	노인 생활 지원	미용과
	헤어 미용	피부 관리	메이크업	공중 보건	
과학	물리 실험	화학 실험	생명 과학 실험	지구 과학 실험	
	과학사	전자 과학	정보 과학 Ⅰ	정보 과학 Ⅱ	
	고급 수학	고급 물리	고급 화학	고급 생명 과학	
	고급 지구 과학	과제 연구 Ⅰ	과제 연구 Ⅱ	환경 과학	
	현대 과학과 기술	원서 강독	워크숍	과학 철학	

교과	과목				기준 학과
체육	스포츠 개론	스포츠 경기 과학	체육과 진로 탐구	육상 운동	스포츠경기과 체육지도과
	체조 운동	수상 운동	개인·대인 운동	단체 운동	
	투기 운동	빙상·설상 운동	표현·창작 운동	체력 운동	
	전문 스포츠 경기 체력	전문 스포츠 경기 초급	전문 스포츠 경기 중급	전문 스포츠 경기 고급	
	전문 스포츠 경기 실습	스포츠 교육	코칭론	건강 관리	
	스포츠 경영·행정	전공 실기	전공 실습		
예술	음악 이론	음악사·감상	시창、청음	음악 전공 실기	음악과 미술과 무용과 문예창작과 연극영화과 사진과
	합창	합주	연주	컴퓨터와 음악	
	교양 실기				
	미술 이론	미술사	소묘	기초 회화	
	기초 조소	기초 디자인、공예	미술 전공 실기	영상 매체와 미술	
	미술 감상과 비평				
	무용의 이해	기초 한국 무용	기초 발레	기초 현대 무용	
	무용 전공 실기	무용 음악	안무	무용 감상과 비평	
	문학의 이해	문장론	고전 문학의 감상과 비평	현대 문학의 감상과 비평	
	시 창작	소설 창작	희곡 창작	매체와 문학	
	연극의 이해	무대 기술	연기	연극 제작 실습	
	연극 감상과 비평	영화의 이해	영화 기술	영화 창작과 표현	
	영화 제작 실습	영화 감상과 비평			
	사진의 이해	기초 촬영	중급 촬영	암실 실기	
	사진 편집	디지털 사진 촬영	디지털 사진 표현 기법	사진 감상과 비평	
외국어	심화 영어	영어 청해	영어 회화 Ⅰ	영어 회화 Ⅱ	영어과 독일어과 프랑스어과 스페인어과 중국어과 일본어과 러시아어과 아랍어과
	영어 독해	영어 작문	영어권 문화 Ⅰ	영어권 문화 Ⅱ	
	영어 문법				
	기초 독일어	독일어 청해	독일어 회화 Ⅰ	독일어 회화 Ⅱ	
	독일어 독해	독일어 작문	독일어권 문화 Ⅰ	독일어권 문화 Ⅱ	
	독일어 문법				
	기초 프랑스어	프랑스어 청해	프랑스어 회화 Ⅰ	프랑스어 회화 Ⅱ	
	프랑스어 독해	프랑스어 작문	프랑스어권 문화 Ⅰ	프랑스어권 문화 Ⅱ	
	프랑스어 문법				
	기초 스페인어	스페인어 청해	스페인어 회화 Ⅰ	스페인어 회화 Ⅱ	
	스페인어 독해	스페인어 작문	스페인어권 문화 Ⅰ	스페인어권 문화 Ⅱ	
	스페인어 문법				
	기초 중국어	중국어 청해	중국어 회화 Ⅰ	중국어 회화 Ⅱ	
	중국어 독해	중국어 작문	중국 문화 Ⅰ	중국 문화 Ⅱ	
	중국어 문법				
	기초 일본어	일본어 청해	일본어 회화 Ⅰ	일본어 회화 Ⅱ	
	일본어 독해	일본어 작문	일본 문화 Ⅰ	일본 문화 Ⅱ	
	일본어 문법				
	기초 러시아어	러시아어 청해	러시아어 회화 Ⅰ	러시아어 회화 Ⅱ	
	러시아어 독해	러시아어 작문	러시아 문화 Ⅰ	러시아 문화 Ⅱ	
	러시아어 문법				
	기초 아랍어	아랍어 청해	아랍어 회화 Ⅰ	아랍어 회화 Ⅱ	
	아랍어 독해	아랍어 작문	아랍 문화 Ⅰ	아랍 문화 Ⅱ	
	아랍어 문법				

교과	과		목		기준 학과
국제	영어 강독 중국어 강독 국제 정치 Ⅰ 세계 문제 국제법 한국의 현대 사회 예능 실습	독일어 강독 일본어 강독 국제 정치 Ⅱ 비교 문화 Ⅰ 지역 이해 한국어	프랑스어 강독 러시아어 강독 국제 경제 Ⅰ 비교 문화 Ⅱ 인류의 미래 사회 과제 연구 Ⅰ	스페인어 강독 아랍어 강독 국제 경제 Ⅱ 정보 과학 한국의 전통 문화 과제 연구 Ⅱ	

① 전문교육을 주로 하는 고등학교에서는 【표 3】에서 필요한 전문과목을 80단위 이상 이수한다.

② 전문교육을 주로 하는 고등학교에서는 다음 과목을 필수로 이수한다.

- 농생명 산업 계열 : 농업 이해, 농업 기초 기술, 농업 정보 관리
- 공업 계열 : 공업 입문, 기초 제도, 정보 기술 기초
- 상업정보 계열 : 상업 경제, 회계 원리, 컴퓨터 일반
- 수산·해운 계열 : 해양 일반, 수산·해운 정보 처리, 수산 일반(수산 계열), 해사 일반(해운 계열)
- 가사·실업 계열 : 인간 발달, 컴퓨터 일반
- 체육, 외국어 및 국제 계열은 시·도교육감이 정한 지침에 따르되, 과학, 예술 계열은 필수 이수과목을 별도로 정하지 않는다.

제10장 개정 교육과정의 편성과 운영

우리나라 초·중등교육법 제23조에는 초·중등학교의 교육과정을 교육부장관이 정하도록 명시하고 있다. 이러한 법적 근거를 토대로 현행 교육과정은 종전의 교육과학기술부가 결정해서 문서로 고시한 교육과정에 따라 편성·운영되고 있다. 즉, 국가수준의 교육과정 기준에 의해 시·도교육청이 편성·운영지침을 작성하고, 단위학교에서 교육과정을 작성토록 하는 체제로 이루어져 있는 것이다. 이에, 제10장에서는 2007년과 2009년에 각각 출판된 《초·중등학교 교육과정》의 내용을 중심으로 개정 교육과정 편성·운영지침, 국가 및 지역에서의 편성·운영지원, 개정 교육과정의 평가관리 그리고 특수한 학교에서의 교육과정 편성과 운영에 관하여 고찰해 본다.

1. 개정 교육과정 편성·운영지침

1) 2007 개정 교육과정

(1) 국민공통 기본교육과정

1학년부터 10학년까지의 10년 동안에는 국민공통 기본교육과정을 편성·운영한다.

① 국민공통 기본교육과정의 시간 배당기준에 배당된 각 학년별 교과, 재량활동, 특별활동의 수업시간 수는 이 기간 동안에 모든 학생들이 필수적으로 이수해야 할 연간기준 수업시간 수이다.

② 국민공통 기본교육과정에서는 학생의 능력과 적성, 진로를 고려하여 교육내용과 방법을 다양화한다. 특히 국어, 사회, 수학, 과학, 영어 교

과에서는 수준별 수업을 권장한다(2006. 8. 29, 교육인적자원부 고시 제2006-75호).

③ 재량활동에서 교과 재량활동은 중등학교의 선택과목 학습과 국민공통 기본교과의 심화 · 보충학습을 위한 것이며, 창의적 재량활동은 학교의 독특한 교육적 필요, 학생의 요구 등에 따른 범교과 학습과 자기주도적 학습을 위한 것이다. 재량활동의 영역별 이수시간(단위) 수는 학교가 시 · 도교육청의 지침에 따라 편성한다.

㉮ 초등학교의 재량활동은 창의적 재량활동으로 운영한다.

㉯ 중학교의 교과 재량활동은 한문, 정보, 환경, 생활외국어(독일어, 프랑스어, 스페인어, 중국어, 일본어, 러시아어, 아랍어), 기타의 선택과목 학습시간에 중점을 두어 운영한다.

㉰ 고등학교 1학년의 교과 재량활동은 선택중심 교육과정의 선택과목 학습 또는 국민공통 기본교과의 심화 · 보충학습으로 운영한다. 다만, 전문교육을 주로 하는 고등학교에서는 전문교과로 대체하여 이수할 수 있다.

④ 특별활동은 다음과 같이 편성 · 운영한다.

㉮ 특별활동의 영역별 시간(단위) 수는 학생의 요구와 지역 및 학교의 특성을 고려하여 학교재량으로 배정하되, 봉사활동과 행사활동은 학교의 실정에 따라 별도의 시간을 확보하여 운영할 수 있다.

㉯ <삭제>

㉰ 특별활동은 학교의 필요에 따라 시간(단위) 배당기준보다 더 많은 시간을 확보하여 운영할 수 있으며, 다양한 방식으로 시간운영을 통합하거나 분할하여 융통성 있게 할 수 있다.

(2) 고등학교 선택중심 교육과정

11, 12학년의 2년 동안에는 선택중심 교육과정을 편성 · 운영한다.

① 선택중심 교육과정의 총 이수단위는 140단위로, 선택과목에 132단위, 특별활동에 8단위로 나누어 편성한다.

② 일반계 고등학교의 교과 편성 · 운영

㉮ <삭제>

㉯ <삭제>

㉰ 선택과목은 학생들의 균형적인 이수를 위하여 ① 인문 · 사회 과목군(국어, 도덕, 사회) ② 과학 · 기술 과목군(수학, 과학, 기술 · 가정) ③ 체육 과목군(체육) ④ 예술 과목군(음악, 미술) ⑤ 외국어 과목군(외국어) ⑥ 교양 과목군(한문, 교양)으로 나눈다. 모든 학생은 ①~④ 과목군에서는 각각 1과목 이상, 외국어 과목군에서는 영어를 제외한 외국어 중 1과목 이상, 교양 과목군에서는 2과목 이상을 이수한다.

㉱ 선택과목 중 과목명에 Ⅱ가 있는 과목을 선택하기 위해서는 Ⅰ을 먼저 이수해야 하나, 학교의 실정, 학생의 요구, 과목의 성격에 따라 이수를 면제하거나 대체할 수 있다.

㉲ 선택과목에 배당된 132단위 중에서 시 · 도교육청, 단위학교는 각각 28단위 이상 지정할 수 있다. 학생의 선택은 최소 28단위 이상으로 하되, 이에 대한 구체적인 사항은 시 · 도교육청이 정한 지침에 따른다

㉳ 보통교과의 선택과목은 기준 단위를 2~4단위까지 증감 운영할 수 있다. 다만, 이수단위가 4단위인 과목은 증배 운영만 가능하다.

㉴ <삭제>

③ 전문교육을 주로 하는 고등학교의 교과 편성 · 운영

㉮ 국민공통 기본교과에 배당된 60단위는 필수적으로 이수하도록 하고, 이를 포함하여 보통교과를 80단위 이상 이수하도록 한다.

㉯ 선택과목 중에서 전문교과의 기초가 되는 과목을 선택하여 이수할

경우, 이를 해당 국민공통 기본교과의 이수로 간주할 수 있다.

㉰ 교원 및 시설 여건과 학생들의 요구를 반영하여 11학년에서도 국민공통 기본교과의 일부를 편성할 수 있다.

㉱ 보통교과의 선택과목은 기준 단위를 2~4단위까지 증감 운영할 수 있다.

㉲ 내용이 유사하거나 관련되는 보통교과의 선택과목과 전문교과는 교체하여 편성·운영할 수 있다.

㉳ 전문교과는 필요한 경우 다른 계열의 전문과목을 선택하여 편성·운영할 수 있다.

㉴ <삭제>

㉵ 2개 이상의 계열을 운영하는 실업계 고등학교의 경우, 해당 학과가 속한 계열의 필수 과목을 이수한다.

㉶ 학교는 필요에 따라 시·도 교육감의 승인을 받아 총 교과 이수단위를 10% 범위 내에서 증배 운영할 수 있다. 다만, 특수목적 고등학교는 전문교과에 한하여 증배 운영할 수 있다(2004. 11. 26, 교육인적자원부 고시 제2004-85호).

④ 11, 12학년의 특별활동에 배당된 8단위는 지역 및 학교 실정에 따라, 각 영역별 이수단위를 학교에서 재량으로 편성한다.

(3) 학교에서의 편성·운영지침

<편성>

㈎ 시·도교육청은 이 교육과정에 의거하여 다음 사항이 포함된 각급학교 교육과정 편성·운영지침을 작성하고, 이를 관내의 지역교육청과 각급학교에 제시한다.

① 국민공통 기본교육과정과 교과, 재량활동, 특별활동의 시간확보와 운영에 관한 사항

② 국민공통 기본교육과정의 교과, 재량활동, 특별활동의 교육 중점에 관한 사항
③ <삭제>(2006. 8. 29, 교육인적자원부 고시 제2006-75호)
④ 중학교 재량활동의 선택과목 시간확보와 운영에 관한 사항
⑤ 고등학교 선택중심 교육과정의 편성과 운영에 관한 사항
⑥ 교육과정에 표시되지 않은 교과목의 신설과 운영에 관한 사항
⑦ 고등학교의 계열, 학과의 신설과 운영에 관한 사항
⑧ 일반계 고등학교의 과정 설치와 운영에 관한 사항
⑨ 실업계 및 기타계 고등학교의 전문교과 이수단위에 관한 사항
⑩ 실업계 및 기타계 고등학교의 전문교과 실험 · 실습에 관한 사항
⑪ 실업계 고등학교의 현장실습에 관한 사항
⑫ 고등학교 총 이수단위 수의 증배 운영에 관한 사항
⑬ 교과, 재량활동, 특별활동의 교육평가에 관한 사항
⑭ 교과용 도서의 인정, 개발, 보급에 관한 사항
⑮ 조기입학, 조기진급 및 졸업에 관한 사항
⑯ 특수아, 귀국자 및 다문화 가정 자녀의 교육에 관한 사항
⑰ 학교 교육과정의 작성 절차 및 체제에 관한 사항
⑱ 독서목록 작성 · 활용에 관한 사항
⑲ 교육과정 편성 · 운영에 관한 평가와 질 관리에 관한 사항
⑳ 재량활동 및 특별활동 운영의 지원에 관한 사항
㉑ 특성화학교, 자율학교 등의 교육과정 운영에 관한 사항
㉒ 기타 필요한 사항

(나) 시 · 도교육청은 교육과정의 편성 · 운영에 관한 조사연구와 자문 기능을 담당할 교육과정위원회를 구성하여 운영한다. 이 위원회에는 교원, 교육행정가, 교육과정 전문가, 교과교육 전문가, 학부모, 지역사회 인사, 산업체 인사 등이 참여할 수 있다.

㈐ 시·도교육청은 지역의 특수성, 교육의 실태, 학생·교원·주민의 요구와 필요 등을 반영하여 시·도의 교육 중점을 설정하고, 교육과정 편성·운영지침을 작성한다.

㈑ 시·도교육청은 학교, 연구기관, 대학, 산업체 등과 연계하여 교육과정 편성·운영에 관한 연구를 추진하고, 그 결과를 편성·운영지침의 작성 및 개선에 반영한다.

㈒ 시·도교육청은 각급학교가 새 학년도 시작에 앞서 교육과정 편성·운영에 관한 계획을 세울 수 있도록 교육과정 편성·운영자료를 개발·보급하고, 교원의 전보를 적기에 시행한다.

2) 2009 개정 교육과정

(1) 중점사항

(가) 초등학교

① 학교는 1학년 학생들의 입학초기 적응교육을 위해 창의적 체험활동의 시수를 활용하여 자율적으로 입학초기 적응 프로그램 등을 편성·운영할 수 있다.

② 학교는 모든 교육활동을 통해 학생의 인성과 기본생활습관을 형성할 수 있도록 교육과정을 편성·운영한다.

③ 각 교과의 기초적·기본적 요소들이 체계적으로 학습되도록 계획하고, 정확한 국어사용 능력을 신장할 수 있도록 배려한다. 특히, 기초적인 국어사용 능력과 수리력이 부족한 학생들을 위해 별도의 프로그램을 편성·운영할 수 있다.

④ 학교의 특성, 학생·교사·학부모의 요구 및 필요에 따라 학교가 자율적으로 교과(군)별 20% 범위 내에서 시수를 증감하여 운영할 수 있다.

⑤ 초등학교에서는 학교의 여건과 교과(군)별 특성을 고려하여 학년, 학

기별로 집중이수를 통해 학기당 이수교과 수를 감축하여 편성·운영할 수 있다.

⑥ 정보통신활용교육, 보건교육, 한자교육 등은 관련 교과(군)와 창의적 체험활동 시간을 활용하여 체계적인 지도가 이루어질 수 있도록 한다.

⑦ 전입학생이 특정 교과목을 이수하지 못할 경우, 교육청과 학교에서는 '보충학습과정' 등을 통해 학습결손이 발생하지 않도록 한다.

⑧ 학년을 달리하는 학생을 병합하여 복식학급을 편성·운영하는 경우에는 교육내용의 학년별 순서를 조정하거나 공통주제를 중심으로 교재를 재구성하여 활용할 수 있다.

⑨ 학교는 학생이 학년군별로 이수해야 할 학년별, 학기별 교과목을 편성하여 안내한다.

⑩ 예술(음악/미술)은 음악과 미술 교과를 중심으로 편성·운영한다.

(나) 중학교

① 학교는 학생들이 이수해야 할 3년간의 교과목을 학년별, 학기별로 편성하여 안내한다.

② 교과(군)의 이수시기와 수업시수는 학교가 자율적으로 결정할 수 있다.

③ 학교의 특성, 학생·교사·학부모의 요구 및 필요에 따라 학교가 자율적으로 교과(군)별 수업시수를 20% 범위 내에서 증감하여 운영할 수 있다.

④ 교육효과를 높이기 위해 학생의 학기당 이수교과목 수를 8개 이내로 편성하도록 한다.

⑤ 예술(음악/미술)은 음악과 미술교과를 중심으로 편성·운영한다.

⑥ 선택과목을 개설할 경우, 학교는 2개 이상의 과목을 개설함으로써 학생들의 선택권이 보장되도록 한다.

⑦ 학교는 필요한 경우 새로운 선택과목을 개설할 수 있다. 새로운 과목

을 개설하여 운영하고자 할 경우에는 시·도교육청의 교육과정 편성·운영지침에 의거하여 사전에 필요한 절차를 거쳐야 한다.

⑧ 학교는 학생의 직업 및 진로에 대한 탐색과 선택을 돕기 위해 진로교육을 강화한 교육과정을 편성·운영한다.

⑨ 전입학생이 특정 교과목을 이수하지 못할 경우, 교육청과 학교에서는 '보충학습과정' 등을 통해 학습결손이 발생하지 않도록 한다.

(다) 고등학교

〈공통 지침〉

① 고등학교 교육과정의 총 이수단위는 204단위이며 교과(군) 180단위, 창의적 체험활동 24단위로 나누어 편성한다.

② 교과의 이수시기와 단위는 학교에서 자율적으로 편성·운영할 수 있다.

③ 교육효과를 높이기 위해 학생의 학기당 이수과목 수를 8개 이내로 편성하도록 한다.

④ 선택과목 중에서 위계성을 갖는 과목의 경우 계열적 학습이 되도록 편성한다. 단, 학교의 실정 및 학생의 요구, 과목의 성격에 따라 탄력적으로 운영할 수 있다.

⑤ 선택과목은 학교의 실정과 학생들의 요구를 반영하여 편성하되, 학교는 필요에 따라 이 교육과정에 제시되어 있는 과목 외에 새로운 과목을 개설할 수 있다. 새로운 과목을 개설하여 운영하고자 할 경우에는 시·도교육청의 교육과정 편성·운영지침에 의거하여 사전에 필요한 절차를 거쳐야 한다.

⑥ 일정규모 이상의 학생이 이 교육과정의 편제에 있는 특정 선택과목의 개설을 요청할 경우, 학교는 이를 개설해야 한다.

⑦ 학교에서 개설하지 않은 선택과목 이수를 희망하는 학생이 있을 경우 그 과목을 개설한 다른 학교에서의 이수를 인정하도록 한다.

⑧ 학교 및 학생의 필요에 따라 지역사회의 학습장에서 행하는 학습을 이수과목으로 인정할 수 있다. 다만 이 경우 시・도교육청이 정하는 지침에 따른다.

⑨ 학교는 필요에 따라 대학과목 선이수제의 과목을 개설할 수 있고, 국제적으로 공인받은 교육과정과 과목을 선택과목으로 인정할 수 있다. 다만, 이와 관련된 구체적인 사항은 시・도교육청의 지침에 따른다.

⑩ 학교는 필요에 따라 교과의 총 이수단위를 증배 운영할 수 있다. 단, 전문교육을 주로 하는 학교는 전문교과에 한하여 증배 운영할 수 있다.

⑪ 학교는 학생이 3년간 이수해야 할 학년별・학기별 과목을 편성하여 안내해야 한다.

〈일반계 고등학교〉

① 교과(군)의 이수단위 180단위 중 필수 이수단위는 116단위 이상으로 한다.

② 학생의 진로과정을 고려하여 교과(군)별 최소 필수 이수단위 수로 편성할 수 있으나, 교과영역별로 제시된 단위 수를 편성・운영하여야 한다.

③ 일반계 고등학교에서 체육, 음악, 미술 등의 과정을 개설하거나 자율학교로 지정된 학교의 경우 교과(군) 최소 이수단위인 72단위로 편성・운영할 수 있다.

④ 학교는 학생의 요구 및 흥미, 적성 등을 고려하여 진로를 적절히 안내할 수 있는 진로집중과정을 편성・운영하도록 한다. 이를 위해 학교는 이 교육과정에 제시하는 '학교자율과정'에서 진로집중과정과 관련된 과목의 심화학습이 이루어질 수 있도록 편성・운영한다.

⑤ 과학, 수학, 사회, 영어, 예술, 체육 등 교과를 중심으로 중점학교를 운영할 수 있으며 이 경우, 학교자율과정의 50% 이상을 관련 교과목

으로 편성할 수 있다.

⑥ 체육, 음악, 미술 등의 과정을 개설하는 학교의 경우, 필요에 따라 지역 내 중점학교 및 지역사회 학습장 등을 활용할 수 있다.

⑦ 일반계 고등학교에서 직업에 관한 과정을 운영할 수 있으며, 이와 관련된 세부지침은 시·도교육청에서 정한다.

⑧ 학교에서 제2외국어 과목을 개설할 경우, 2개 이상의 과목을 동시에 개설하도록 노력해야 한다.

〈전문교육을 주로 하는 고등학교〉

① 교과(군)의 이수단위 180단위 중 보통교과 필수 이수단위는 72단위 이상으로 편성하며, 전문 교과의 과목은 80단위 이상 편성한다.

② 전문교과의 각 과목에 대한 이수단위는 시·도교육감이 정하되, 외국어와 국제에 관한 교과의 각 과목별 이수단위는 5단위를 기본으로 하되, 3단위 범위 내에서 증감 편성할 수 있다.

③ 전문교과의 기초가 되는 과목을 선택하여 이수할 경우, 이를 해당 보통교과의 이수로 간주할 수 있다.

④ 내용이 유사하거나 관련되는 보통교과의 과목과 전문교과의 과목은 교체하여 편성·운영할 수 있다.

⑤ 농생명산업, 공업, 상업정보, 수산·해운, 가사·실업계열의 고등학교는 다음과 같이 편성·운영할 수 있다.

- 전문교과는 필요한 경우 다른 계열의 전문과목을 선택하여 편성·운영할 수 있다.
- 학과별 필수과목은 필요한 경우 학교장이 정할 수 있으며, 2개 이상의 계열을 운영하는 경우 해당 학과가 속한 계열의 필수과목을 이수한다.
- 교육과정 내용과 관련이 있는 현장실습을 운영하여야 한다. 이 경우

다양한 형태로 운영할 수 있으며, 이와 관련된 구체적인 사항은 시·도교육청이 정한 지침에 따른다.

⑥ 국제계열 고등학교는 전공 관련 교과군과 외국어에 관한 교과의 과목에서 80단위 이상 이수하되, 전공 관련 교과군에서 50% 이상 편성한다.

⑦ 외국어계열 고등학교에서는 전문교과 총 이수단위의 60% 이상을 전공 외국어로 하고, 전공 외국어 포함 2개 외국어로 전문교과를 편성해야 한다.

⑧ 이 교육과정에 명시되지 아니한 계열의 교육과정은 유사계열의 교육과정에 준한다. 부득이 새로운 계열의 설치 및 그에 따른 교육과정을 편성할 경우와 학교의 실정에 따라 새로운 과목을 실징하여 운영하고자 할 경우에는 시·도교육청의 교육과정 편성·운영지침에 의거하여 사전에 필요한 절차를 거쳐야 한다.

(2) 학교급별 공통사항

① 학교는 이 교육과정을 바탕으로 학교 실정에 알맞은 학교 교육과정을 편성·운영한다.

② 학교는 학교교육과정 편성·운영계획을 바탕으로 학년 및 교과목별 교육과정을 편성할 수 있다.

③ 학교교육과정은 모든 교원이 전문성을 발휘하여 참여하는 민주적인 절차와 과정을 거쳐 편성·운영한다.

④ 교육과정의 합리적 편성과 효율적 운영을 위하여 교원, 교육과정, 교과교육 전문가, 학부모 등이 참여하는 학교교육과정위원회를 구성하여 운영하며, 이 위원회는 학교장의 교육과정 운영 및 의사결정에 관한 자문의 역할을 담당한다.

⑤ 학교 교육과정을 편성·운영함에 있어서는 교원의 조직, 학생의 실태, 학부모의 요구, 지역사회의 실정 및 교육시설·설비 등 교육여건과

환경이 충분히 반영되도록 노력한다.

⑥ 학교는 동학년 모임, 교과별 모임, 현장연구, 자체연수 등을 통해서 교사들의 교육활동 개선이 이루어지도록 한다.

⑦ 학교가 종교과목을 개설할 때에는 종교이외의 과목을 포함, 복수로 과목을 편성하여 학생에게 선택의 기회를 주어야 한다.

⑧ 각 교과의 기초적·기본적 요소들이 체계적으로 학습되도록 계획하고 이를 일관성 있고 지속성 있게 지도한다.

⑨ 각 교과목별 학습목표를 모든 학생이 성취하도록 지도하고, 능력에 알맞은 성취가 가능하도록 다양한 학습의 기회와 방법을 제공하며, 이를 위한 계획적인 배려와 지도를 하여 학습결손이 누적되거나 학습 의욕이 저하되지 않도록 노력한다.

⑩ 공통 교육과정에서는 학생의 능력과 적성, 진로를 고려하여 교육내용과 방법을 다양화한다. 특히 국어, 수학, 사회, 과학, 영어교과에서는 수준별 수업을 권장한다.

⑪ 수준별 수업운영을 위한 학습집단은 학교의 여건이나 학생의 특성에 따라 다양하게 편성할 수 있으며, 학습결손을 보충할 수 있도록 '특별보충수업'을 운영할 수 있다. 특별보충수업의 편성·운영에 관한 제반사항은 학교가 자율적으로 결정한다.

⑫ 교과수업은 탐구적인 활동을 통하여 개념 및 원리를 이해하고 이를 새로운 사태에 적용하는 기회를 많이 가지게 한다. 특히 여러 가지 자료를 활용한 정보처리 능력을 가지도록 하는 데 힘쓴다.

⑬ 개별적인 학습활동과 더불어 소집단 공동학습활동을 중시하여 공동으로 문제를 해결하는 경험을 많이 가지게 한다.

⑭ 각 교과활동에서는 학습의 개별화가 이루어지도록 하고, 발표·토의활동과 실험, 관찰, 조사, 실측, 수집, 노작, 견학 등의 직접 체험활동이 충분히 이루어지도록 유의한다.

⑮ 학교는 창의적 체험활동이 실질적 체험학습이 되도록 지역사회의 유관기관과 적극적으로 연계・협력해서 프로그램을 운영해야 한다.

⑯ 교과와 창의적 체험활동의 효율적인 운영을 위하여 지역사회의 인적・물적자원을 계획적으로 활용한다.

⑰ 창의적 체험활동에 배당된 시간 수는 학생의 요구와 학교의 실정에 기초하여 융통성 있게 배정하여 운영할 수 있다.

⑱ 교과와 창의적 체험활동의 내용배열은 반드시 학습의 순서를 의미하는 것이 아닌, 예시적인 성격을 지니고 있으므로 필요한 경우에 지역의 특수성, 계절 및 학교의 실정과 학생의 요구, 교사의 필요에 따라 각 교과목의 학년별 목표에 대한 지도내용의 순서와 비중 방법 등을 조정하여 운영할 수 있다.

⑲ 심신 장애학생을 위한 특수학급을 설치, 운영하는 경우, 학생의 장애 정도와 능력을 고려하여 이 교육과정을 조정・운영하거나 특수학교 교육과정 및 교수・학습자료를 활용할 수 있다.

⑳ 학습부진아 장애를 가진 학생, 귀국학생, 다문화가정 자녀 등이 학교에서 충실한 학습경험을 누릴 수 있도록 특별한 배려와 지원을 하도록 한다.

㉑ 교육활동 전반을 통하여 남녀의 역할에 관한 편견을 가지지 않도록 지도한다.

㉒ 범교과 학습주제는 관련되는 교과와 창의적 체험활동 등 교육활동 전반에 걸쳐 통합적으로 다루어지도록 하고 지역사회 및 가정과의 연계 지도에도 힘쓴다.

민주시민교육, 인성교육, 환경교육, 경제교육, 에너지교육, 근로정신함양교육, 보건교육, 안전교육, 성교육, 소비자교육, 진로교육, 통일교육, 한국정체성교육, 국제이해교육, 해양교육, 정보화 및 정보윤리교육, 청렴・반부패교육, 물보호교육, 지속가능발전교육, 양성평등교육, 장애인이해교육, 인권교육, 안전・재해대

비교육, 저출산・고령사회대비교육, 여가활용교육, 호국・보훈교육, 효도・경로・전통윤리교육, 아동・청소년보호교육, 다문화교육, 문화예술교육, 농업・농촌이해교육, 지적재산권교육, 미디어교육, 의사소통・토론중심교육, 논술교육, 한국문화사교육, 한자교육, 녹색교육 등

㉓ 학교에서는 교육과정에 제시되지 않은 사회현안에 대해 학생들의 올바른 이해를 돕기 위하여 계기교육을 실시할 수 있으며, 이 경우 계기교육지침에 따른다.

㉔ 교과용 도서 이외의 교수・학습자료는 교육청이나 학교에서 개발한 것 등을 사용할 수 있다.

㉕ 각 교과의 특성에 맞는 다양한 학습이 이루어질 수 있도록 교과교실제 운영을 활성화한다.

㉖ 실험・실습이나 실기지도에 있어서는 시설 및 기계・기구, 약품사용의 안전에 유의하도록 한다.

㉗ 학교는 학생과 학부모의 요구를 바탕으로 방과 후 학교 또는 방학 중 프로그램을 개설할 수 있으며, 학생들의 자발적인 참여를 원칙으로 한다.

2. 국가 및 지역에서의 편성・운영지원

1) 2007 개정 교육과정

(1) 시・도교육청

〈편성〉

㈎ 시・도교육청은 이 교육과정에 의거하여 다음 사항이 포함된 각급학교 교육과정 편성・운영지침을 작성하고, 이를 관내의 지역교육청과

각급학교에 제시한다.

① 국민공통 기본교육과정과 교과, 재량활동, 특별활동의 시간확보와 운영에 관한 사항
② 국민공통 기본교육과정의 교과, 재량활동, 특별활동의 교육 중점에 관한 사항
③ <삭제>(2006. 8. 29, 교육인적자원부 고시 제2006-75호)
④ 중학교 재량활동의 선택과목 시간확보와 운영에 관한 사항
⑤ 고등학교 선택중심 교육과정의 편성과 운영에 관한 사항
⑥ 교육과정에 표시되지 않은 교과목의 신설과 운영에 관한 사항
⑦ 고등학교의 계열, 학과의 신설과 운영에 관한 사항
⑧ 일반계 고등학교의 과정 설치와 운영에 관한 사항
⑨ 실업계 및 기타계 고등학교의 전문교과 이수단위에 관한 사항
⑩ 실업계 및 기타계 고등학교의 전문교과 실험 · 실습에 관한 사항
⑪ 실업계 고등학교의 현장실습에 관한 사항
⑫ 고등학교 총 이수단위 수의 증배 운영에 관한 사항
⑬ 교과, 재량활동, 특별활동의 교육평가에 관한 사항
⑭ 교과용 도서의 인정, 개발, 보급에 관한 사항
⑮ 조기입학, 조기진급 및 졸업에 관한 사항
⑯ 특수아, 귀국자 및 다문화 가정 자녀의 교육에 관한 사항
⑰ 학교교육과정의 작성 절차 및 체제에 관한 사항
⑱ 독서목록 작성 · 활용에 관한 사항
⑲ 교육과정 편성 · 운영에 관한 평가와 질 관리에 관한 사항
⑳ 재량활동 및 특별활동 운영의 지원에 관한 사항
㉑ 특성화학교, 자율학교 등의 교육과정 운영에 관한 사항
㉒ 기타 필요한 사항

㈏ 시 · 도교육청은 교육과정의 편성 · 운영에 관한 조사연구와 자문기능

을 담당할 교육과정위원회를 구성하여 운영한다. 이 위원회에는 교원, 교육행정가, 교육과정 전문가, 교과교육 전문가, 학부모, 지역사회 인사, 산업체 인사 등이 참여할 수 있다.

(다) 시・도교육청은 지역의 특수성, 교육의 실태, 학생・교원・주민의 요구와 필요 등을 반영하여 시・도의 교육 중점을 설정하고, 교육과정 편성・운영지침을 작성한다.

(라) 시・도교육청은 학교, 연구기관, 대학, 산업체 등과 연계하여 교육과정 편성・운영에 관한 연구를 추진하고, 그 결과를 편성・운영지침의 작성 및 개선에 반영한다.

(마) 시・도교육청은 각급학교가 새 학년도 시작에 앞서 교육과정 편성・운영에 관한 계획을 세울 수 있도록 교육과정 편성・운영자료를 개발・보급하고, 교원의 전보를 적기에 시행한다.

〈운영〉

(가) 시・도교육청은 관내의 지역교육청에서의 교육과정 운영지원 실태와 각급학교의 교육과정 편성과 운영실태를 정기적으로 파악하고, 효과적인 교육과정의 운영과 개선 및 질 관리에 필요한 적절한 지원, 지도, 조언을 한다.

(나) 교원의 교과, 재량활동, 특별활동에 대한 지도능력 향상을 위하여 각급학교 교원에 대한 연수계획을 수립, 시행한다.

(다) 중학교 선택과목, 고등학교의 선택중심 교육과정이 정상적으로 운영될 수 있도록 장기적인 교원 수급계획을 수립, 시행한다.

(라) <삭제>

(마) 교과, 재량활동, 특별활동 운영을 위한 각종 교수・학습자료를 연구, 개발하여 보급하고, 교육시설, 설비, 자료 등의 정비확충에 필요한 행・재정적인 지원을 한다.

㈓ 각 학교가 수준별 수업을 효율적으로 운영하는 데 필요한 행·재정적인 지원을 한다(2006. 8. 29, 교육인적자원부 고시 제2006-75호).

㈔ 소규모 학교의 정상적인 교육과정 운영을 지원하기 위해서 교원의 배치, 학생의 교육받을 기회의 확충에 필요한 행·재정적 지원을 한다.

㈕ 교육과정 편성·운영의 개선을 위한 연구·시범학교를 운영하고, 수업개선을 위한 연구교사를 두어 적극적으로 지원한다.

㈖ 특정 분야에서 탁월한 재능을 보이는 학생과 학습장애가 있는 학생들을 위한 교육기회를 마련하고 지원한다.

㈗ 귀국자 자녀의 교육경험의 특성과 배경을 고려하고, 이 교육과정을 이수하는 데 어려움이 없도록 지원한다.

㈘ 중등학교에서 이 교육과정에 제시된 선택과목 이외의 과목을 설치·운영하는 경우에 대비하여, 이를 위한 지침을 학교에 제시해 주고, 학교로 하여금 필요한 사전절차를 밟도록 지원한다.

㈙ 전·편입학, 귀국 등에 따라 국민공통 기본교과를 이수하지 못한 학생이나, 각 고등학교가 개설하지 못하는 과목을 선택하고자 하는 학생들이 해당과목을 이수할 수 있도록 다양한 기회를 마련해 주고, 학생들이 지역사회의 공공성 있는 사회교육 시설을 통해 이수한 과정을 인정해 주는 방안을 마련한다.

㈚ 교과, 재량활동, 특별활동의 '목표 - 내용 - 방법 - 평가'의 일관성 있는 실천과정을 확인하고, 실증적인 자료를 수집하여 교육의 질 관리에 활용한다.

(2) 지역교육청

<편성>

㈎ 지역교육청은 시·도교육청의 학교급별 교육과정 편성·운영지침을 기초로 하여 다음 사항이 포함된 학교교육과정 편성·운영에 관한 실

천 중심의 장학자료를 작성하여 이를 관내의 초・중학교에 제시한다.

① 지역의 특수성에 바탕을 둔 중점 교육활동에 관한 사항
② 학교 교육과정의 편성・운영에 필요한 교육자료 및 지원에 관한 사항
③ 학교 간 교육과정 편성・운영의 협조에 관한 사항
④ 학교 간 교원의 순회 및 수급 협조에 관한 사항
⑤ 학교 간 교육시설과 설비의 공동 활용에 관한 사항
⑥ 복식학급 운영 등 소규모학교의 교육과정 편성・운영에 관한 사항
⑦ 학교 교육과정의 평가와 질 관리에 관한 사항
⑧ 기타 필요한 사항

㈏ 지역 특성에 적합한 학교교육과정 편성・운영을 지도하고, 이를 지원하기 위하여 교원, 교육행정가, 교육과정(교과) 전문가, 학부모, 지역 인사 등이 참여한 교육과정위원회를 구성하여 운영한다.

㈐ 학교 간에 공동으로 협의하여 학교교육과정을 편성, 운영할 수 있도록 지원한다.

<운영>

㈎ 지역교육청은 각 학교의 교육과정 운영이 충실히 이루어질 수 있도록 장학활동 계획을 수립하고, 정기적으로 시행한다.

㈏ 학교 교육과정 편성・운영방법에 관한 지역별 교원연수를 실시한다.

㈐ 각 학교의 교육과정 편성・운영을 지원하기 위한 각종자료를 개발, 보급한다.

㈑ 특수아, 귀국자 및 다문화 가정의 자녀를 위한 교육기회를 마련하여 운영한다.

㈒ 학교 교육과정의 효과적 운영을 위하여 학생의 배정, 교원의 원활한 교류, 학교 간 시설과 설비의 공동 활용, 자료의 공동개발 활용에 관

하여 학교 간 및 인접 교육청 간의 협조체제를 구축한다.

(바) 관내 학교의 교육과정 편성·운영의 개선을 위한 연구·시범학교를 운영, 지원하고, 수업 연구교사 및 교과별 연구회 활동을 지원한다.

(사) 교과, 재량활동, 특별활동의 실천과정을 확인, 평가하여 교육의 질 관리에 활용한다.

2) 2009 개정 교육과정

(1) 국가수준의 지원사항

이 교육과정의 원활한 편성·운영을 위하여 국가수준에서는 다음과 같이 평가하고 지원한다.

① 시·도교육청의 교육과정 지원활동과 단위학교의 교육과정 편성·운영활동이 상호 유기적으로 이루어질 수 있도록 행·재정적 지원을 한다.

② 이 교육과정의 질 관리를 위하여 국가수준에서는 주기적으로 학업성취도 평가, 학교와 교육기관 평가, 교육과정 편성·운영에 관한 평가를 실시한다.

- 학업성취도를 평가하기 위하여 교과별, 학년군별 학생평가를 실시하고, 평가결과는 교육과정의 적절성 확보와 그 개선에 활용한다.
- 학교의 교육과정 편성·운영과 교육청의 교육과정 지원상황을 파악하기 위하여 학교와 관련 교육청에 대한 평가를 주기적으로 실시한다.
- 교육과정 편성·운영과 지원체제의 적절성과 실효성을 평가하기 위한 연구를 수행한다.

③ 국가수준에서는 학교에서 교육과정의 정신을 구현한 평가활동이 원활히 이루어질 수 있도록 다양한 방안을 강구해서 학교현장에 제공해 주어야 한다.

- 교과별로 평가기준을 개발, 보급하여 학교가 교과교육과정의 목표에 부합되는 평가를 실시할 수 있도록 한다.
- 교과별 평가활동에 활용할 수 있는 다양한 평가방법, 절차, 도구 등을 개발하여 학교에 제공한다.

(2) 교육청수준의 지원사항

이 교육과정의 원활한 편성·운영을 위하여 교육청은 다음과 같은 사항을 지원한다.

① 교육과정의 편성·운영에 관한 조사연구와 자문기능을 담당할 위원회를 구성하여 운영한다. 이 위원회에는 교원, 교육행정가, 교육학 전문가, 교과교육 전문가, 학부모, 지역사회 인사, 산업체 인사 등이 참여할 수 있다.

② 지역의 특수성, 교육의 실태, 학생·교원·주민의 요구와 필요 등을 반영하여 교육중점을 설정하고, 교육과정 편성·운영지침을 작성한다.

③ 교육과정 편성·운영의 개선을 위한 연구학교를 운영하고, 수업개선 위한 연구교사를 두어 교과별 연구회 활동을 적극적으로 지원한다.

④ 학년군, 교과군 도입을 통한 단위학교 교육과정 자율편성과 창의적 체험활동의 효율적인 운영을 위한 교육과정 컨설팅 등 지원기구를 조직하여 교육과정 편성·운영을 위한 각종자료를 연구, 개발하여 보급한다.

⑤ 교원의 학교 교육과정 편성·운영능력 향상과 교과와 창의적 체험활동에 대한 지도능력 제고를 위하여 각급학교 교원에 대한 연수계획을 수립, 시행한다.

⑥ 각급학교가 새 학년도 시작에 앞서 교육과정 편성·운영에 관한 계획을 세울 수 있도록 교육과정 편성·운영자료를 개발·보급하고, 교원의 전보를 적기에 시행한다.

⑦ 학교교육과정 편성과 운영을 위한 교육시설, 설비, 자료 등의 정비확충에 필요한 행·재정적인 지원을 한다.

⑧ 학교가 지역사회의 유관기관과 적극적으로 연계·협력해서 교과, 창의적 체험활동을 내실 있게 운영할 수 있도록 지원하며, 관내학교가 활용가능한 '지역자원목록'을 작성하여 제공하는 등 구체적인 지원방안을 마련한다.

⑨ 수준별 수업을 효율적으로 운영하도록 지원하며, 학습결손을 보충할 수 있도록 '특별보충수업'을 운영하는 데 필요한 행·재정적인 지원을 한다.

⑩ 개별학교의 희망과 여건을 반영하여 지역 내, 학교 간 개설할 집중과정을 조정하고, 그 편성·운영을 지원한다. 특히 소수학생이 지망하는 집중과정을 개설할 학교를 지정하고, 원활한 교육과정 편성·운영을 위한 행·재정적인 지원을 한다.

⑪ 특정 분야에서 탁월한 재능을 보이는 학생과 학습장애가 있는 학생들을 위한 교육기회를 마련하고 지원한다.

⑫ 귀국자 및 다문화가정 자녀의 교육경험의 특성과 배경을 고려하여 이 교육과정을 이수하는 데 어려움이 없도록 지원한다.

⑬ 전·입학, 귀국 등에 따라 공통교과를 이수하지 못한 학생들이 해당 교과를 이수할 수 있도록 다양한 기회를 마련해 주고, 학생들이 지역사회의 공공성 있는 사회교육시설을 통해 이수한 과정을 인정해 주는 방안을 마련한다.

⑭ 지역사회와 학교의 여건에 따라 초등학교 저학년 학생을 학교에서 돌볼 수 있는 기능을 강화하고, 이에 대해 교육청은 특별한 배려와 지원을 하도록 한다.

⑮ 교육과정에 제시되지 않은 교과목을 설치·운영하는 경우에 대비하여 교육청은 관련지침을 학교에 제시해 주고, 학교로 하여금 필요한 사전

절차를 밟도록 지원한다.

⑯ 복식학급 운영 등 소규모 학교의 정상적인 교육과정 운영을 지원하기 위해서 교원의 배치, 학생의 교육받을 기회의 확충 등에 필요한 행·재정적인 지원을 한다.

⑰ 학교 교육과정의 효과적 운영을 위하여 학생의 배정, 교원의 순회 및 수급, 학교 간 시설과 설비의 공동활용, 자료의 공동개발 활용에 관하여 학교 간 및 인접 교육청 간의 협조체제를 구축한다.

⑱ 학생의 교육활동에 필요한 교과용 도서의 인정, 개발, 보급을 위해 노력한다.

⑲ 전문교육을 주로 하는 고등학교는 개설전공과 유사한 산업체와 협력하여 특성화된 교육과정과 실습과목을 편성·운영할 수 있으며, 학생의 현장실습이 내실 있게 운영될 수 있도록 행·재정적 지원을 한다.

⑳ 학교에 대한 교육과정 운영지원 실태와 각급학교의 교육과정 편성·운영실태를 정기적으로 파악하고, 효과적인 교육과정의 운영과 개선 및 질 관리에 필요한 적절한 지원을 한다.

㉑ 학교의 교육과정 편성·운영에 대한 질 관리 및 교육과정 편성·운영체제의 적절성과 실효성을 높이기 위하여 학업성취도 평가, 교육과정 편성·운영 평가 등을 실시할 수 있다.

3. 개정 교육과정의 평가관리

1) 2007 개정 교육과정

〈교육과정의 평가와 질 관리〉

① 이 교육과정 질 관리를 위하여 국가수준에서는 주기적으로 학생의 학력 평가, 학교와 교육기관 평가, 교육과정 편성·운영에 관한 평가를

실시한다.

- 학업 성취도를 평가하기 위하여 교과별, 학년별 학생평가를 실시하고, 평가결과는 교육과정의 적절성 확보와 그 개선에 활용한다.
- 학교의 교육과정 편성·운영과 교육청의 교육과정 지원 상황을 파악하기 위하여 학교와 관련 교육청에 대한 평가를 주기적으로 실시한다.
- 교육과정 편성·운영과 지원 체제의 적절성과 실효성을 평가하기 위한 연구를 수행한다. 이 교육과정이 적용되는 첫 해부터 다양한 절차를 거쳐 해당 학교, 학년, 학생에게 적절한지를 조사하여 평가하되, 교육과정 평가연구는 교육과정의 편제, 시간(단위) 배당, 편성·운영지침의 적절성과 그 적용 효과에 중점을 둔다.

② 국가수준에서는 학교에서 교육과정의 정신을 구현한 평가활동이 원활히 이루어질 수 있도록 다양한 방안을 강구해서 학교현장에 제공해 주어야 한다.

- 교과별로 '절대평가기준'을 개발, 보급하여 학교가 교과교육과정의 목표에 부합되는 평가를 실시할 수 있도록 한다.
- 국가수준의 평가문항 은행을 구축하여 에듀넷 등 통신망을 통해 학교가 평가에 이용할 수 있도록 한다.
- 교과별 평가활동에 활용할 수 있는 다양한 평가방법, 절차, 도구 등을 개발하여 학교에 제공한다.

③ 시·도교육청에서는 관내 학교의 교육과정 편성·운영에 대한 질 관리 및 지역 교육청의 교육과정 편성·운영 체제의 적절성과 실효성을 높이기 위하여 학업 성취도 평가, 교육과정 편성·운영 평가 등을 실시할 수 있다.

④ 학교에서 실시하는 평가활동은 다음과 같은 사항을 고려해서 이루어져야 한다.

- 평가는 모든 학생들이 교육목표를 성공적으로 달성하기 위한 교육의 과정으로 실시한다.
- 학교는 다양한 평가도구와 방법으로 성취도를 평가하여 학생의 목표 도달도를 확인하고, 수업의 질 개선을 위한 자료로 활용한다.
- 교과의 평가는 선다형 일변도의 지필검사를 지양하고, 서술형 주관식 평가와 표현 및 태도의 관찰평가가 조화롭게 이루어지도록 한다.
- 실험 · 실습의 평가는 교과목의 성격을 고려하여 합리적인 세부 평가기준을 마련하여 실시한다.
- 정의적 · 기능적 · 창의적인 면이 특히 중시되는 교과의 평가는 타당한 평정기준과 척도에 의거하여 실시한다.
- 학교와 교사는 학교에서 가르친 내용과 기능을 평가하도록 유의한다. 학생이 학교에서 배울 기회를 마련해 주지 않고, 학교 밖의 교육수단을 통해서 익힐 수밖에 없는 내용과 기능은 평가하지 않도록 유의한다.
- 초등학교의 교과활동 평가는 학생의 활동상황과 특징, 진보의 정도 등을 파악하여, 그 결과를 서술적으로 기록하는 것을 원칙으로 한다.
- 재량활동에 대한 평가는 교과 재량활동과 창의적 재량활동의 특성과 학생의 특성을 감안하여 평가의 주안점을 학교에서 작성, 활용한다. 다만, 창의적 재량활동의 평가는 그 결과를 문장으로 기록하도록 한다.

2) 2009 개정 교육과정

〈평가활동〉

① 학교는 학교교육과정 편성과 운영의 적합성, 타당성, 효과성을 자체평가하여 문제점과 개선점을 추출하고, 다음 학년도의 교육과정 편성 ·

운영에 그 결과를 반영한다.

② 학교에서 실시하는 평가활동은 다음과 같은 사항을 고려해서 이루어지도록 한다.

- 평가는 모든 학생들이 교육목표를 성공적으로 달성하기 위한 교육의 과정으로 실시한다.
- 학교는 다양한 평가도구와 방법으로 성취도를 평가하여 학생의 목표 도달도를 확인하고, 수업의 질 개선을 위한 자료로 활용한다.
- 교과의 평가는 선택형 평가보다는 서술형이나 논술형 평가 그리고 수행평가의 비중을 늘려서 교과별 특성에 적합한 평가를 실시하도록 한다.
- 실험・실습의 평가는 교과목의 성격을 고려하여 합리적인 세부평가 기준을 마련하여 실시한다.
- 정의적・기능적・창의적인 면이 특히 중시되는 교과의 평가는 타당한 평정기준과 척도에 의거하여 실시한다.
- 학교와 교사는 학교에서 가르친 내용과 기능을 평가하도록 한다. 학생이 학교에서 배울 기회를 마련해 주지 않고, 학교 밖의 교육수단을 통해서 익힐 수밖에 없는 내용과 기능은 평가하지 않도록 유의한다.
- 창의적 체험활동에 대한 평가는 창의적 체험활동의 내용과 특성을 감안하여 평가의 주안점을 학교에서 작성, 활용한다.

4. 특수한 학교에서의 교육과정 편성과 운영

1) 2007 개정 교육과정

① 초 · 중 · 고등학교에 준하는 학교의 교육과정은 이 교육과정에 따라서 편성한다.

② 교육인적자원부 직할 학교의 교육과정은 해당 시 · 도교육청의 편성 · 운영지침을 참고하여 학교장이 편성한다.

③ 공민학교, 고등공민학교, 고등기술학교(3년제 과정), 근로청소년을 위한 특별학급 및 산업체부설학교, 기타 특수한 학교는 이 교육과정을 바탕으로 학교의 실정과 학생의 특성에 알맞은 학교교육과정을 편성하고, 시 · 도교육감의 승인을 얻어 운영한다.

④ 야간수업을 하는 학교의 교육과정은 이 교육과정을 따르되, 다만 단위수업 시간을 40분으로 단축하여 운영할 수 있다.

⑤ 방송통신고등학교는 이 교육과정에 제시된 고등학교 선택중심 교육과정을 따르되, 시 · 도교육감의 승인을 얻어 이 교육과정의 편제와 단위배당 기준을 조정하여 운영할 수 있다.

- 편제와 단위배당 기준은 고등학교 선택중심 교육과정에 준하되, 170단위 이상 이수하도록 한다.
- 교육은 방송통신에 의한 수업, 출석수업 및 첨삭지도의 방법에 의한 수업으로 한다.
- 학교 출석수업 일수는 연간 20일 이상으로 한다.

⑥ 특성화학교, 자율학교 등 법령에 의거하여 교육과정 편성 · 운영의 자율성이 부여되는 학교의 경우에는 학교의 설립 목적 및 특성에 따른 교육이 가능하도록 교육과정 편성 · 운영의 자율권을 부여한다.

- 국민공통 기본교과에 배당된 총 이수 시간의 범위 내에서 교과별

수업 시간수를 증감하여 학교재량으로 편성·운영할 수 있다. 단, 교과별 수업시간 수를 연간 68시간 미만으로는 감축 운영할 수 없다.

- 고등학교의 경우 국민공통 기본교과 외의 선택과목은 단위학교별 특성에 따라 자율적으로 편성·운영할 수 있다.
- 특성화학교의 경우 보통교과 및 전문교과의 총 이수단위 수를 조정 운영할 수 있다.
- 이와 관련한 구체적인 사항은 시·도교육청의 지침에 따른다.

⑦ 교육과정의 연구를 위해 새로운 방식으로 교육과정을 편성·운영하고자 하는 학교는 교육인적자원부장관의 승인을 받아 이 교육과정의 기준과는 다르게 학교 교육과정을 편성·운영할 수 있다.

2) 2009 개정 교육과정

① 초·중·고등학교에 준하는 학교의 교육과정은 이 교육과정에 따라서 편성·운영한다.

② 국가가 설립 운영하는 학교의 교육과정은 해당 시·도교육청의 편성·운영지침을 참고하여 학교장이 편성한다.

③ 공민학교, 고등공민학교, 고등기술학교, 근로청소년을 위한 특별학급 및 산업체부설학교, 기타 특수한 학교는 이 교육과정을 바탕으로 학교의 실정과 학생의 특성에 알맞은 학교교육과정을 편성하고, 시·도교육감의 승인을 얻어 운영한다.

④ 야간수업을 하는 학교의 교육과정은 이 교육과정을 따르되, 다만 단위수업 시간을 40분으로 단축하여 운영할 수 있다.

⑤ 방송통신고등학교는 이 교육과정에 제시된 고등학교 교육과정을 따르되, 시·도교육감의 승인을 얻어 이 교육과정의 편제와 단위배당 기준을 다음과 같이 조정하여 운영할 수 있다.

- 편제와 단위배당 기준은 고등학교 교육과정에 준하되, 162단위 이상 이수하도록 한다.
- 교육은 방송통신에 의한 수업, 출석수업 및 첨삭지도의 방법에 의한 수업으로 한다.
- 학교출석 수업일수는 연간 20일 이상으로 한다.

⑥ 특성화학교, 자율학교 등 법령에 의거하여 교육과정 편성・운영의 자율성이 부여되는 학교의 경우에는 학교의 설립목적 및 특성에 따른 교육이 가능하도록 교육과정 편성・운영의 자율권을 부여하고, 이와 관련한 구체적인 사항은 시・도교육청의 지침에 따른다.

⑦ 교육과정의 연구를 위해 새로운 방식으로 교육과정을 편성・운영하고자 하는 학교는 교육과학기술부장관의 승인을 받아, 이 교육과정의 기준과는 다르게 학교교육과정을 편성・운영할 수 있다.

제11장 2007 개정 교육과정에서의 교육학교과

2007 개정 교육과정에서의 교육학 과목은 고등학생 자신의 삶과 학습에 관한 상식 및 교양을 높여주는 데에 주력하고 있다. 이는 대학이나 대학원에서 배우는 학문으로서의 '교육학'과 차이를 보인다. 이에, 제11장에서는 2007 개정 교육과정에서의 교육학 과목의 특징에 대한 이해를 돕기 위하여 《고등학교 교육학 교사용 지도서(2009)》의 내용을 중심으로 교육학 과목의 일반적 성격, 교육학 교육과정의 개정, 교육학 교육과정의 구성 그리고 학습지도와 평가에 관하여 개괄적인 고찰을 하고자 한다.

1. 교육학 과목의 일반적 성격

일반적으로 교육학은 19세기 초반 독일의 J. F. Herbart에 의해 하나의 학문분야 체계의 기초가 마련된 것으로 알려져 있다. 그의 교육학은 주로 사변적인 방법에 의존한 것이기는 하나, 철학자이면서 동시에 심리학자였던 그는 윤리학과 심리학을 바탕으로 하여 교육현상과 교수방법을 과학적인 체계로 설명하고자 하였다. 이후 대중교육의 발달과 아동에 관한 연구의 진전으로 교육학은 점차 독자적인 학문 분야로 정착되었으며, 20세기에 이르러서는 교육학이 대학의 한 전공영역으로 정착되기에 이르렀다.

한편, 우리나라에서 교육학이 고등학교 교과목으로 처음 채택된 것은 해방 직후의 '교수요목기'와 '제1차 교육과정기'였다. 물론, 이 시기는 주로 사범학교 학생들을 대상으로 한 것으로서, 오늘날 대학의 교직과목과 같은 성격을 지니고 있었다. 현재와 같이 교양선택과목으로 등장한 것은 1982년부터 시행된 제4차 교육과정에서 교육학이 자유선택과목의 하나로 포함되면서부터이다.

1988년 3월에 고시된 제5차 교육과정에서는 일반계 고등학교에서 교양선택을 필수화(교육학, 논리학, 철학, 생활과 경제, 종교 중 택일)함으로써 교육학이 실제 교과목으로 선택될 수 있는 가능성이 높아졌다. 1996년부터 시행된 제6차 교육과정에서는 교양과목에 환경과학이 추가되었으며, 이수단위도 2단위에서 4단위로 확대되었다.

2002년 고등학교 1학년부터 적용되는 제7차 교육과정에서는, 교양과목이 고2부터 적용되는 일반선택과목의 5가지 계열 중의 하나가 되었고, 환경과학이 '생태와 환경'으로 명칭이 바뀌었으며, '진로와 직업' 교과목이 신설되었다. 그러나 교양과목 선택의 비중은 그대로 유지되었다.

그런데 대학이나 대학원에서 배우는 학문으로서의 교육학과 고등학생에게 교양과목으로 제시되는 교육학은 서로 관련되면서도 확연하게 구분되는 특성을 지닌다고 할 수 있다. 후자는 전자처럼 학문적 특성을 강조하지 않으며, 고등학생 자신의 삶과 학습에 관한 상식과 교양을 높여 주는 데에 주력한다. 이러한 관점에서 고등학생을 위한 교양과목으로서 교육학이 갖는 의의는 다음과 같이 생각해 볼 수 있다.

첫째, 교육학은 인간의 행복한 삶과 올바른 교육의 특성을 보여줌으로써 인간의 자아실현에 기여할 수 있다. 교육학은 인간관, 인생관, 교육관과 관련된 기본 지식과 태도를 함양시키며, 학생들에게 행복한 삶과 교육의 의미, 진로선택, 가르치고 배우는 과정 등을 이해할 수 있게 해 준다.

둘째, 교육학은 고등학생들의 삶과 학습에 도움을 줄 수 있다. 많은 학생들은 자신의 삶에 대한 뚜렷한 주관을 갖지 못하고, 학습에 대한 효과적인 방법도 알지 못하고 있다. 교육학은 이들에게 청소년기의 과제를 바르게 이해하고, 그것을 성공적으로 수행할 수 있는 지식과 관점을 제공할 것이다.

셋째, 교육학은 고등학생으로 하여금 장차 후세대를 교육할 교육자로서의 자질과 안목을 함양시켜 줄 수 있다. 교육학은 학생들에게 행복한 삶과 교육의 의미를 깨닫고, 다양한 방법을 생각할 수 있는 기회를 제공함으로써 인격적 성숙과 자아실현의 안목을 가지게 한다. 이렇게 형성된 안목과 지식을 통하여 장차 후세대를 가르치는 일을 더 잘 수행하게 될 것이다.

넷째, 교육학은 학생들 자신의 일상생활과 관련된 교육문제에 대한 이해를 높일 수 있다. 학문적인 지식을 체계적으로 제시하기보다는 고등학생들의 경험이나 관심과 관련된 내용에 초점을 맞춤으로써, 자신이 받고 있는 교육에 대하여 스스로 생각해 볼 수 있게 할 것이다. 더 나아가서는 자신이 직면하고 있는 문제들을 쉽게 극복할 수 있게 할 것이다.

2. 교육학교과의 개정

1) 개정의 배경

통상적으로 교육과정을 개정하는 데에는 직·간접적인 이유가 존재하는데, 그러한 이유를 일관되게 반영하여 교육과정을 개정하고자 하였다. '생활과 교육'의 교육과정을 개정하는 데에도 여러 가지 직·간접적인 이유가 존재하지만, 여기에서는 크게 세 가지로 개정의 배경을 제시하고자 한다.

(1) 개정의 이유는 총론상의 개정 이유를 반영하고자 하였다.

제7차 교육과정에 대한 총론상의 배경으로, 예컨대 제7차 교육과정의 문제점 보완 및 사회적·학문적 변화, 개인적 요구 등에 따른 적합성 반영, 내용의 양과 수준 등에서의 교육내용 적정화, 내용중복 개선, 국민공통 기본교과, 선택과목 등 타 과목과의 중복방지 및 연계강화 등을 들 수 있다.

'생활과 교육'의 교육과정 개정에도 역시 이와 같은 이유들이 반영되었다고 볼 수 있다. 특히, 교육내용을 양과 수준에서 적정화하려고 하였으며, 내용상의 중복을 개선하고자 하였다. 그리고 선택과목 간의 중복방지와 연계성을 강화하는 데에 중점을 두었다.

(2) 고등학교 교양과목으로서의 교육학의 의의를 반영하고자 하였다.

고등학교 교양과목으로서 교육학이 차지하는 의의는 여러 가지 요인을 복합적으로 고려해야 한다. 여기에서는 일단 제7차 교육과정에서 규정하는 것에 기초하여 그 의의를 교육학의 성격 측면에서 논의하고자 한다.

첫 번째로, 가장 핵심적인 것은 '생활과 교육'의 의미와 교양을 어떻게 해석하는가 하는 문제이다. 우선, 제7차 교육과정에서는 교육학의 성격을 '생활과 교육'으로 보았고, 또한 '생활과 교육'의 의미를 일상생활과 직접적이고 실제적인 도움에 치중하는 것으로 보았다. 이런 점에서 교육학의 의의를 '생활과 교육'의 차원에서 강조하는 이유는 과목을 개설하는 학교나 학생의 입장을 현실적으로 반영하려는 의도로 볼 수 있다.

그렇지만 하나의 교과로서 교육학을 '생활과 교육'만으로 규정하거나 강조할 경우에 그 의미를 보다 엄밀하게 규정하거나 밝힐 필요가 있다. 따라서 이번 개정에서는 이상의 정신을 반영하면서도 교육학의 학문적 성격과 사고를 동시에 통합하여 반영하고자 하였다. 또, 생활 속에서의 교육을 고려하면서 교육학적인 사고의 토대 위에 교육학적인 안목과 문제해결 능력을 배양하는 데에 중점을 두고자 하였다.

한편, '생활과 교육'은 고등학교 수준의 교양과목이다. 그러므로 고등학생의 교양과목으로서의 교양의 의미를 존중해야 하는 것이다. 이 경우에 고등학생이 습득해야 할 교양의 범위에서 교육학의 의의를 찾아야 한다. 고등학생의 교양이란 대학생의 교양과는 다른 것이며, 이 점에서 대학을 진학하지 않을 학생들에게도 교양적 의미를 지니는 것으로 보아야 한다.

두 번째로, '학문'으로서의 교육학과 '과목'으로서의 교육학의 구분 문제이다. 엄밀하게 말하면, 교과로서 교육학 역시 기저로 삼는 학문이 존재한다. 교육학을 '생활과 교육'으로서 규정한다고 해도 엄연히 교육학이라는 학문을 모태로 하고 있다. 그렇다면 학문(또는 학문적 지식)으로서의 교육학의 성격에 유의할 필요가 있다. 이러한 맥락에서 고등학생들에게 가르치는 선택과목으로서의 교육학의 의의가 있는 것이다.

세 번째로, 가급적 교육학의 구조를 반영하려는 노력이 이루어질 필요가 있다는 점이다. 교육학의 구조를 강조하는 입장에서는 고등학교 교육학 과목과 대학에서 가르치는 교육학이라는 학문은 그 성격이 동일하며, 다만 수준에서 차이가 있다. 교육학의 구조, 즉 교육학의 핵심개념과 원리, 아이디어 및 사고방식 등을 확인하여 반영해야 할 필요가 있다. 다만, 이러한 교육학의 구조가 생활 속의 교육에서도 통합적으로 반영하여 교육학의 구조에서 벗어나지 않으려고 노력하였다.

끝으로, 교육학은 고등학생들의 발달과업이나 단계, 관심사를 고려하여 고등학생들이 관심을 가지고 해결하고자 하는 문제에 직접적으로 관련되어야 한다. 이 경우에 고등학생들의 흥미나 관심사를 어떻게 확인하며, 그것을 어느 정도 반영할 것인가 하는 문제가 중요하게 다루어져야 한다. 그리고 고등학생들의 발달단계에 부합되는 문제들을 직접적으로 다루어야 한다.

(3) 현행 교육학 교육과정의 문제점을 체계적으로 분석하고자 하였다.

현행 교육학 교육과정에 대해 개정의 이유에 비추어 부분적인 분석을 시도하였다. 우선, 교육학 교육과정의 추상적인 성격에 대한 문제, '생활과 교육'의 취지를 반영해야 하는 목표의 문제, 내용영역과 각 영역별 구체적인 내용의 문제, 교수 · 학습방법의 문제, 평가의 문제 등을 분석하여 교육학 교육과정을 개정하고자 하였다.

특히, 내용에서는 크게 세 가지 문제에 주목하였다. 첫째, 내용체계에서 내용영역을 구분한 타당성의 문제이다. 내용영역을 크게 네 가지로 구분하여 제시하였는데, 네 가지 영역들이 교육학의 대표적인 내용영역으로서 과연 타당한 것인가 하는 문제가 제기될 수 있다. 타당성은 그 내용이 오랫동안 존속할 만한 가치가 있는지, 설정된 목표와 관련이 있는 것인지에 따라서 판단되는 것이다.

둘째, 영역의 독특성 문제이다. 네 가지 영역이 과연 교육학을 독특하게 반영하는 영역들인가 하는 문제가 제기될 수 있다. 그것은 다른 말로 하면 네 가지 영역들이 과연 교육학에서만 찾아 볼 수 있는 것들인가 하는 것이다. 이런 점에서 볼 때에 네 가지 영역들은 다른 교과에서 볼 수 있는 영역들과 중복되는 영역들이 존재한다. 예를 들면, 생애개발과 진로선택은 '진로와 직업' 과목과 중복되고, 청소년기의 특성과 과제는 '심리학' 과목과 중복된다. 이 점과 관련하여 타 과목과의 중복을 지양하고 통합적인 측면을 고려하고자 하였다.

셋째, 영역별 하위내용의 타당성과 재구성의 문제이다. 영역별 내용들 역시 중복과 분류의 문제, 논리적 포함관계의 문제, 세부영역별 양의 문제 등이 발생하고 있다. 그리고 세부내용들을 통합하여 재구성할 필요가 있는 내용들도 많다.

2) 개정의 중점사항

'생활과 교육'의 교육과정 개정 중점은 다음과 같이 구분하여 제시해 볼 수 있다.

(1) 과목으로서 교육학의 성격을 검토하여 그 성격을 재규정하였다.

우선 교육학의 성격을 '생활과 교육'으로서 규정하고 있는 것에 대하여 그 타당성을 검토하고 그 성격을 재규정하였다. 따라서 교육학의 성격이 개정의 중점사항이다. 교육학은 분명하게 '생활과 교육'으로서 그 성격이 규정되고 있는데, 너무 한 방향으로만 그 성격을 규정하는 것은 문제가 있는 것으로 보인다. '생활과 교육'과 학문적 지식을 통합적으로 고려하는 것이 보다 타당한 방법으로 판단된다. 또, 제7차 교육과정에 제시된 교육학의 내용은 교육학의 성격을 '생활과 교육'으로서 규정하였을 때에 타당한 부분이다. 그러나 개정 교육과정에서는 교육학의 내용들을 이러한 관점에서보다는 교육학의 구조를 반영한 통합적 측면의 내용을 선정하고자 하였다.

(2) 타 과목과의 중복을 지양하고 통합적인 측면을 고려하고자 하였다.

우선적으로 다른 과목과 중복을 지양하고 통합적인 면을 고려하였다. 이 점은 금번 교육과정 개정의 주요한 이유가 된다. '도덕'과 중복(개인생활 영역, 9학년 '진학과 진로탐색' 등)을 지양하고, 교양과목인 '진로와 직업'과 중복('행복한 삶의 내용' 등)을 방지하였다. 그리고 '심리학'(앎의 과정 영역, 성장의 과정 영역, 청소년기의 인간관계 영역)과 중복되는 내용을 삭제하였다.

그러면, 이제 중복되는 내용을 어떻게 연계적으로 통합할 것인가 하는 문제가 남는다. 그래서 심리학과 관련된 분야는 '기르치고 배우는 일'에, 삭제된 청소년기 내용은 '자기이해와 자아실현'에 통합하였다.

(3) 교육학의 독자성과 교육학의 내용구조를 고려하고자 하였다.

교육과정 개정에 고려할 사항으로는 교육학의 학문발전 경향이나 인간의 문제를 바라보는 다양한 시각, 인간마음과 문화 속에서의 교육, 삶과 교육과의 관계를 고찰하는 것, 여러 학문 분야의 발전을 고려하는 것들이다. 이와 동시에 교육학의 독자성과 구조를 반영하려는 노력이 진행될 필요가 있다. 즉, 심리학과 타 과목들과 비교해 볼 때에 차별적인 교육학의 독자성을 확인해 내고, 여기에 기초하여 교육학의 구조를 확인하는 일이 필요하다.

3) 개정 교과의 성격

개정 교육과정에서는 교육학의 성격을 설정할 때 기존의 성격을 발전적으로 계승하면서도 다음과 같은 점에 유의하고자 하였다.

첫째, 교양으로서의 교육학의 성격에 대하여 생활과 교육 부분을 교육학의 학문적 구조와 이분법적으로 대립하여 접근하기보다는 통합적으로 제시하고자 하였다. 물론, 과목 명칭에서 알 수 있듯이 1차적으로 교육학을 생활과 밀접하게 보려는 의도가 반영되었다.

둘째, 생활과 밀접하게 관련지어 접근한다고 하여 그것이 단순히 일상생활의 문제에 국한하기보다는 포괄적인 인간의 삶에 주목하고자 하는 것이다. 따라서 일상생활의 문제는 삶의 문제로 이해될 필요가 있으며, 삶 속에서 이루어지는 학습을 효율적으로 계획하고 체계적으로 관리하는 측면을 이해할 필요가 있다.

셋째, 삶과 교육의 의미, 그리고 삶과 교육의 관계에 주목할 필요가 있다.

넷째, '교육학적 사고능력 함양'에 초점을 두고자 하였다. 교육학에서 생활의 문제를 강조한다고 하지만 교육학의 학문적 기반을 무시하고서는 그 존립 근거가 취약하기 때문에 학문의 기저가 되는 개념, 일반적 원리 및 사고방식 역시 강조될 필요가 있다.

한편, 제7차 교육과정에서 교육학의 성격은 매우 일반적이고 추상적인 수준에서 제시되고 있다. 학생중심의 교과, 자아실현에 기여, 후세대 교육에서의 자질과 안목 함양 등은 모든 교과에도 공통적으로 적용되는 사항들이다. 따라서 교육학의 독특하고 구체적인 성격을 반영하고자 하였다.

그런데 기존의 교육학은 학문적 이론보다 학생들 자신의 일상생활과 관련된 교육 문제에 보다 높은 비중을 두는 교과로 그 성격을 규정하고 있다. 이러한 성격은 교육학이 고등학교 교양으로서의 위치, 고등학생들의 당면 관심사를 고려하는 현실적인 이유가 작용한 것으로 보인다. 그러나 교육학을 학문적 이론보다는 단순히 일상생활 문제의 맥락에서만 국한하여 보는 것은 지양될 필요가 있다. 왜냐하면, 교육학은 생활의 측면만이 전부는 아니기 때문이다. 생활이라는 측면도 여기에서는 실제적인 성격을 강조하는 측면이 강하다. 이러한 점을 반영하여 일상생활의 문제를 삶의 문제로 보다 포괄적이고 총체적으로 접근할 필요가 있다.

따라서 생활의 측면이 강조된다는 점을 평면적인 의미의 일상생활과 관련된 문제보다는 고등학생들의 전반적인 삶과 학습에 도움을 주는 교과의 문제로 보아야 한다. 이런 점에서 그 성격을 일반적으로 직접적이고 실제적인 도움을 주는 생활 교육학적인 것으로 규정하는 것을 보다 포괄적으로 해석할 필요가 있다.

'생활과 교육'은 현재 공부를 하는 학생으로서뿐만 아니라 그 학생들이 자라서 바람직한 교육관을 지닌 부모이자 교육자로서의 자질과 태도를 기르는 데 중요한 기여를 하는 과목이다. 학생들이 생활해 나가면서 다양한 삶의 형식들을 접하고, 그 과정에서 여러 삶의 문제나 특히 교육과 관련된 문제에 봉착하게 된다. 이 경우 교육학적인 안목과 관점에서 그 문제를 해결하고 개인과 사회의 발전적 가치를 실현하면서 자신의 삶의 방향을 주체적으로 결정하고 자기주도적으로 학습해 나가는 평생 학습자로서의 자질과 태도를 기르는 데 중점을 두는 과목이다.

따라서 '생활과 교육' 과목은 인간이 행복한 삶을 추구하는 데 매우 중요한 것으로서, 행복한 삶 속에서의 교육과의 관계에 주목할 필요가 있다. 행복한 삶에서 교육은 무엇을 의미하며, 어떠한 역할을 해야 하고, 교육의 과정을 이해하는 것이 중요하다. 그러나 한편으로 교육은 일상생활과 제도라는 맥락에서 이루어진다. 이 과정에서 우리는 교육을 제대로 이해하고 그 속에서 자신의 삶을 기획하고 교육학적 사고의 흐름 속에서 자신의 삶을 구성해 나갈 수 있어야 한다. 따라서 이 과목은 행복한 삶 속에서의 교육의 문제, 가르치고 배우는 여러 문제, 우리 생애의 흐름 속에서 자아실현을 위한 올바른 삶의 영위, 미래 학습 사회 속에서 우리의 행복한 삶을 설계하는 데에 매우 중요한 과목으로서 성격을 지닌다.

3. 교육학교과의 구성

1) 목표

개정 교육과정에서는 다음의 몇 가지를 고려하여서 목표를 설정하고자 하였다. 첫째, 변경된 성격과 내용 영역에 맞게 목표를 재구성하여 제시하였다. 둘째, 삶과 교육의 의미와 이 양자 간의 관계를 추가하였다. 셋째, 총괄목표에서 '교육학적 사고능력 함양'을 추가하였으며, 하위목표에 이와 관련된 사항을 반영하고자 하였다. 그리고 넷째, 총괄목표와 하위목표 간의 관련성을 긴밀하게 제시하고자 하였으며, 다섯째, 청소년기의 특성과 관련된 내용을 삭제하고, 미래사회와 관련된 내용을 추가하였다.

'생활과 교육'은 행복한 삶과 교육의 의미와 그 관계를 올바르게 이해하고 그 속에서 교육학적 사고능력을 함양하는 것이 최우선적이다. 그리고 학습 주체로서 자신의 교육과 생애를 능동적이고 주체적으로 설계하고 인격적 성숙을 기하는 것은 물론 후세대의 교육을 교육적으로 올바른 방향으로 이끌어 갈 수 있는 역량을 길러야 한다. 이러한 일은 교육의 궁극적인 이념인 홍익인간을 실현하는 일이며, 그것은 개인적이고 사회적인 차원에서 교육적으로 바람직한 삶을 영위하고 그 속에서 행복한 삶을 추구하는 능력을 기름으로써 가능한 것이다.

이상의 총괄목표 달성을 위해서 다음의 하위목표들이 설정되었다.

첫째, 우리의 삶은 표면적으로 보면 일상생활의 연속인 것처럼 보이지만 교육의 측면에서 보면, 행복한 삶을 추구하기 위한 교육적 가치가 구현되는 장이기도 하다. 우리가 영위하는 다양한 삶의 형식들 속에서 행복의 의미와 교육의 관계를 살펴보고, 교육이 달성해야 할 궁극적인 목적과 진정한 교육이 무엇인지를 올바르게 판단하고, 그러한 교육을 실천할 수 있는 능력과 안목을 기를 수 있어야 한다.

둘째, 교육은 일상의 삶 속에서 전개되고 있을 뿐만 아니라 구체적인 제도의 맥락 속에서 이루어지고 있다. 삶의 구체적인 현상과 제도 속에서 이루어지는 다양한 인간의 활동에서 교육의 진정한 모습과 역할을 제대로 파악하여 자신의 삶을 행복하게 누릴 수 있는 역량을 갖추는 것이 중요하다.

셋째, 교육은 가르치고 배우는 활동을 통해서 이루어진다. 따라서 학생들은 학습의 기본개념 및 원리와 훌륭한 가르침의 의미를 이해하고, 자신의 교육을 주체적으로 설계하고 개발할 수 있는 능력을 길러야 한다.

넷째, 현재 교육학을 공부하는 학생들은 현재 학습자인 동시에 미래에는 부모 또는 교육자로서의 역할을 수행하게 된다. 따라서 학생들은 미래에 부모 또는 교육자로서 후세대를 바람직한 방향으로 인도할 수 있는 자질과 교육관을 형성해야 한다.

다섯째, 교육은 개념적으로 보면 자기교육인 동시에 평생교육일 수밖에 없는 속성을 안고 있다. 따라서 학생들은 전생애적 차원에서 교육을 이해하고 관련 역량을 개발해야 한다. 즉, 전생애적 차원에서 교육의 필요성과 자신의 적성 및 흥미, 성격에 대한 객관적 이해를 바탕으로 적극적으로 생애를 설계·개발하여, 자신과 국가·사회발전에 이바지하는 자세를 길러야 한다.

여섯째, 교육은 시간 속에서 전개되면서 변화해 나간다. 미래사회에서 교육이 어떠한 모습으로 다가올 것인지에 대해 안다. 학생들은 미래 사회에 대한 능동적 대응 및 사회 속의 교육을 올바르게 보는 능력, 미래 학습사회에서 인간능력 개발 등에 필요한 지식과 기능을 습득할 필요가 있다.

2) 내용체계

2007 개정 교육과정에 의한 교육학교과의 내용체계는 다음과 같다.

영 역	내 용
Ⅰ. 행복한 삶과 교육	1. 행복한 삶과 교육의 관계 2. 교육의 과정 3. 삶에서 교육이 지니는 의미
Ⅱ. 가르치고 배우는 일	1. 학습의 원리와 방법 2. 가르침의 의미 3. 다양한 교육문제와 교육관
Ⅲ. 생애개발과 진로선택	1. 자기이해와 자아실현 2. 올바른 진로선택 3. 인생설계
Ⅳ. 미래사회와 교육	1. 사회 속의 다양한 교육 2. 미래사회의 교육 3. 미래 학습사회의 특성

3) 영역별 내용 개관

2007 개정 교육과정에 의한 교육학교과의 영역별 내용을 개관하면 다음과 같다.

Ⅰ. 행복한 삶과 교육

다양한 삶 속에 깃들어 있는 행복의 의미와 삶 속에 교육이 어떤 의미를 가지는지, 그 관계는 어떠한지를 살펴본다. 그리고 행복한 삶의 개인적·사회적 차원을 살펴보고, 교육의 궁극적 지향점은 인간을 바람직한 방향으로 인도하는 것과 행복 실현임을 깨닫는다. 아울러 교육의 다양한 측면과 오늘날 교육의 새로운 동향을 파악하며, 미래 교육의 방향을 능동적으로 모색하는 자세를 갖는다.

1. 행복한 삶과 교육의 관계

① 교육의 의미를 일상적 의미와 학문적 관심사 별로 폭넓게 이해한다.

② 자서전, 신문, 소설, 영화 및 가족, 친구, 이웃 등 생활주변에서 삶의 다양한 모습을 찾아보고, 그들의 행복관을 탐구한다.

③ 여러 학문 분야에서 보는 삶의 다양한 의미를 파악하여 자신의 행복관을 정립한다.

④ 행복한 삶과 교육의 관계를 이론적 및 체험적으로 탐색하여 자신의 교육방향을 설정한다.

2. 교육의 과정

① 교육은 태어나면서부터 죽을 때까지 전 생애에 걸쳐 이루어짐을 이해한다.

② 교육이 이루어지는 장(場)의 다양성과 그 특징을 이해한다.

③ 학교의 출현과 역사적 발달과정을 알아보고, 교육제도 및 교육지원기관의 역할을 이해한다.

④ 우리나라와 세계 여러 나라의 양육·교육방법, 학교를 비교해 봄으로써 우리나라 교육의 특징을 파악한다.

3. 삶에서 교육이 지니는 의미

① 행복한 삶을 위한 개인적, 사회적 조건으로서 교육의 의미와 필요성을 이해한다.

② 교육받은 인간의 모습이 시대에 따라 어떻게 변천되었는지 이해한다.

③ 현재 나의 모습에서 교육을 받았다는 특성과 그것이 나의 삶에 어떠한 영향을 주고 있는지를 파악한다.

Ⅱ. 가르치고 배우는 일

학습의 기본 원리와 훌륭한 가르침의 의미를 파악하고 생활주변의 교육문제와 현상에 대한 올바른 안목을 터득함으로써, 자신의 교육을 주체적으로 설계할 뿐만 아니라, 미래 부모로서의 바람직한 자질과 교육관을 형성한다.

1. 학습의 원리와 방법

① 학습은 스승과 제자의 만남을 통해 이루어짐을 깨닫고 사제관계에 대한 올바른 자세를 가진다.

② 학습이론의 원리와 영역별 학습방법의 특징을 이해하여 자신의 학습을 효율적으로 계획하고 실천하는 능력을 기른다.

③ 학습매체의 다양함을 이해하고, 효과적인 학습을 위해 이를 활용하는 능력을 기른다.

④ 자신에게 적합한 학습방법과 효율적인 학습전략을 파악한다.

2. 가르침의 의미

① 위대한 교육자들의 사례를 통해 훌륭한 가르침의 의미를 이해한다.

② 내가 받은 가르침에서 훌륭한 사례를 조사해 본다.

3. 다양한 교육문제와 교육관

① 교육의 여러 문제를 파악하여 교육에 대한 이해를 높이고 올바른 교육관을 형성한다.

② 훌륭한 부모의 특성을 학습하고 올바른 자신의 교육관을 확립하여, 자녀의 올바른 교육에 필요한 지식과 태도를 기른다.

Ⅲ. 생애개발과 진로선택

잠재능력의 무한함과 자신의 적성에 대한 객관적 이해를 바탕으로, 적극적으로 생애를 설계 · 개발할 수 있다.

1. 자기이해와 자아실현

① 인간의 본성에 대한 이해를 바탕으로 자신의 참 모습과 한 인간으로서 자신의 잠재능력이 무한함을 깨닫는다.

② 다양한 활동, 검사, 프로그램 등을 활용하여 자신의 적성을 발견하고 자기를 이해한다.

③ 청소년기와 성숙한 사람, 자아를 실현한 사람의 특성을 이해하고 자아실현을 위해 노력하는 자세를 가진다.

2. 올바른 진로선택

① 생애개발의 의미를 이해하고, 이에 따른 교육의 필요성을 이해한다.

② 진로선택의 기준을 고려하여 올바른 진로를 선택할 수 있는 능력을 기른다.

③ 올바른 직업선택을 위해 다양한 직업세계를 이해한다.

3. 인생설계

① 과거, 현재, 미래의 자화상을 그려 본다.

② 자신의 중·장기적 인생 설계도를 만들어 보고, 이를 친구들과 비교해 본다.

Ⅳ. 미래사회와 교육

교육은 사회 속에서 진행되고 발전한다. 따라서 교육을 사회문화 속에서 이해하는 안목을 기르고 미래의 학습사회에 대비하여 교육의 가치를 높이는 일에 헌신하여 자아실현을 이루도록 노력한다.

1. 사회 속의 다양한 교육

① 사회 속에서 이루어지는 교육의 다양한 모습들을 이해한다.

② 교육의 다양한 모습 속에서 인간 삶의 주요 문제들을 이해하는 안목을 형성한다.

2. 미래사회의 교육

① 미래사회의 성격을 이해한다.

② 미래사회의 교육목적과 방향을 이해한다.

③ 학교교육의 새로운 동향과 미래교육의 방향에 대해 이해한다.

3. 미래 학습사회의 특성

① 학습사회에서 자신의 존재 가치를 높일 수 있는 능력을 계발한다.

② 미래의 학습사회의 특성을 이해함으로써 자아실현의 길을 파악하고 이를 위해 노력하는 자세를 가진다.

4) 연간 지도계획의 예

주 요 내 용	차 시	주 요 내 용	차 시
Ⅰ. 행복한 삶과 교육 1. 행복한 삶과 교육의 의미 (1) 교육의 의미 (2) 일깨움의 교육 (3) 행복을 바라보는 관점과 행복한 삶 (4) 행복한 삶을 위한 교육	(1학기) 1~7	**Ⅱ. 가르치고 배우는 일** 4. 학습의 원리와 방법 (1) 사제관계와 학습 (2) 학습이론 (3) 다양한 학습매체와 효과적인 방법 (4) 영역별 학습방법	20~26
2. 교육의 과정 (1) 평생교육 (2) 교육의 장 (3) 교육제도 (4) 우리나라의 교육제도 (5) 세계 여러나라의 교육	8~14	5. 가르침의 의미 (1) 교수의 원리와 방법 (2) 훌륭한 가르침	27~30
3. 삶에서 교육이 지니는 의미 (1) 교육의 필요성 (2) 교육 받은 인간의 모습과 그 변화 (3) 교육 받은 인간으로서 참교양인	15~19	6. 다양한 교육문제와 교육관 (1) 교육문제에 대한 이해 (2) 나, 미래의 부모	31~34
Ⅲ. 생애개발과 진로선택 7. 자기이해와 자아실현 (1) 인간의 본성과 나의 자질 (2) 나를 발견하기 위한 노력 (3) 나의 갈 길과 자아실현	(2학기) 1~7	**Ⅳ. 미래사회와 교육** 10. 사회 속의 다양한 교육 (1) 사회교육에서 평생교육으로의 전환 (2) 다양한 교육의 내용과 삶의 문제	21~25
8. 올바른 진로선택 (1) 생애개발과 교육 (2) 진로탐색과 직업의 뜻 (3) 직업의 유형 (4) 직업탐색 (5) 진로 및 직업탐색에서 유의할 사항	8~17	11. 미래사회의 교육 (1) 미래사회의 특성과 교육 (2) 새로운 학교교육과 교육의 방향	26~29

주 요 내 용	차 시	주 요 내 용	차 시
9. 인생설계 (1) 나의 인생설계	18~20	12. 미래학습사회의 특징 (1) 학습사회의 개념과 목표 (2) 학습사회에 필요한 학습 (3) 미래학습사회의 교육목적과 자아실현	30~34

4. 교육학교과의 학습지도와 평가

1) 교수 · 학습방법

교양선택과목으로 진행되는 교육학의 교수 · 학습활동이 소기의 성과를 거두기 위해서는 다음과 같은 점들을 고려할 필요가 있다.

첫째, 학습할 영역의 순서와 영역별 시간배당은 내용의 중요성, 학생의 관심, 진로선택의 시기, 교사요인 등을 고려하여 자율적으로 운영한다.

둘째, 다학문적 · 범교과적 접근 방법을 통해 문제와 현상을 총체적으로 파악하고, 지식, 기능, 가치 · 태도를 연계하여 통합적 학습이 되도록 한다.

셋째, 학생 이해도와 흥미에 따라 개인차가 고려된 교수 · 학습계획을 수립한다.

넷째, 과목내용과 관련되는 다양한 교수 · 학습자료와 매체를 개발, 활용하여 학생들이 흥미를 가지고 보다 넓은 각도에서 생생한 학습이 되도록 한다.

다섯째, 각 단원 영역별로 과목내용과 관련하여 활동 중심 교육방법, 협동학습, 문제해결학습을 계획, 개발, 적용하여 학생의 자기주도학습을 촉진한다.

여섯째, 성 역할, 인종과 민족, 종교, 계층, 지역, 직업 등에 관계되는 내용 요소를 다룰 때에 편견 없이 객관적으로 학습하고, 차별주의 가치관의 위험성을 인식하여, 개방적이고 평화지향적인 가치관을 가지도록 한다.

일곱째, 각 내용요소를 학습한 뒤에 이와 관련하여 여러 각도에서 논의할 수 있는 주제, 쟁점을 교사와 학생이 함께 선정하여 전체 또는 소집단 토론의 기회를 부여함으로써 학생주도적인 수업을 활성화한다.

여덟째, 교사는 심리학적 지식을 바탕으로 경쟁보다는 학생 개개인의 개성·적성의 발견과 실현을 지향하도록 이끄는 수업기술을 적용한다.

아홉째, 개인 또는 소집단별로 관심 있는 교육문제에 관한 과제를 선택한 후 한 학기 동안 자료조사, 인터뷰 등 다양한 방법을 사용하여 나름대로 대책을 수립하고 연구해 보는 보고서 학습도 활용한다.

2) 평가

교육학교과의 학습평가는 교육학의 성격과 목표, 영역별 내용, 교수·학습방법 등과 일관성 있게 이루어져야 하는데, 그 원칙은 다음과 같다.

첫째, 평가의 종류, 시기 및 방법을 사전에 계획하여 실시하고, 행동영역별(지식, 기능, 가치·태도) 목표성취 수준을 측정하며, 절대평가를 원칙으로 한다.

둘째, 지식의 평가는 논술형 평가 등 주관식 평가방법을 활용하여, 원리의 이해도와 문제에 대한 비판적·종합적 사고력을 중심으로 평가한다.

셋째, 기능의 평가는 학습한 원리를 실제 상황에 적용하는 능력평가에 중점을 둔다. 즉, 학습과정에서 수시로 관찰 누가기록해 온 학습준비도, 창의력, 발표능력, 문제해결 능력 및 활동중심 프로그램 참가와 성과를 중심으로 평가한다.

넷째, 가치·태도의 평가는 독후감, 작문, 일화기록법, 질문지법, 각종 인성검사, 토론 참여태도와 발언내용 및 집단 간 협력태도 등으로 가치관과 인성의 성숙도를 평가한다.

다섯째, 주제를 선정하고, 자료조사와 인터뷰 등의 연구방법을 적용한 간단한 보고서를 부과하여 평가에 반영한다.

여섯째, 평가결과는 서술식으로 기록하며 결과를 효율적으로 활용한다. 또, 학생에게 환류시켜 개성, 잠재적 능력 및 적성을 발견시켜 주거나, 문제점의 진단과 수정을 위한 자료로 활용한다. 모든 경우에 바람직한 방향으로 이끌기 위한 교육적인 목적으로 쓰여야 하며, 평가결과로 인해 열등감이나 지나친 경쟁심 유발을 하지 않도록 유의한다.

제12장 2009 개정 교육과정에서의 교육학교과

종전의 교육과학기술부에서는 2009년에 일차적으로 교육과정을 개편한 바 있다. 이 시기의 교육학교과는 '생활과 교육'이라는 명칭으로 불렸으며, 고등학교의 경우 2011년 3월 1일부터 순차적으로 적용되고 있다. 그러나 2011년에 또 한 차례의 교육과정 개편이 이루어졌는데, 이 시기의 교육학교과는 '교육학'이라는 명칭으로 불리며, 고등학교의 경우 영어과를 제외하고 2014년 3월 1일부터 순차적으로 적용된다. 이에, 제12장에서는 2009 개정 교육과정에서의 교육학교과에 대한 이해를 돕기 위하여 최종 수정된 《고등학교 교양교과 교육과정(2012)》의 내용을 중심으로 교육학교과의 개정, 교육학교과의 구성 그리고 학습지도와 평가에 관하여 개괄적인 고찰하고자 한다.

1. 교육학교과의 개정

1) 개정의 배경

기존 제7차와 2007 개정 교육과정에서 교육학의 성격은 매우 일반적이고 추상적인 수준에서 제시되고 있다. 학생 중심의 교과, 자아실현에 기여, 후세대 교육에서의 자질과 안목 함양 등은 모든 교과에도 공통적으로 적용되는 사항들이다. 따라서 교육학이 독특하고 구체적인 성격을 반영하고자 하였다. 이 과정에서 바른 삶에 대한 강조, 공부의 의미와 가치를 구현하는 자기개발, 자기이해와 진로선택의 문제, 미래의 교육관과 자녀를 올바르게 키우는 문제 등에 주목하고 있다.

그런데 기존의 교육학의 성격은 다른 선택과목들과 마찬가지로 교양 선택 과목의 성격에 대한 새로운 규정으로 인해 학문적 이론보다 학생들 자신의 일상생활과 관련된 교육문제에 보다 높은 비중을 두는 교과로서 규정되고 있다. 이러한 성격 규정은 교육학이 고등학교 교양으로서의 위치, 고등학생들의 당면 관심사를 고려하는 현실적인 이유를 반영한 것으로 보인다. 그러나 교육학의 학문적 체계나 구조를 무시하고 단순히 일상생활 문제의 맥락에서만 국한하여 보는 것은 지양되어야 한다. 왜냐하면 교육학은 생활의 측면만이 전부는 아니기 때문이다. 여기서 생활이라는 의미는 삶의 실제적인 측면을 강조한 것이다. 이러한 점을 반영하여 일상생활의 문제를 삶의 문제로 간주하고 포괄적이고 총체적으로 접근할 필요가 있다.

따라서 금번 개정에서는 생활의 측면과 학문 구조의 측면, 개정의 이유 등을 종합적으로 고려하고자 하였다. 생활의 측면을 무조건 경원시 할 것이 아니라 학교 수업 현장의 문제, 학습자의 입장을 고려한다면 교육학이라는 과목이 학생들의 삶에 어떠한 형태로 가치가 있는지를 분명하게 제시할 필요가 있으며 학생의 눈높이에 맞는 수준에서 교과의 성격을 설정해야 한다는 말은 무시할 수는 없는 실정이다.

그러나 생활의 측면이 강조된다는 점을 평면적인 의미의 일상생활과 관련된 문제 등을 고등학생들의 전반적 측면과 학습에 도움을 주는 교과의 문제로 보아야 함을 의미한다. 이런 점에서 그 성격을 일반적으로 직접적이고 실제적인 도움을 주는 생활교육학적인 것으로 규정하기 등을 포괄적으로 해석할 필요가 있다. 즉 단순히 생활적인 측면에서의 교육학 등을 삶 속에서 교육(학)적 체험을 강조하고자 하였다. 교육학의 안목으로 생활의 문제를 읽고 해석하는 능력을 강조하고자 하였다.

2) 개정의 중점

'교육학' 과목은 올바른 삶과 교육의 관계, 공부와 자기개발의 과정, 자신의 생애 설계에 따른 진로와 직업의 선택, 일상생활과 제도 속에서 이루어지는 교육에 대한 올바른 이해, 지금까지 자신이 받아 온 교육에 대한 반성 그리고 변화하는 사회에 능동적으로 대처하기 위하여 자신의 역량을 개발하는 등 학생들의 삶과 직접적이고 실제적인 관련이 있으면서 동시에 교육학적 사고를 함양하고 교육학의 학문적 구조에 대한 안목을 형성할 수 있는 주제와 내용을 다룬다.

금번 교육과정에서는 교육학의 성격을 설정할 때 기존의 성격을 발전적으로 계승하면서도 다음과 같은 점에 유의하고자 하였다.

첫째, 교과의 명칭 변경('생활과 교육'에서 '교육학'으로)으로 인해 통합적인 방향으로 성격을 설정하고자 하였다. 즉 생활교육학과 학문적 교육학을 이분법적으로 대립시키기보다는, 교양으로서의 교육학의 성격을 통합적으로 제시하고자 하였다. 이 점은 2007 개정 교육과정과 동일한 점이다. 따라서 2007 개정 교육과정과 비교해 볼 때 성격 면에서는 큰 차이를 보이지 않는다. 과목명칭의 변화에서 알 수 있듯이 일차적으로 교육학을 생활과의 관련성, 교육학의 구조를 통합적으로 반영하고자 하였다.

둘째, 가르치는 교수자의 입장보다는 교과를 공부하는 학습자의 입장에서 교과의 성격을 이해하고자 하였다. 즉 교육학을 어떻게 가르칠 것인가라는 측면보다는 학생들이 교육학을 이떻게 이해하고 학습하는 것이 좋은지, 학생의 입장에서 교육학이 어떠한 의미를 지니는지를 고려하였다.

셋째, 이전 교육과정의 정신을 계승하여 생활의 측면을 고려하고자 하였다. 그러나 생활과 밀접하게 관련지어 접근한다고 하여 그것이 단순히 일상생활의 문제에 국한하기보다는 포괄적인 인간의 삶에 주목하고자 하는 것이다. 따라서 일상생활의 문제는 삶의 문제로 이해될 필요가 있으며, 삶 속에서 이루어지는 학습을 효율적으로 계획하고 체계적으로 관리하는 측면을 이해할 필요가 있다.

넷째, 삶과 교육의 의미, 그리고 삶과 교육의 관계에 주목할 필요가 있다. 특히 교육학은 일상적인 삶, 단순한 사회화나 문화적 적응보다는 상위의 가치에 헌신하는 바람직한 삶에 초점이 있으므로 바른 삶과 교육의 관계에 주목하고자 하였다. 특히 교육학은 인간학적(anthropological) 가정을 수용하면서 '교육 및 학습하는 인간(homo educandus)'으로서의 측면을 강조하고자 하였다.

다섯째, 2009 개정 교육과정의 취지에 부합되게 창의 · 인성교육의 강화, 배려와 나눔의 가치를 강조하고 글로벌 창의인재를 지향하는 방향에서 교과의 성격을 종합적으로 고려하고자 하였다.

여섯째, 창의적 사고와 학습능력을 통하여 자기개발에 필요한 교과라는 점을 강조하고자 하였다. 이 과정에서 '교육학적 사고능력 함양'에 초점을 두고자 하였다. 교육학적 사고란 바르고 행복한 삶을 추구하는 데 중요한 삶의 형식인 교육의 현상과 행위를 이해하는 능력을 말한다. 이와 동시에 자신을 반성하여 보다 더 나은 가치나 상태로 나아가고자 하는 의식을 말하며 훌륭한 배움과 가르침을 통해 자신을 부단히 개발하는 과정을 우선시한다. 그리고 교육학에서 생활의 문제를 강조한다고 하지만, 교육학의 학문적 기반을 무시하고서는 그 존립 근거가 취약하기 때문에 학문의 기저가 되는 개념, 일반적 원리 및 사고방식 역시 강조될 필요가 있다.

3) 개정 교과의 성격

'교육학'은 현재 공부를 하는 고등학생으로서의 교양을 함양하는 데 필요할 뿐만 아니라, 고등학생들이 자라서 건전한 민주시민으로서의 역할수행과 바람직한 교육관을 지닌 부모이자 교육자로서의 자질과 태도를 기르는 데에도 중요한 기여를 하는 과목이다. 이런 점에서 교육학은, 시점으로 보면 현재와 미래를 아우르고 더 나아가 과거 자신의 삶을 되돌아보며 자아정체성을 확립하는 데에 필요한 종합적인 과목이다.

그리고 학생들이 생활해나가면서 교육 이외의 다양한 삶의 형식들—예를 들어 정치, 경제, 문화, 종교, 법률, 과학 등—을 접하고, 그 과정에서 교육이 추구하는 가치와 모순되거나 상치되는 것들을 접하게 되며, 여러 삶의 문제나 특히 교육과 관련된 다양한 가치나 갈등의 문제에 봉착하게 된다. 이 경우 창의적 사고와 학습을 통한 자아실현, 교육학적인 안목과 관점에서 그 문제를 해결하고 개인과 사회의 발전적 가치를 실현하면서 자신의 삶의 방향을 주체적으로 결정하고 자기주도적으로 학습해 나가는 평생학습자로서의 자질과 태도를 기르는 데에 중점을 두는 과목이다.

따라서 '교육학' 과목은 인간이 바르고 행복한 삶을 추구하는 데 매우 중요한 것으로서, 삶 속에서의 교육과의 관계에 주목할 필요가 있다. 바르고 행복한 삶에서 교육이 무엇을 의미하며, 어떠한 역할을 해야 하고, 교육의 과정을 이해하는 것이 중요하다. 그러나 한편으로 교육은 일상생활과 제도라는 맥락에서 이루어진다. 이 과정에서 우리는 교육을 제대로 이해하고 그 속에서 자신의 삶을 기획하고 교육학적 사고의 흐름 속에서 자신의 삶을 구성해나갈 수 있어야 한다.

따라서 이 과목은 바르고 행복한 삶 속에서의 교육의 문제, 공부와 자기개발, 가르치고 배우는 여러 문제들, 우리 생애의 흐름 속에서 자아실현을 위한 올바른 삶의 영위, 미래 학습사회 속에서 우리의 행복한 삶을 설계하는 데에 매우 중요한 과목으로서 성격을 지닌다.

2. 교육학교과의 구성

1) 목표

‘교육학’의 목표는 크게 총괄목표와 하위목표로 구성된다. 총괄목표는 교육학의 ‘성격’과 유관하면서도 교육학 과목의 존재 이유와 학생들이 성취해야 할 교과목표를 총체적이면서도 포괄적으로 진술한 것이다. 하위목표는 총괄목표를 달성하는 데에 도움이 되는 수단적인 목표들로서 총괄목표의 하위목표인 동시에 내용영역 및 내용요소와 연계하여 진술되었다.

총괄목표와 관련하여 교육학의 본질을 나타내는 것들로는 교육학적 사고능력 함양, 자아성장, 교육적 체험, 자기교육을 통한 인격적 성숙, 민주시민으로서의 역할 수행, 자아실현 등이다. 이런 점에서 볼 때, 결국 ‘교육학’은 올바른 삶과 교육의 의미와 그 관계를 올바르게 이해하고 그 속에서 교육학적 사고능력을 함양하는 것이 최우선적이다. 그리고 학습 주체로서 자신의 교육과 생애를 능동적이고 주체적으로 설계하고 인격적 성숙을 기함은 물론 미래 후세대의 교육을 올바른 방향으로 이끌어 갈 수 있는 역량을 길러야 한다.

이러한 과제는 우리 교육의 궁극적인 이념인 홍익인간을 실현하는 일이며, 그것은 개인적이고 사회적인 차원에서 교육적으로 바람직한 삶을 영위하고 그 속에서 행복한 삶을 추구하는 능력을 기름으로써 가능한 것이다.

이상의 총괄목표 달성을 위해서 다음의 하위목표들을 설정하였다.

첫째, 다양한 삶 속에 깃들어 있는 올바른 삶의 의미와 삶 속에 교육이 어떤 의미를 가지는지 살펴봄으로써, 교육의 궁극적 목적과 진정한 교육이 무엇인지 올바르게 판단할 수 있는 안목을 기른다.

우리의 삶은 표면적으로 보면 일상생활의 연속인 것처럼 보이지만 교육의 측면에서 보면 바르고 행복한 삶을 추구하기 위한 교육적 가치가 구현되는 장이기도 하다. 우리가 영위하는 다양한 삶의 형식들, 예를 들어 정치, 경제, 문화, 법률, 종교 생활 속에서 바른 가치 및 행복의 의미와 교육의 관계를 살펴보고 교육이 달성해야 할 궁극적인 목적과 진정한 교육이 무엇인지를 올바르게 판단하고 그러한 교육을 실천할 수 있는 능력과 안목을 기를 수 있어야 한다.

둘째, 삶의 구체적 장면과 제도 속에서 이루어지는 인간의 여러 활동 속에서 교육의 참모습과 올바른 가치와 역할을 파악하여 자신의 삶을 올바르고 행복하게 영위할 수 있도록 공부를 통하여 자기를 개발시키고 자아를 성장시킬 수 있는 교육적 역량을 기른다.

교육은 일상의 삶 속에서 전개되고 있을 뿐만 아니라 구체적인 제도의 맥락 속에서 이루어지고 있다. 삶의 구체적 장면과 제도 속에서 이루어지는 다양한 인간의 활동 속에서 교육의 진정한 모습과 역할을 제대로 파악하여 자신의 삶을 행복하게 누릴 수 있는 역량을 갖추는 것이 중요하다.

셋째, 창의적 사고와 학습의 기본 개념 · 원리와 훌륭한 가르침의 의미를 이해하고, 그 과정 속에서 교육적 체험을 하며, 자신에게 부합하는 학습전략과 학습기술을 익혀서 자기를 개발하고 자신의 교육을 주체적으로 설계·개발할 수 있는 능력을 기른다.

교육은 가르치고 배우는 활동을 통해서 이루어진다. 학습은 자신의 성장을 이끄는 것이며, 자신의 성장과 발달을 촉진하는 창의적 사고와 학습을 통하여 부단히 자기개발을 해야 한다. 따라서 학생들은 창의적인 사고와 학습의 기본 개념, 창의적 사고와 학습의 원리, 훌륭한 가르침의 의미와 다양한 사례들을 이해하고, 자신을 주체적으로 교육할 수 있는 능력을 길러야 한다.

넷째, 미래에 부모 또는 교육자로서 후세대를 바람직한 방향으로 시도할 수 있는 자질과 교육관을 형성하며, 지속적인 공부를 통하여 자기를 개발하고 올바른 민주시민으로서 역할을 수행하고, 나아가 자신의 자녀를 올바르게 키울 수 있는 자질과 능력 및 태도와 가치관을 함양한다.

현재 교육학을 공부하는 학생들은 현재 학습자인 동시에 미래에는 부모 또는 교육자로서의 역할을 수행하게 된다. 따라서 학생들은 미래에 부모 또는 교육자로서 후세대를 바람직한 방향으로 인도할 수 있는 자질과 교육관을 형성해야 한다.

다섯째, 전 생애적 차원에서 교육의 필요성과 자신의 적성 및 흥미, 노력에 대한 객관적 이해를 바탕으로 적극적으로 생애를 설계・개발하여, 그에 부합하는 진로와 직업을 합리적으로 선택・결정하고 올바른 직업생활과 교육적 삶을 통하여 자신과 국가, 사회발전에 이바지하는 자세를 가진다.

교육은 개념적으로 보면 자기교육인 동시에 평생교육일 수밖에 없는 속성을 가지고 있다. 따라서 학생들은 전 생애적 차원에서 교육을 이해하고 관련 역량을 개발해야 한다. 즉 전 생애적 차원에서 교육의 필요성과 자신의 적성 및 흥미, 성격에 대한 객관적 이해를 바탕으로 적극적으로 생애를 설계・개발하여, 자신과 국가, 사회발전에 이바지하는 자세를 길러야 한다.

여섯째, 미래사회에 대한 능동적 대처와 사회 속의 교육을 올바르게 보는 능력을 기르며, 미래의 평생학습사회에서 올바르고 행복한 삶을 영위할 수 있도록 인간의 능력개발과 전인교육 등에 필요한 지식과 기능, 태도와 가치관 등을 습득한다.

미래사회에서 교육의 모습은 어떠한 모습으로 다가올 것인가. 학생들은 미래사회에 대해서 능동적이고 적극적으로 대처해 나가며 사회 속의 다양한 교육의 모습과 문제들을 올바르게 이해하고 판단하는 능력을 길러야 하며, 교육 및 학습하는 인간(homo educandus)으로서 미래 학습사회에서 인간의 능력을 최대한 개발하는 데 필요한 지식과 기능, 태도와 가치관 등을 습득할 필요가 있다.

2) 내용체계

2009 개정 교육과정에 의한 교육학교과의 내용체계는 다음과 같다.

영 역	내 용
Ⅰ. 바른 삶과 교육	1. 바른 삶과 교육의 가치 2. 교육이 이루어지는 과정 3. 삶 속에서의 교육과 자아실현
Ⅱ. 공부와 자기개발	1. 나를 성장시키는 창의적 사고와 학습 2. 가르침의 의미와 교육적 체험 3. 나만의 학습전략과 학습기술
Ⅲ. 생애설계와 진로선택	1. 인간발달과 역량개발 2. 올바른 진로선택 3. 교육학과 진로ㆍ직업 찾기
Ⅳ. 미래사회와 교육	1. 미래의 교육관과 내 자녀 올바르게 키우기 2. 미래사회의 교육과 자기주도적 학습 3. 평생학습사회와 행복한 삶

3) 영역별 내용개관

2009 개정 교육과정에 의한 교육학교과의 영역별 내용을 개관하면 다음과 같다.

Ⅰ. 바른 삶과 교육

다양한 삶 속에 깃들어 있는 올바른 삶의 의미와 삶 속에 교육이 어떤 의미와 가치를 지니는지, 그 관계는 어떠한지를 살펴본다. 그리고 올바른 삶의 개인적·사회적 차원을 살펴보고, 교육의 궁극적 지향점은 인간을 바람직한 방향으로 인도하는 것과 자아실현임을 깨닫는다. 아울러 교육의 다양한 측면과 오늘날 교육의 새로운 동향을 파악하며, 미래교육의 방향을 합리적으로 이해하고 그 방향에 부합되게 미래교육의 문제를 능동적으로 대처하는 지식과 태도를 함양한다.

1. 바른 삶과 교육의 가치

① 교육의 의미와 가치를 일상적 의미와 학문적 관심사 별로 폭넓게 이해한다.

② 자서전, 신문, 소설, 영화 및 가족, 친구, 이웃 등 생활 주변에서 삶의 다양한 모습을 찾아보고, 그들의 가치관과 교육관을 탐구한다.

③ 여러 학문 분야에서 보는 삶의 다양한 의미를 파악하여 자신의 가치관을 정립한다.

④ 올바른 삶과 교육의 관계를 이해하고 체험적으로 탐색하여 자신의 교육 방향을 설정하며, 올바르고 행복한 삶 속에서 교육이 지니는 자아실현의 가치와 중요성을 이해한다.

2. 교육이 이루어지는 과정

① 교육은 태어나면서부터 죽을 때까지 전 생애에 걸쳐 이루어짐을 이해한다.

② 교육이 이루어지는 장(場)의 다양성과 그 특징을 이해한다.

③ 학교의 출현과 역사적 발달 과정을 알아보고, 교육제도 및 교육지원기관의 역할을 이해한다.

④ 우리나라와 세계 여러 나라의 양육・교육방법, 학교를 비교해 봄으로써 우리나라 교육의 특징을 파악한다.

3. **삶 속에서의 교육과 자아실현**

① 올바른 삶을 위한 개인적, 사회적 조건으로서 교육의 의미와 필요성을 이해한다.

② 우리의 삶에서 교육이 가지는 의미를 탐색하고 교육받은 인간의 모습이 시대에 따라 어떻게 변천되었는지 이해한다.

③ 교육이 현재의 나의 모습에 미친 영향을 파악하고 삶 속에서 교육을 통하여 자아를 실현할 수 있는 지식과 태도를 습득한다.

Ⅱ. 공부와 자기개발

나를 성장시키는 창의적 사고와 학습의 기본원리, 훌륭한 가르침의 의미를 파악하고 교육적 체험의 중요성을 이해한다. 그리고 생활 주변의 교육문제와 현상에 대한 올바른 안목을 터득함으로써 교육의 참된 의미와 가치를 이해한다. 이와 동시에 자아실현을 위한 자기개발 과정을 주체적으로 설계할 뿐만 아니라, 나만의 학습전략과 학습기술을 파악하여 자기성장에 필요한 학습을 주도적으로 전개해나갈 수 있는 지식과 능력, 태도와 가치관을 형성한다.

1. 나를 성장시키는 창의적 사고와 학습

① 학습의 중요한 목적은 자신을 성장시키는 데에 있음을 자각하고, 자신을 성장시키는 데 필요한 창의적인 사고와 창의적인 학습의 중요성과 원리, 방법을 이해한다.

② 일반 학습이론의 원리와 영역별 학습방법의 특성을 이해하여 자신이 학습을 효율적으로 계획하고 실천하는 능력을 기르며, 학습매체의 다양함을 이해하고, 효과적인 학습을 위해 이를 활용하는 능력을 기른다.

③ 자신에게 적합한 학습 스타일, 학습방법과 효율적인 학습전략이 무엇인지 파악한다.

④ 위대한 사상가나 교육자들의 창의적 학습의 사례를 통하여 자신과 사회를 성장시킨 훌륭한 사례를 조사해 본다.

2. 가르침의 의미와 교육적 체험

① 위대한 교육자들의 사례를 통해 훌륭한 가르침의 의미를 이해하고, 내가 받은 가르침에서 훌륭한 사례를 조사해 본다.

② 보다 효율적이고 체계적인 다양한 교수방법들을 이해하고 배움 속에서 가르치는 활동들을 폭넓게 조사해 본다.

③ 자서전, 신문, 소설, 영화 및 가족, 친구, 이웃 등 생활 주변에서 교육적 삶의 다양한 모습을 찾아보고, 교육적 체험의 사례들을 탐구하고 거기에 깃든 의미를 조사하여 자신의 삶의 모습과 비교해 본다.

3. 나만의 학습전략과 학습기술

① 나의 학습습관, 재능, 소질, 흥미 등을 객관적으로 파악하여 자신을 이해하는 지식과 태도를 지니며, 여기에 기초하여 자신에게 적합한 학습 스타일, 학습방법과 효율적인 학습전략이 무엇인지 파악한다.

② 학습 실패의 원인이나 공부를 재미있게 하는 방법을 파악하여 향후 학교공부나 직업적 삶에서 창의적인 학습을 위한 기초 지식과 태도를 습득한다.

Ⅲ. 생애설계와 진로선택

잠재능력의 무한함과 자신의 적성에 대한 객관적 이해를 바탕으로, 적극적으로 생애를 설계・개발하고, 올바른 진로선택과 직업생활을 통하여 교육적 삶을 영위할 수 있다.

1. 인간발달과 역량개발

① 인간의 본성, 인간발달과 역량에 대한 이해를 바탕으로 자신의 참모습과 한 인간으로서 자신의 잠재능력이 무한함을 깨닫는다.

② 다양한 활동, 검사, 프로그램 등을 활용하여 자신의 적성과 역량을 발견하고 자기를 이해한다.

③ 청소년기와 성인, 자아를 실현한 사람의 특성을 이해하고 자아실현을 위해 노력하는 자세를 가진다.

2. 올바른 진로선택

① 생애 설계의 의미와 중요성을 이해하고, 이에 따른 교육의 필요성을 이해한다.

② 진로선택의 기준을 고려하여 올바른 진로를 선택할 수 있는 능력을 기른다.

③ 올바른 직업선택을 위해 다양한 직업세계를 탐색한다.

3. 교육학과 진로・직업 찾기

① 과거, 현재, 미래의 자화상을 그려보고, 자신의 중·장기적 인생 설계도를 만들어보며, 교육학과 관련된 진로와 직업들의 특징과 최근 경향들을 체계적으로 파악한다.

② 교육학 관련 직업생활의 올바른 의미와 가치를 깨닫고, 직업생활에 필요한 지식, 기능, 태도를 갖추며, 직업생활 속에서 교육적 삶을 구현하는 태도를 습득한다.

Ⅳ. 미래사회와 교육

교육은 사회 속에서 진행되고 발전한다. 따라서 교육을 사회 문화 속에서 이해하는 안목을 기르고 미래의 학습사회와 직업세계의 변화에 대비하여 교육의 가치를 높이는 일에 헌신하여 자아실현을 이루도록 노력한다.

1. 미래의 교육관과 내 자녀 올바르게 키우기

① 교육의 다양한 모습 속에서 인간 삶의 주요 문제들을 이해하는 안목을 형성하고, 교육의 여러 문제를 합리적으로 파악할 수 있는 올바른 교육관을 형성한다.

② 훌륭한 부모의 특성을 학습하고 올바른 자신의 교육관을 확립하여, 자녀의 올바른 교육에 필요한 지식과 태도를 기른다.

2. 미래사회의 교육과 자기주도적 학습

① 미래사회의 변화와 사회 속에서 이루어지는 교육의 다양한 모습들을 이해한다.

② 미래사회의 교육목적과 방향, 그 속에서의 자기주도적 학습의 중요성을 이해한다.

③ 학교교육의 새로운 동향과 미래 교육의 방향에 대해 이해한다.

3. 평생학습사회와 행복한 삶

① 행복한 삶을 추구하기 위하여 미래의 평생학습 공동체에서 자신의 역할을 이해하고, 여기에 필요한 지식, 기능, 태도를 기르려는 마음을 가지며, 자신의 역량과 가치를 높일 수 있는 능력을 계발한다.

② 미래의 학습사회의 특성을 이해함으로써 자아실현의 길을 파악하고 이를 위해 노력하는 자세를 가진다.

4) 연간 지도계획의 예

주 요 내 용	차 시	주 요 내 용	차 시
Ⅰ. 바른 삶과 교육 1. 바른 삶과 교육의 가치 (1) 교육의 의미와 가치 (2) 삶의 다양성과 교육 (3) 인성과 전인교육 (4) 바르고 행복한 삶과 교육	(1학기) 1~7	**Ⅱ. 공부와 자기개발** 4. 나를 성장시키는 창의적 사고와 학습 (1) 창의적 사고 (2) 학습의 원리와 방법	18~21
2. 교육이 이루어지는 과정 (1) 평생교육 (2) 교육제도와 역사	8~17	5. 가르침의 의미와 교육적 체험 (1) 위대한 교육자들의 훌륭한 가르침 (2) 가르치는 활동으로서의 교수방법 (3) 교육적 체험의 역사적 사례와 중요성	22~28
3. 삶 속에서의 교육과 자아실현 (1) 교육의 필요성 (2) 교육받은 사람 (3) 자아실현과 교육	12~17	6. 나만의 학습전략과 학습기술 (1) 학교학습과 관련된 개인차 (2) 학습전략과 학습기술 (3) 학습실패의 원인분석과 동기유발전략	29~34
Ⅲ. 생애개발과 진로선택 7. 인간발달과 역량개발 (1) 인간에 대한 이해 (2) 자기자신에 대한 이해 (3) 삶의 목표와 자아실현	(2학기) 1~6	**Ⅳ. 미래사회와 교육** 10. 미래의 교육관과 내 자녀 올바르게 키우기 (1) 인생의 주요단계와 문제 (2) 부모의 특성과 자녀교육	17~21
8. 올바른 진로선택 (1) 현대사회와 생애개발 (2) 직업의 의미와 진로선택 (3) 직업세계에 대한 이해와 준비	7~12	11. 미래사회의 교육과 자기주도적 학습 (1) 미래사회의 변화와 교육 (2) 자기주도적 학습 (3) 학교교육의 동향과 미래교육의 방향	22~29
9. 교육학과 진로ㆍ직업 찾기 (1) 인생설계 (2) 인간의 삶과 교육학	13~16	12. 평생학습사회와 행복한 삶 (1) 미래학습사회의 특징과 평생학습공동체 (2) 미래학습사회에서 자아실현의 준비	30~34

3. 교육학교과의 학습지도와 평가

1) 교수 · 학습방법

① 학습할 영역의 순서와 영역별 시간배당은 내용의 중요성, 학생의 관심, 진로선택의 시기, 교사요인 등을 고려하여 자율적으로 운영한다.

② 진로 및 직업을 탐색하고 결정하는 시기가 빠르면 학생들이 진로계획을 조기에 수립하여 준비할 수 있으므로 가능한 한 고등학교 1학년에서 이 과목을 이수하도록 한다. 또 교과목의 특성상 다른 과목 및 활동과 연계할 수 있는 가능성이 높으므로, 이를 고려하여 지도계획을 수립하도록 한다. 특히 다른 교과목이나 창의적 체험활동과 연계할 수 있는 경우 이를 적극 활용하며, 경우에 따라서는 지역사회 활동과의 연계도 고려한다.

③ 다학문적 · 범교과적 접근 방법을 통해 문제와 현상을 총체적으로 파악하고, 지식, 기능, 가치 · 태도를 연계하여 통합적 학습이 되도록 한다.

④ 학생 이해도와 흥미에 따라 개인차가 고려된 교수 · 학습계획을 수립한다.

⑤ 과목내용과 관련되는 다양한 교수 · 학습자료와 매체를 개발, 활용하여 학생들이 흥미를 가지고 보다 넓은 시각에서 생생한 학습이 되도록 한다.

⑥ 흥미 있는 학습이 될 수 있도록 진로 및 직업과 관련한 다양한 정보원을 적극적으로 활용한다. 특히 진로 및 직업 관련 전산망, 직업사전, 관련 비디오, 성공 사례집, 신문 스크랩 등을 활용하여 유용한 정보를 제공한다.

⑦ 각 단원영역별로 과목 내용과 관련하여 활동중심 교육방법, 협동학습, 문제해결 학습을 계획, 개발, 적용하여 학생의 자기주도 학습을 촉진

한다.

⑧ 성 역할, 인종과 민족, 종교, 계층, 지역, 직업 등에 관계되는 내용요소를 다룰 때, 편견 없이 객관적으로 학습하고, 편협한 가치관의 위험성을 인식하여, 개방적이고 평화지향적 가치관을 가지도록 한다.

⑨ 각 내용요소를 학습한 뒤에 이와 관련하여 다양한 관점에서 논의할 수 있는 주제 및 쟁점을 교사와 학생이 함께 선정하여 전체 또는 소집단 토론의 기회를 부여함으로써 자기주도적인 학습을 활성화한다.

⑩ 교사는 교육학적 · 심리학적 지식을 바탕으로 경쟁보다는 학생 개개인의 개성 · 적성의 발견과 실현을 지향하도록 이끄는 수업기술을 적용한다.

⑪ 개인 또는 소집단별로 관심 있는 교육문제에 관한 과제를 선택한 후 한 학기 동안 자료조사, 인터뷰 등 다양한 방법을 활용하여 문제를 진단하고 대안을 탐색하여 나름대로 해결방안을 탐색해 보는 보고서 작성도 활용한다.

2) 평가

'교육학'은 고등학교 교양선택과목으로서 평가와 관련해서 학교생활기록부에 성취도 표시는 하지 않고 이수 여부만을 기록하게 되어 있다. 이 점은 학생들의 학습양식과 평가에 중요한 영향을 끼칠 수 있는 요인이다. 따라서 이 점을 감안하여 학생들의 학습이나 평가에 좀 더 신중한 계획을 세워 과목의 목표가 달성되도록 할 필요가 있다.

① 평가의 종류, 시기 및 방법을 사전에 계획하여 실시하고, 행동영역별(지식, 기능, 가치 · 태도) 목표성취 수준을 측정하며 통합적으로 평가하되, 절대평가를 원칙으로 한다.

② 지식의 평가는 논술형 평가 등 주관식 평가방법을 활용하여, 원리의

이해 정도와 문제에 대한 비판적 · 종합적인 사고력을 중심으로 평가한다.

③ 기능의 평가는 학습한 원리를 실제 상황에 적용하는 능력평가에 중점을 둔다. 즉, 학습과정에서 수시로 관찰기록해 온 학습 준비도, 창의력, 발표능력, 문제해결 능력 및 활동중심 프로그램 참가와 성과를 중심으로 평가한다.

④ 가치 · 태도의 평가는 독후감, 작문, 일화기록법, 질문지법, 각종 인성검사, 토론 참여태도와 발언내용 및 집단 간 협력태도 등으로서 가치관과 인성의 성숙도를 평가한다.

⑤ 이론에 대한 암기 및 이해능력에 대한 평가보다는 학생 스스로가 진로를 얼마나 잘 계획하고, 실행할 수 있는가를 평가하는 데에 중점을 둔다.

⑥ 주제를 선정하고, 자료조사 및 인터뷰 등의 연구방법을 적용한 간단한 보고서를 부과하여 평가에 반영한다.

⑦ 평가결과는 서술식으로 기록하며 결과를 효율적으로 활용한다. 또한 학생에게 환류시켜 개성, 잠재적 능력, 적성을 발견시켜 주거나, 문제점의 진단과 수정을 위한 자료로 활용한다. 모든 평가결과가 바람직한 방향으로 이끌기 위한 교육적인 목적으로 쓰여야 하며, 평가로 인해 열등감이나 지나친 경쟁심이 유발되지 않도록 유의한다.

⑧ 평가방법은 지필검사 위주에서 탈피하여 조사보고법, 면접법, 질문지법, 토의법 등을 고루 활용한다. 교사 중심의 일방적인 평가보다는 학생들의 자기평가 및 집단평가를 자주 실시한다.

참고문헌

1. 국내문헌

강선보 · 신창호 · 이윤범(2011). 생활과 교육. 고등학교 교과서. 서울 : (주)미래엔컬처그룹.

강선보 · 신창호 · 이윤범(2011). 생활과 교육. 교사용 지도서. 서울 : (주)미래엔컬처그룹.

강현석 · 김태오 · 박균성 · 윤미선 · 이학원 · 현영섭(2014). 교육학. 고등학교 교과서. 대구 : 경상북도교육청.

강우철(1985). "교과교육학의 정립과 교육대학원 : 교과교육의 발전방향 모색." 경희대학교 교육대학원.

고승덕(1997). 교과교재연구 및 지도. 서울 : 학문사.

고영희(1979). 수업기술. 서울 : 교육과학사.

교육개혁위원회(1996). 세계화 · 정보화 시대를 주도하는 신교육체제 수립을 위한 교육개혁 방안(Ⅱ). 제3차 대통령 보고서.

______(1997). 세계화 · 정보화 시대를 주도하는 신교육체제 수립을 위한 교육개혁 방안(Ⅳ). 제5차 대통령 보고서.

교육과학기술부(2008a). 교육과학기술부 고시 제2007-79호에 따른 개정 교육과정 해설서. 14. 교양. 서울 : 한국보훈복지의료공단 신생인쇄조합.

______(2008b). 중학교 교육과정 해설(Ⅰ). -총론, 특별활동-. 광주 : 한솔사.

______(2009a). 교육과학기술부 고시 제2009-41호에 따른 고등학교 교육과정 해설. 총론.

______(2009b). 한문, 교양 선택과목 교육과정. 교육과학기술부 고시 제2009-41호 [별책 17].

______(2011a). 고등학교 교양 교과 교육과정. 교육과학기술부 고시 제2011-361호 [별책 19].

______(2011b). 초 · 중등학교 교육과정 -총론-. 교육과학기술부 고시 제2011-361호 [별책 1].

______(2012). 교육과학기술부 고시 제2012-3호 [별책 19].

교육부(1998). 초·중등학교 교육과정-국민공통기본교육과정-. 제7차 교육과정. 교육부고시 제1997-15호 [별책 1]. 서울 : 대한교과서주식회사.

교육인적자원부(1999). 중학교 교육과정 해설(Ⅰ)-총론, 특별활동-. 서울 : 대한교과서주식회사.

______(2001). 고등학교 교육과정 해설-총론-. 서울 : 대한교과서주식회사.

______(2007a). 초·중등학교 교육과정 [별책 1]. 서울 : 대한교과서주식회사.

______(2007b). 한문 및 교양 선택과목 교육과정. 교육인적자원부 고시 제2007-79호 [별책 17]. 서울 : 대한교과서주식회사.

곽병선·김용숙·김재복·박문태·장석우(1997). 교과교육원리. 서울 : 갑을출판사.

김경배·김재건·이홍숙(2001). 교과교육론. 서울 : 학지사.

김병성·정태범·이병진·홍재호(1994). 교과교육학의 학문적 성격과 체제에 관한 연구. 연구보고 RR 93-Ⅲ-1. 청주 : 한국교원대학교 부설 교과교육공동연구소.

김수천(2003). 교육과정과 교과. 서울 : 교육과학사.

김순애(1997). 교과교육의 이론과 실제. 광주 : 조선대학교 출판국.

김순택(1978). 현대 수업원론. 서울 : 교육과학사.

김순택·이경섭·전윤식·김영채·이희도·진위교·변창진(1983). 현대 수업원론. 서울 : 교육과학사.

김용숙(1986). “교원의 전문성 향상을 위한 교과교육학의 발전에 관한 연구.” 서울교육대학논문집 제19집. 615-638. 서울 : 서울교육대학.

김재복(1980). “국민학교 저학년 교과용 도서통합의 정당성과 통합방안에 관한 고찰.” 한국교육. 7(1). 97-107. 서울 : 한국교육개발원.

김재춘·부재율·소경희·채선희(2003). 예비·현직교사를 위한 교육과정과 교육평가. 서울 : 교육과학사.

김종건(1998). “자유교과.” 교육학 대백과사전. 제3권. 2216. 춘천 : 하우동설.

김종서·이영덕·정원식(1984). 교육학개론. 서울 : 교육과학사.

김종서·이영덕·정원식(2000). 최신 교육학개론. 서울 : 교육과학사.

김철주(1999). 효과적인 교수방법의 탐구. 용인 : 강남대학교 출판부.

김학수(1981). 현대 교수-학습론. 서울 : 교육과학사.

김헌수(2001). 교과교육의 이론과 실제. 서울 : 동문사.

김호권(1974). 현대 교수이론. 서울 : 교육출판사.
남억우 · 박준희 · 백현기 · 서명원 · 성래운 · 정우현 · 함종규 · 황정규(1988). 최신 교육학대사전. 서울 : 교육과학사.
박병학 · 신윤철 · 한각수(1998). 교육과정과 수업. 서울 : 교육출판사.
박상호 · 김경희(1995). 교육학 개론. 서울 : 집문당.
박성익(1997). 교수 · 학습방법의 이론과 실제. 서울 : 교육과학사.
박순경(2002). "교과의 개념과 성립과정." 교과교육학신론. 서울 : 문음사.
박의수 · 김동기 · 김철주 · 배장오 · 이희숙(2013). 교육학개론. 개정판. 고양 : 서현사.
박인학(2002). 교사를 위한 교재연구 및 지도법의 이해. 서울 : 대왕사.
배장오(1995). 교육학개론. 서울 : 생각하는 백성.
______(1996). 교사론. 서울 : 생각하는 백성.
______(2001). 교육학의 본질과 전망. 서울 : 코람네오.
______(2005). 교과교육론. 고양 : 서현사.
______(2011). 교육학 교과교육론. 고양 : 서현사.
______(2011). 교육학 교과 교재연구 및 지도법. 고양 : 서현사.
서울대학교 사범대학 교육연구소(1981). 교육학 용어사전. 서울 : 배영사.
서울대학교 교육연구소(1998). 교육학 대백과사전. 춘천 : 하우동설.
소경희(2001). "제7차 교육과정에서의 ICT 활용의 문제와 활성화 방안 탐색." 교육학연구. 39(1). 197-215. 서울 : 한국교육학회.
소경희 · 전은화(1999). 21세기 정보사회 대비 제7차 교육과정에서의 정보기술 활용방안 연구. 서울 : 한국교육과정평가원.
신세호(1982). "학교교육 : 2000년대를 향한 교육의 과제." 교육개발. 4(6). 통권21호. 37-42. 서울 : 한국교육개발원.
심재형 · 고영희(1998). 교육과정의 이론과 실제. 서울 : 교육출판사.
영남대학교 사범대학 교육학괴연구실 편(1997). 교과교재 연구의 이론과 실제. 경산 : 영남대학교출판부.
유광찬(1994). 교육과정 및 교육평가. 서울 : 교육과학사.
이경섭(1990). 학교교육과정론. 서울 : 교육과학사.
______(1996). "교육과정 내용조직에 있어서의 주요 쟁점." 교육과정연구. 14(1). 212-234. 서울 : 한국교육과정학회.

이돈희(1992). 교육정의론. 서울 : 고려원.

______(1993). 교육적 경험의 이해. 서울 : 교육과학사.

이돈희 · 김신일 · 김계현 · 이종태(2009). 고등학교 교육학 교사용 지도서. 서울 : (주)교학사.

이돈희 · 황정규 · 윤희원 · 조영달 · 권오량 · 우정호 · 최승언 · 강신복(1995). 교과교육학 탐구. 서울 : 교육과학사.

이성호(1984). 교육과정. 서울 : 문음사.

______(1985). 교육과정과 평가. 서울 : 양서원.

______(1987). 교수방법의 탐구. 서울 : 양서원.

이승익(1983). 교수 · 학습지도법. 서울 : 교학연구사.

이영덕(1969). 교육의 과정. 서울 : 배영사.

______(1990). 교육의 과정. 서울 : 배영사.

이영덕 · 신중식 · 강영삼 · 이인재(1987). 신 교육학개론. 서울 : 교육출판사.

이영자(1977). 교수매체. 교육현장전서. 제5권. 서울 : 배영사.

이용걸(1977). 학습의 기초. 신 교육학전서. 제7권. 서울 : 배영사.

이종재 · 정영애 · 이인효 · 이영노(1981). 한국인의 교육관-유형적 특성과 갈등-. 한국교육개발원 연구보고. RR-142. 서울 : 한국교육개발원.

이홍우(1997). 지식의 구조와 교과. 서울 : 교육과학사.

이홍우 · 유한구 · 장성모(1995). 교육과정 이론. 서울 : 한국방송통신대학출판부.

이화진(2002). "구성주의와 교육과정 구성." 교과교육학신론. 서울 : 문음사.

임의도 · 고종열 · 신세호 · 진위교 공역(1967). 교육목표분류학(Ⅱ). 정의적 영역. 서울 : 배영사.

임인재 · 신중식 · 강영삼 · 이수덕(1987). 신 교육학개론. 서울 : 교육출판사.

정범모(1961). 교육과정. 서울 : 중앙교육출판사.

______(1982). 교과교육학. 서울 : 배영사.

______(1986). 교육과 교육학. 서울 : 배영사.

정범모 · 정원식 · 박용헌 · 이홍우(1977). 교과교육원리. 교과교육전서. 제1권. 서울 : 한국능력개발사(윤).

정우현(1995). 교사론. 서울 : 배영사.

정원식(1975). 도덕과 교육. 교과교육전서 제2권. 서울 : 한국능력개발사(윤).

정인석(1987). 교과교육론. 서울 : 교육출판사.
조덕주(2002). “교과교육과 평가.” 교과교육학 신론. 서울 : 문음사.
조용진 · 강상철 · 장대희 · 김종석 · 주삼환 · 김언주(1993). 신 교육학개론. 서울 : 정민사.
조희형 · 최경희(2000). 과학 교수 · 학습과 수행평가. 서울 : 교육과학사.
진영은 · 조인진(2001). 교과교육의 이해. 서울 : 학지사.
한국교원단체총연합회(2000). 21세기 교육발전 전략. 정책자료. 제69집.
______(2003). 교사론. 서울 : 교육과학사.
한국교육개발원(1977). 국민학교 교육목표 편람. 서울 : 한국교육개발원.
홍웅선(1982). 교육과정신강. 서울 : 문음사.
황정규(1984). 학교학습과 교육평가. 서울 : 교육과학사.
______(1991). “교육학의 성격과 교육학 교육.” 교육학연구. 29(3). 1-10(기조강연). 서울 : 한국교육학회.
허경철 · 이화진 · 박순경 · 소경희 · 조덕주(2002). 교과교육학 신론. 서울 : 문음사.
허　형(1994). 교육평가. 서울 : 배영사.

2. 국외문헌

Ausubel, D. P. (1963). *The Psychology of Meaningful Verbal Learning*. New York : Grune & Stratton.
Brainard, E.(ed) (1977). An Analysis of Public Attitude toward Education : The Annual Gallup Polls on Education. *Journal of Research and Development in Education*. Vol. 10. No. 1.
Bruner, J. S. (1960). *The Process of Education*. New York : Vintage Books.
Bruner, J. S. (1971). The Process of Education Reconsidered. Robert R. Leeper(ed). Dare to Cave/Dave to Act. ASCD Annual Conference Report.
Dewey, J. (1916). *Democracy and Education*. New York Macmillan Publishing Co.. Inc.. 이홍우 역(1987). 민주주의와 교육. 서울 : 교육과학사.
Flanders, N. F. (1965) Teacher Influence. *Pupil Attitudes and Achievement*. Washington, D. C. : U. S. Government Printing Office.
Gage, N. L. (1964). Theory of Teaching. in E. R. Hilgard. (ed.) *Theories of*

Learning and Instruction. Chicago, Ill. : The University of Chicago Press.

Gagné, R. M.(1985). *The Conditions of Learning*. (4th. ed.). N. Y. : American Book Company.

Gagné, R. M. & E. A. Fleishman(1959). *Psychology and Human Performance*. New York : Holt Rinehart and Winston.

Gardner, H. (1983). *Frame of Mind*. 이경희 역(1993). 마음의 틀. 서울 : 문음사.

Glaser, R. (1962). "Psychology and Instructional Technology." *Research and Education*. New York : John Willey & Sons Inc..

Hosford, P. L. (1973). *An Instructional Theory : A Beginning, Englewood Cliffs*. N. J. : Prentice-Hall.

Hyman, R. (1973). *Approaches in Curriculum*. N. J. : Prentice-hall.

Ingram, J. B. (1979). *Curriculum Integration and Lifelong Education*. Paris: UNESCO. 배진수 · 이영만 공역(1996). 교육과정 통합과 평생교육. 서울 : 학지사.

Joyce, B. (1972). *The Training of Educations : A Structure for Pluralism*. Teachers College Record.

Lieberman, M. (1956). *Education as a Profession*. New York : Prentice Hall Inc..

Ornstein, A. C. & F. P. Hunkins(1998). *Curriculum : Foundations, Principles and Issues*. N. J.: Prentice-Hall. 김인식 역(1990). 교육과정-원리, 과제, 전망-. 서울 : 교육과학사.

Parker, J. S. & L. J. Ruben (1966). *Process as Content*. N. J. : Land McNally.

Peters, R. S. (1966). *Ethics and Education. London : George Allen and Unwin*. 이홍우 역(1980). 윤리학과 교육. 서울 : 교육과학사.

Ragan, W. B. (1963). *Modern Elementary Curriculum*. New York : Menry Holt and Co..

Rebecca, C. B. (1995). *Dissolving The Boundaries*. 김대현 · 강태용 · 김명선 · 박소영 · 이경화 · 이은화 · 정혜영 공역(2001). 교과 경계선 허물기. 서울 : 학지사.

Scriven, M. (1967). The Methodology of Evaluation. R. W. Tyler, R. Gagné, & M. Scriven. (eds.). Perspectives on Curriculum Evaluation. *AERA Monograph Series on Curriculum Evaluation*. No. 1. Chicago : Rand McNally.

Skilbeck, M. (1976). *School Based Curriculum Development and Teacher Education Policy in Teachers as Innovators*. OECD. Paris.

Taba, H. (1962). *Curriculum Development: Theory and Practice*. N. Y. : Harcourt, Brace & World. 이경섭 · 김원희 · 김민남 · 정호표 공역(1982). 교육과정론. 서울 : 형설출판사.

Tyler, R. W. (1949). *Basic Principles of Curriculum and Instruction*. Chicago : University of Chicago Press. 이해명 역(1994). 교육과정과 학습지도의 기본원리. 서울 : 교육과학사.

Tyler, R. W. (1950). *Basic Principles of Curriculum and Instruction*. Chicago : University of Chicago Press.

찾아보기

[인 명]

(국외)

[내 용]

배장오(裵長吾)

마산교육대학 졸업

강남대학교 교육학과 졸업

연세대학교 교육대학원 졸업(교육학 석사)

세종대학교 대학원 졸업(교육학 박사)

마산 중앙・성호초등학교 근무(교사・주임교사)

서울 경복초등학교 교사 근무(교사・부장교사)

전) 강남대학교 교육학과 교수

교양학부장, 교양교수부장, 교수학습지원센터 교수부장,

평생교육원장, 학생처장, 기획처장, 경영부총장 역임

전국현장교육연구대회 심사위원, 전국교육자료전 심사위원,

한국교원단체총연합회 연구위원, EBS연구대회 논문부문 심사위원,

대학종합평가 방문평가단장, 대학구조개혁평가위원 역임

【논문 및 저서】

대학의 연구기능 수행에 미치는 영향 변인에 관한 연구(석사학위논문)

교육대학 평가인정제에 관한 연구(박사학위논문)

Effects on School Life Adaptation and Improvement of Academic Achievement In High school Students through Coaching Instruction(2014) 외 26편

남북 및 남남 갈등시대의 통일교육론(2015) 외 19권

교육학교과교육론

2015년 6월 10일 1판 1쇄 인쇄
2015년 6월 15일 1판 1쇄 발행
2015년 9월 20일 1판 2쇄 발행
2018년 2월 25일 1판 3쇄 발행

지은이 | 배장오
펴낸이 | 조재성
펴낸곳 | 서현사

주 소 | (10447) 경기도 고양시 일산동구 중앙로 1055, 레이크하임 206호
전 화 | 031-919-6643
팩 스 | 031-912-6643

등 록 | 2002년8월14일 제03-01392호
ISBN | 978-89-94044-89-7 93370
정 가 | 16,000원

잘못 만들어진 책은 구입하신 서점에서 바꾸어 드립니다.